CYMRU a PHRYDAIN

1906 - 1951

ROGER TURVEY

Hodder & Stoughton
A MEMBER OF THE HODDER HEADLINE GROUP

Cydnabyddiaethau

Derbyniwyd llun y clawr drwy garedigrwydd Ymddiriedolwyr yr Imperial War Museum.

Dymuna'r Cyhoeddwyr ddiolch i'r canlynol am ganiatâd i atgynhyrchu deunydd yn y gyfrol hon:
Radio BBC am ddyfyniad o Radio 4; y BMJ Publishing Group am ddyfyniad o'r *British Medical Journal* (1946); Carcanet am ddyfyniad o *Goodbye to All That* gan Robert Graves (1929); Cyngor y Ddinas Caerdydd am ddyfyniad o'r pamffledyn gwybodaeth i dwristiaid; y Daily Mail am ddyfyniad o'r *Daily Mail* (1948); David a Charles am ddyfyniad o *Wales: The Shaping of a Nation* gan Prys Morgan a David Thomas (1984); Gwasg Gomer am ddyfyniad o *Welsh Nation Builders* gan Gwynfor Evans (1988), *Coal Society* gan David Egan (1987) a *People, Protest and Politics: Case Studies in Twentieth-Century Wales* gan Gareth E Jones (1987); Victor Gollancz am ddyfyniad o *The Problem of Distressed Areas* gan Wal Harrington (1937); Heinemann Educational Books am ddyfyniad o *A History of the Twentieth Century* by Bryn Callaghan (1987); Mr Gywn Morris a Mr Ceinfryn Morris am ddyfyniad o *The Angry Summer* gan Idris Davies (1943); MSI am ddyfyniad o'r *Daily Mirror* (1940); Penguin am ddyfyniadau o *Britain in the Modern World: The Twentieth Century* gan E Nash ac A Newth (1967) a *The First Day of the Somme* gan N Middlebrook (1971); Amgueddfa Genedlaethol Cymru am ddyfyniad o *Coal's Domain* (1993); The Observer am ddyfyniad o *The Observer* (1951); dyfyniadau o *Rebirth of a Nation: Wales 1880-1980* gan Kenneth O. Morgan (1981), *Lark Rise to Candleford* gan Flora Thompson (1939) a *English History 1914-15* gan AJP Taylor (1965) drwy ganiatâd Gwasg Prifysgol Rhydychen; y South Wales Evening Post am ddyfyniad o *Memories of Swansea at War* (1988); y New Statesman am ddyfyniad o'r *New Statesman and Nation Magazine* (1935); Gwasg Prifysgol Cymru am ddyfyniad o 'The Move from the Land' gan John Williams yn *Wales 1880-1914* gan GE Jones (1988); Virago Press am ddyfyniad o *Round about a Pound a Week* gan Mrs Pember Reeves (1913).

Dymuna'r Cyhoeddwyr ddiolch i'r canlynol am ganiatâd i atgynhyrchu lluniau i'r gyfrol hon:
Mary Evans Picture Library 7A, 28A, 29B; Mansell Collection 7B, 12D, 14A, 15B, 20D, 24B, 67B, 68D, 89E, 108A, 118A, 153DD; British Library of Political and Economic Science (Coll Misc 519/90) 9B, (Coll Misc 519/31) 9C; Hulton Getty 9, 13G, 17D, 22, 26A, 57F, 66, 86CH, 98B, 99CH, 115, 120A, 133CH, 136C, 147B; Amgueddfa Werin Cymru 12E, 49D, 73CH; The Centre for the Study of Cartoons and Caricature 19A, 64A; The British Library Newspaper Library 21, 31C, 31CH, 46C, 71B, 102A, 105DD, 119DD, 131B, 135B, 136CH, 141B, 143A, 144B; The National Museum of Labour History 27B, 44B, 154, 159B; Museum of London 30A; Gwasanaeth Archifau Gwynedd 32, 69, 104CH; Amgueddfa Diwydiant a Môr Cymru 36A, 157D; Neil Jones 39CH, 39D, 39DD, 155B; Archifdy Morgannwg 45CH, 97FF; Llyfrgell Genedlaethol Cymru 49C, 74A, 77C, 123B; John Frost Newspapers 52A, 145C, 148A; Imperial War Museum, London 51C, 53B, 54D, 55F, 58B, 60A, 61B(g), 63C(d), 65C, 65CH, 127C, 127CH, 132A, 134A, 137DD; The Kobal Collection 58A; Public Record Office 61B(t); Peter Newark's Military Pictures 63C(ch), 137E; Commonwealth War Graves Commission 75DD; Corbis UK Limited 81B; Electricity Association 87DD; Topham Picturepoint 91B, 94DD; Express Newspapers plc 94D; Casgliad Maes Glo De Cymru, Llyfrgell Prifysgol Cymru Abertawe (SWCC: POS) 95B, (SWCC: PHO/DIS/56) 96C; Aquarius 107C; Denis Gifford Collection 107CH; Solo/Centre for the Study of Cartoons and Caricature 111A, 113C, 118B, 118C, 119CH, 151CH; Popperfoto 138F, 140, 147A, 155C, 157CH; Express Newspapers plc/Centre for the Study of Cartoons and Caricature 131C; Punch 151D.

Ni fu'n bosibl olrhain perchennog pob hawlfraint yn y gyfrol hon. Gwahoddir y perchnogion hynny i gysylltu â'r cyhoeddwyr.

Mae cyfeiriadau yn y testun at yr hen arian cyn-degol – sylltau (s) a cheiniogau (c). Roedd 12 ceiniog mewn swllt ac 20 swllt mewn punt.

Paratowyd y fersiwn Gymraeg gan y Ganolfan Astudiaethau Addysg, Prifysgol Cymru, Aberystwyth
Manylion Catalog cyhoeddi (CIP) y Llyfrgell Brydeinig
Y mae cofnod catalog ar gyfer y cyhoeddiad hwn ar gael o'r Llyfrgell Brydeinig

ISBN 0 340 679 727

Cyhoeddwyd gyntaf yn 1997
Rhif argraffiad 10 9 8 7 6 5 4 3 2 1
Blwyddyn 2002 2001 2000 1999 1998 1997

Cyhoeddir y gyfrol hon gyda chefnogaeth ariannol Awdurdod Cwricwlwm ac Asesu Cymru (ACAC).

Cysodwyd gan Brifysgol Cymru Aberystwyth.
Argraffwyd ym Mhrydain i Hodder & Stoughton, adran o Hodder Headline Plc, 338 Euston Road, Llundain NW1 3BH gan Cambridge University Press, Caer-grawnt.
Cyhoeddir y gyfrol hon gyda chefnogaeth ariannol Awdurdod Cwricwlwm ac Asesu Cymru.

Cynnwys

Y Cyfnod Edwardaidd

A'R

Rhyfel Byd Cyntaf

1906–1919

UNED 1: GWLEIDYDDIAETH CYN Y RHYFEL

Y brif ystyriaeth: *I ba raddau roedd galw ac angen am ddiwygio yn gymdeithasol ac yn wleidyddol yn y cyfnod 1906-14?*

UNED 2: DATBLYGIADAU ECONOMAIDD

Y brif ystyriaeth: *1906-14: Oes aur y diwydiannau trwm yng Nghymru?*

UNED 3: Y RHYFEL BYD CYNTAF

Y brif ystyriaeth: *Beth oedd effaith y Rhyfel Byd Cyntaf ar y bobl?*

UNED 4: NEWIDIADAU CYMDEITHASOL, DIWYLLIANNOL A CHREFYDDOL

Y brif ystyriaeth: *Ym mha fodd a pham y newidiodd agweddau a gwerthoedd pobl yn y cyfnod 1906-19*

1906	Y Rhyddfrydwyr yn trechu'r Ceidwadwyr yn yr etholiad cyffredinol. Henry Campbell-Bannerman yn dod yn Brif Weinidog. Y Blaid Lafur Annibynnol (ILP) yn dod yn Blaid Lafur.
1908	Campbell-Bannerman yn ymddiswyddo. Herbert Asquith yn dod yn arweinydd y Blaid Ryddfrydol ac yn Brif Weinidog. David Lloyd George yn dod yn Ganghellor y Trysorlys.
1909	Lloyd George yn cyflwyno 'Cyllideb y Bobl'. Cynnig pensiwn i'r henoed a chynllun yswiriant i'r di-waith am y tro cyntaf.
1910	Bu farw Edward VII. Coroni Siôr V yn Frenin. Terfysgoedd Tonypandy.
1911	Anfodlonrwydd diwydiannol yn achosi streiciau ledled y wlad.
1913	Lladd Emily Davison, y *Suffragette*, gan geffyl y Brenin yn y Derby.
1914	Dechrau'r Rhyfel Byd Cyntaf.
1915	Marw Keir Hardie, yr Aelod Seneddol dros Ferthyr Tudful a sylfaenydd y mudiad Llafur.
1916	Dechrau Brwydr y Somme. Lloyd George yn olynu Asquith fel Prif Weinidog. Rhwyg yn y Blaid Ryddfrydol.
1917	UDA yn ymuno â'r rhyfel. Chwyldro Rwsia yn gorfodi'r Rwsiaid i gilio o'r rhyfel. Lenin yn dod yn arweinydd y llywodraeth gomiwnyddol gyntaf erioed.
1918	Diwedd y Rhyfel Mawr a'r Almaen a'i chynghreiriaid wedi eu gorchfygu. Etholiad y Cwpon. Ethol Lloyd George yn Brif Weinidog gyda llywodraeth Glymblaid. Hawl i bleidleisio i ferched dros 30 oed. Ethol y ferch gyntaf yn Aelod Seneddol i Dŷ'r Cyffredin.
1919	Arwyddo Cytundeb Versailles. Comisiwn Brenhinol ar y diwydiant glo yn argymell gwladoli.
1920	Datgysylltu'r Eglwys yng Nghymru. Sefydlu Plaid Gomiwnyddol Prydain

UNED 1

GWLEIDYDDIAETH CYN Y RHYFEL

Dechrau Canrif Newydd: Cymru a Lloegr yn 1900

Y BRIF YSTYRIAETH:
I ba raddau roedd galw ac angen am ddiwygio yn gymdeithasol ac yn wleidyddol yn y cyfnod 1906–14?

Rhan fechan iawn o'r Ymerodraeth Brydeinig, a oedd yn ymestyn dros bron i chwarter y byd, oedd Cymru. Roedd yr Ymerodraeth yn gyfoethog ac yn bwerus dros ben ac i'w hamddiffyn roedd ganddi'r llynges fwyaf ei maint a'r fwyaf modern yn y byd. Ei chanolbwynt oedd Llundain, y ddinas fwyaf yn y byd gyda phoblogaeth o dros chwe miliwn.

Wedi chwyldro diwydiannol y 18fed ganrif a'r 19eg ganrif daeth Prydain yn "Weithdy'r Byd". Roedd wedi datblygu'n wladwriaeth o ddinasoedd mawr, ei marchnadoedd yn ffynnu a phorthladdoedd prysur yn allforio ei chyfoeth i'r byd ac yn mewnforio defnydd crai o'r trefedigaethau. Deuai llawer o'i phŵer diwydiannol a chyfoeth economaidd o Gymru, gwlad y pyllau glo, y chwareli llechi a'r diwydiant dur.

Roedd Prydain yn destun edmygedd a pharch yn enwedig oherwydd ei sefydliadau – y llywodraeth, y gyfraith a'r frenhiniaeth. Bu'r Frenhines Fictoria yn teyrnasu am 60 mlynedd, ers 1837, ac oherwydd ei theulu mawr a'u priodasau roedd yn perthyn i lawer o deuluoedd brenhinol Ewrop. Roedd ei mab hynaf, Edward Tywysog Cymru, ac aelodau eraill o'r teulu brenhinol yn boblogaidd iawn. Yn wahanol i rai o'i pherthnasau brenhinol mewn gwledydd fel yr Almaen a Rwsia doedd Fictoria ddim yn **unben**. Mewn enw yn unig y llywodraethai. Roedd Prydain yn **ddemocratiaeth** a chanolfan ei phŵer gwleidyddol oedd Westminster lle'r oedd y Senedd yn cyfarfod i lywodraethu'r wladwriaeth. Yn Nhŷ'r Cyffredin roedd aelodau, a oedd wedi eu hethol, yn perthyn i'r gwahanol bleidiau gwleidyddol. Y ddwy blaid fwyaf pwerus oedd y Ceidwadwyr a'r Rhyddfrydwyr. Nid oedd aelodau Tŷ'r Arglwyddi yn cael eu hethol. Braint genedigaeth neu deitl oedd eu hawl.

Bu newidiadau aruthrol yn ystod y 19eg ganrif. Y newid pwysicaf oedd y cynnydd yn nifer y pleidleiswyr. Yn yr olaf o'r Deddfau Diwygio pwysig, yn 1884, cafodd pob dyn â thŷ ei ryddfreinio. Deuai llawer o'r rhain o'r dosbarth gweithiol. Ond eto ni chafodd merched eu **rhyddfreinio**.

Her Newydd

Gyda'r ganrif newydd daeth her newydd. Roedd yn rhaid i Brydain gystadlu â gwledydd fel UDA a'r Almaen oedd yn datblygu yn ddiwydiannol. Erbyn 1900 roedd UDA yn rhagori ar Brydain fel canolfan gynhyrchu'r byd ac allforion America yn bygwth niweidio masnach Prydain. Uchelgais yr

Ffynhonnell A

'Cynnydd' yw teitl y llun cyfoes hwn.

Almaenwyr oedd sefydlu eu hymerodraeth dramor eu hunain. Erbyn 1900 roedd eu llynges yn cystadlu â'r Llynges Frenhinol. Roedd her i lywodraeth Prydain oddi fewn i'r Ymerodraeth hefyd. Yn 1900 bu'n rhaid i Brydeinwyr fynd i ryfel yn erbyn y Boeriaid yn Ne Affrica.

Un o brif bryderon gwleidyddion y ddwy blaid oedd tlodi. Ar waethaf ei chyfoeth ni allai Prydain ddatrys y broblem hon neu doedd hi ddim yn dewis gwneud hynny. Yn ôl adroddiad 1902 roedd bron traean y boblogaeth yn byw mewn tlodi difrifol. Roedd cyflogau'r gweithwyr yn isel, eu hamodau gwaith yn beryglus a'r tai yn warthus. Câi'r di-waith, y tlodion diobaith, eu camdrin yn greulon. Roedden nhw'n dioddef o ddiffyg maeth, a'u hiechyd yn wael. Nid oedd pensiwn ar gyfer yr henoed a byddai sawl un yn diweddu ei oes yn y tloty.

Erbyn 1900 roedd nifer o bobl yn hawlio gwell. Credai llawer o bobl y dosbarth gweithiol y deuai gwelliannau drwy'r Blaid Ryddfrydol. Roedd lluoedd ohonynt yn dal i gefnogi'r Rhyddfrydwyr. Ond mewn rhai trefi a dinasoedd diwydiannol roedd pobl wedi dechrau cefnogi'r blaid newydd, y Blaid Lafur Annibynnol (ILP). Roedd Cymru ar flaen y gad yn y frwydr wleidyddol hon. Yn 1900 etholodd pleidleiswyr Merthyr Tudful Albanwr, o'r enw Keir Hardie, i'w cynrychioli yn y Senedd; yr Aelod Seneddol Llafur cyntaf i'w ethol yng Nghymru.

Ar ddechrau'r ugeinfed ganrif roedd y dechnoleg newydd yn peri newidiadau. Ni wnaeth hyn unrhyw newid ym mywydau pobl ar y dechrau ond ymhen amser byddai'r rhain yn chwyldroi'r byd. Byddai'r car, a chyn bo hir yr awyren, yn peri chwyldro ym myd trafnidiaeth. Roedd syniadau newydd ar led a ffasiwn newydd. Datblygwyd gwell cyfleoedd ym myd addysg. Gallai pobl ddarllen papurau newydd poblogaidd fel y *Daily Mail* a'r *Daily Mirror*. Roedd byd adloniant hyd yn oed yn newid. Erbyn 1900 roedd y ffilmiau mud wedi bod yn diddanu pobl ers pum mlynedd.

Ffynhonnell B

Cartŵn o *Punch*, cylchgrawn cyfoes **dychanol** poblogaidd. Mewn dryswch oherwydd y dechnoleg newydd mae Ewythr George yn tybio mai'r bwlb trydan yw genau'r ffôn.

UNED 1

GWLEIDYDDIAETH CYN Y RHYFEL

Rhyddfrydwyr a Cheidwadwyr: Gwleidyddiaeth Edwardaidd ac Etholiad 1906

Rhyddfrydiaeth a Cheidwadaeth

Erbyn dechrau'r ugeinfed ganrif roedd dwy blaid yn llywio gwleidyddiaeth Prydain: y Rhyddfrydwyr a'r Ceidwadwyr. Eu diddordeb mewn **radicaliaeth** oedd yn uno'r Rhyddfrydwyr. Roedden nhw o blaid diwygio – cymdeithasol, crefyddol a gwleidyddol. Cysylltid y Ceidwadwyr â cheidwadaeth. Roedd llawer o Aelodau Seneddol yn y ddwy blaid yn credu y dylid diogelu lles y dosbarth uwch a'r dosbarth canol. Gwelent broblemau tlodi ac afiechyd ond ni wyddent sut i'w datrys.

DOSBARTH CYMDEITHASOL A'R PLEIDIAU

Ar y dechrau nid oedd unrhyw blaid yn cynrychioli'r tlawd a'r gweithwyr diwydiannol ac amaethyddol. Fodd bynnag, dechreuodd hyn newid pan basiwyd Deddfau Diwygio'r Senedd yn 1832, 1867 ac 1884 yn rhoi hawl i nifer sylweddol o weithwyr bleidleisio. Yn wir, ar ôl 1884 roedd bron hanner pleidleiswyr Prydain yn perthyn i'r dosbarth gweithiol. Yn ystod y cyfnod hwn o newidiadau gwleidyddol cynyddodd y galw am ddiwygio cymdeithasol.

No. 155.

PROTECTION
v.
FREE TRADE.

Striking Comparisons.

The reports on the cost of living in British, German and French towns published by our Board of Trade give the following general conclusions:–

WAGES PER HOUR.
Where a Briton earns 5s. in wages,
A German earns 3s. 9d.,
A Frenchman earns 3s. 2½d.

HOURS OF LABOUR.
Where a Briton works 100 hours,
A German works 111 hours,
A Frenchman works 117 hours.

HOUSE RENTS.
Where a Briton pays 5s. in rent,
A German pays 6s. 1 d. for similar accommodation,
A Frenchman pays 4s. 10 d.; but "his housing accommodation is as a rule decidedly inferior in quality."

WEEKLY BUDGETS.
Where a Briton spends 5s. on food and fuel,
A German spends 5s. 10 d. on the same quantity,
A Frenchman spends 5s. 10 d.

WHICH IS BEST OFF, THE FREE TRADE BRITON OR THE PROTECTED FRENCHMAN OR GERMAN?

Ffynhonnell A

Pamffledyn etholiad, 1903.

Y Ceidwadwyr yn Llywodraethu

Gallai'r Ceidwadwyr ddibynnu ar y dosbarth canol a'r dosbarth uwch, nhw oedd y dewis amlwg i'r bobl hynny. O ganlyniad bu iddynt ennill cyfres o etholiadau. Rhwng 1885 ac 1905 bu'r Ceidwadwyr yn llywodraethu Prydain am 17 mlynedd. Treuliodd y prif weinidogion Ceidwadol, Salisbury (1886–1902) a Balfour (1902–05) lawer o'u hamser yn ymdrin â materion tramor a thueddu i esgeuluso'r problemau gartref. Nid oeddent am wynebu problem tlodi. Byddai'n golygu gwario gormod o arian. Doedden nhw ddim eisiau digio eu cefnogwyr traddodiadol, y diwydianwyr a'r tirfeddianwyr.

Yn 1895 dewisodd Salisbury anwybyddu adroddiad y Comisiwn Brenhinol ar Lafur a ddangosai fod ar y gweithiwr ar gyfartaledd angen o leiaf 25 swllt (£1.25) yr wythnos at fyw. Yn wir, dim ond ychydig dros 14 swllt (70c) oedd cyflog bron hanner y gweithlu ym Mhrydain. Bu peth llwyddiant gyda Deddf Iawndal y Gweithwyr yn 1897 oedd yn caniatáu i weithwyr a anafwyd hawlio iawndal oddi wrth eu cyflogwyr. Ac yna yn 1902 gyda Deddf Addysg Balfour sefydlwyd 140 o Awdurdodau Addysg Lleol i ofalu am weinyddu ac ariannu ysgolion yn fwy effeithiol. Ond rhy ychydig yn rhy hwyr oedd hyn. Erbyn etholiad 1906 roedd y Ceidwadwyr wedi colli tir.

Ffynhonnell B

'Rhag-weld masnach rydd' – poster plaid wleidyddol, 1906.

Ffynhonnell C

'Ei wasgu i'r llwch' – poster gwleidyddol arall, 1906.

Etholiad 1906

Bu etholiad 1906 yn fuddugoliaeth ysgubol i'r Rhyddfrydwyr a enillodd 377 o seddau o'u cymharu â 157 i'r Ceidwadwyr. Yng Nghymru roedd buddugoliaeth y Rhyddfrydwyr hyd yn oed yn fwy syfrdanol gyda 33 o'r 34 sedd yn eiddo i'r Rhyddfrydwyr a dim un Ceidwadwr yn cynrychioli Cymru. Roedd y Rhyddfrydwyr wedi addo i'w pleidleiswyr ers tro byd y byddent yn cyflwyno diwygiadau cymdeithasol. Nawr, gyda'u mwyafrif sylweddol, dan eu harweinydd Campbell-Bannerman, gallai'r llywodraeth newydd wneud hynny. Addawodd y llywodraeth hefyd ganolbwyntio ar y problemau gartref yn hytrach nag ar faterion tramor a chydweithredu â'r undebau llafur yn hytrach na'u gwrthwynebu. Yn y cyfamser roedd y Ceidwadwyr yn hynod amhoblogaidd gan nad oeddent wedi addo diwygio cyffelyb. Roedden nhw wedi ymosod ar bŵer yr undebau ac roedd y ffaith na allent gytuno ar fesurau pwysig i ddiwygio tollau yn fygythiad i undod y blaid. Credai'r Rhyddfrydwyr a nifer o Geidwadwyr, gan gynnwys Balfour, mewn masnach rydd ond roedd Ceidwadwyr eraill yn dadlau na allai masnach Prydain gystadlu â'r mewnforion, y nwyddau o dramor, heb **ddiffyndollaeth**.

Llwyddodd y Ceidwadwyr i oresgyn eu problemau ac ymhen pum mlynedd roedden nhw wedi adennill eu grym gwleidyddol. Ond, dros y deng mlynedd nesaf y Rhyddfrydwyr oedd yn llywodraethu Prydain.

Llun cyfoes yn dangos Aelodau Seneddol Rhyddfrydol yn mynd i'w lle yn Nhŷ'r Cyffredin ar ôl ennill etholiad 1906.

?

1 a) Lluniwch restr o'r gwahaniaethau rhwng y ddwy blaid.
b) Yn y cyfnod cyn 1906 pam y bu i gefnogaeth:
(i) gynyddu i'r Rhyddfrydwyr
(ii) leihau i'r Ceidwadwyr?

2 a) Beth yw'r neges(euon) i'r pleidleiswyr sydd ym mhob un o'r ffynonellau?
b) Pa blaid oedd yn gyfrifol am gynhyrchu pob un o'r ffynonellau?
c) Yn eich barn chi, pa un fyddai wedi creu mwyaf o argraff ar etholwyr?

UNED 1

GWLEIDYDDIAETH CYN Y RHYFEL

Tlodi a'r Tlodion: Argyfwng y Gymdeithas Edwardaidd?

Erbyn diwedd y bedwaredd ganrif ar bymtheg roedd problemau iechyd a thlodi yn destun llawer o feirniadaeth.

Ffynhonnell A

Adroddiad Blynyddol y Gymdeithas Trefnu Elusen (1876). Sefydlwyd yr elusen hon gan nifer o ddyngarwyr cyfoethog oedd yn credu mai'r ffordd orau i helpu'r tlodion oedd gofalu eu bod yn gallu eu helpu eu hunain.

Dylai'r tlawd wynebu problemau arferol bywyd gan ddibynnu, nid ar elusen a'r wladwriaeth, ond arno'i hunan a byw yn gynnil. Rhaid iddo wneud ymdrech drosto'i hun. Mae'r gweithiwr yn gwybod y bydd:

1. salwch dros dro yn taro'r teulu

2. adegau pan na fydd yn gweithio

3. teulu mawr yn trethu ei adnoddau hyd yr eithaf

4. henaint yn golygu na all weithio.

Booth a Rowntree

Un o'r arloeswyr oedd yn cymell diwygio oedd Charles Booth, masnachwr cyfoethog a pherchennog llongau o Lerpwl, a dreuliodd bymtheng mlynedd yn casglu gwybodaeth am fywydau gweithwyr yn Llundain. Ei fwriad oedd dangos nad oedd gweithwyr mor dlawd ag roedd diwygwyr cymdeithasol cynnar wedi ei honni. Ond pan ddaeth wyneb yn wyneb â'r gwir bu'n rhaid iddo newid ei feddwl a rhwng 1892 ac 1903 fe gyhoeddodd ganlyniadau ei ymchwil yn *The Life and Labour of the People of London.*

Gwnaeth Seebohm Rowntree, diwydiannwr coco cyfoethog o ogledd Lloegr, arolwg tebyg gan holi o dŷ i dŷ yn ninas Efrog lle roedd yn byw. Dangosodd ei ymchwil fod ar deulu dosbarth gweithiol o ddau oedolyn a thri phlentyn, ar gyfartaledd, angen isafswm o £1 o incwm wythnosol at fyw. Ond, dangosai ei arolwg, pan gafodd ei gyhoeddi yn 1901, fod bron 28 y cant o drigolion y ddinas yn byw ar lai na hynny o gyflog. Dadleuai Rowntree fod dau fath ar dlodi: prif dlodi a thlodi eilaidd. Roedd y rhai oedd yn dioddef y cyntaf yn ddi-waith ac ni allent fforddio prynu bwyd hyd yn oed. Yn yr ail ddosbarth roedd y rhai a gâi gyflog isel neu a weithiai yn awr ac yn y man. Roedd y rhain yn ennill digon i brynu bwyd a thalu rhent efallai, ond ni allent fforddio prynu eitemau fel esgidiau na dillad.

Ffynhonnell B

Dyfyniad o astudiaeth Mrs Pember Reeves o fywydau'r dosbarth gweithiol yn Llundain, *Round about a Pound a Week* (1913).

Sut y gall dyn fagu teulu ar 20s [£1] yr wythnos? Mae'r gyfraith yn rhoi 4s [20c] yr wythnos i brynu bwyd i blentyn sydd yn derbyn elusen. Tybiwch fod 4 o blant. I fam gyda 4 o blant mae 4s [20c] ar gyfer pob plentyn yn chwerthinllyd. Gyda hanner y nifer o blant byddai bwyd yn costio 8s [40c] a phe baem yn cyfrif bod ar y rhieni angen yr un faint, dyna 12s [60c] am fwyd i 6 o bobl. Mae hynny yn golygu bod ganddynt 8s [40c] ar ôl. Gall y rhent fod yn 6s [30] neu 7s [35c]. Sut y gall y fam ddod â dau ben llinyn ynghyd gydag 1s [5c] neu 2s [10c] yr wythnos i dalu am lo, nwy, yswiriant, dillad neu offer glanhau?

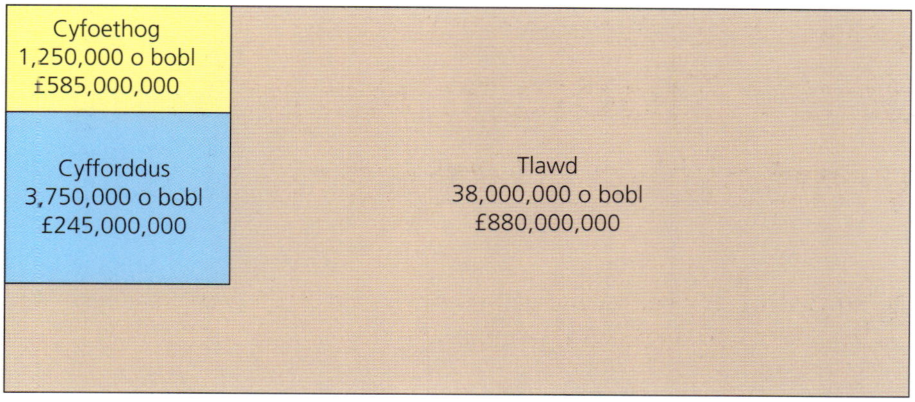

Ffynhonnell C

O lyfr Chiozza Money, y diwygiwr, *Riches and Poverty* (1905).

Cymru

Roedd y sefyllfa yng Nghymru cynddrwg os nad gwaeth. Yn 1893 cyflwynodd prif swyddog iechyd y Rhondda adroddiad ar y llygredd yn yr afon oedd 'yn cynnwys llawer iawn o garthion dynol, o gigach a choluddion o'r lladd-dai, cyrff anifeiliaid, cathod a chŵn, ar hanner pydru a sbwriel y stryd'. Yn ôl arolwg 1911 roedd 380 o blant allan o bob 1,000 a anwyd yn Ne Cymru wedi marw. Problem arall oedd fod gormod o bobl yn byw yn yr un tŷ mewn llawer o dai gweithwyr. Yn ôl adroddiad Cyfrifiad 1851 ym Merthyr Tudful roedd teulu o saith a'u pum lojer yn byw mewn tŷ dwy ystafell. Araf iawn oedd ymateb yr awdurdodau lleol a chenedlaethol – dim ond 776 o dai a godwyd yng Nghymru rhwng 1890 ac 1909.

Newid Agweddau

Dechreuodd yr agwedd newid. Yn lle credu mai trosedd neu arwydd o ddrygioni oedd tlodi, dechreuwyd dangos tosturi a chydymdeimlad.

Ers amser, roedd diwygwyr wedi bod yn achwyn am broblemau tlodi ond roedd y llywodraethau Rhyddfrydol a Cheidwadol wedi anwybyddu eu rhybuddion. Felly ffurfiodd rhai sosialwyr gymdeithasau gyda'r bwriad o hyrwyddo diwygio cymdeithasol. Galwyd eu syniadau yn **sosialaeth**.

Ond bu i Booth a Rowntree hybu newid mwy cyffredinol at wella byd y tlawd. Roedd yr arweinydd Rhyddfrydol wedi synnu o glywed yr adroddiadau. Defnyddiodd ffigurau Rowntree am Efrog i amcangyfrif bod 33 y cant o boblogaeth Prydain yn ymylu ar newyn.

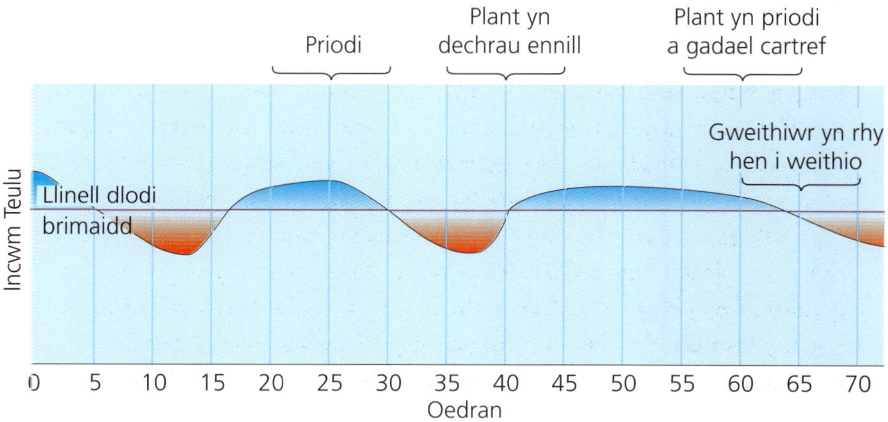

Ffynhonnell Ch

'Tlodi' o adroddiad S. Rowntree, *Poverty: A Study of Town Life* (1901).

Ffynhonnell D

Llun o ddau dlotyn di-enw a di-gartref (tua 1902).

Ffynhonnell Dd

Dyfyniad o C. Booth, *The Life and Labour of the People of London* (1892–1903).

... wedi eu magu mewn ystafelloedd heb awyr iach, heb fawr ddim bwyd, yng nghanol geni a marw, flwyddyn ar ôl blwyddyn ... Bywyd anwariaid yw eu bywyd ... eu bwyd o'r gwaelaf a'u hunig foeth yw diod ... pobl wedi eu cleisio sy'n llercian drwy'r strydoedd ... Dyma'r dosbarth gwaethaf o ddynion cornel sy'n sefyllian o gwmpas yn nrysau tafarndai ... Dydyn nhw'n gwneud dim, ddim yn creu cyfoeth o gwbl, gan amlaf maent yn ei ddinistrio ... efallai y byddai'r rhai a allai olchi'r mwd i ffwrdd yn dod o hyd i rai gemau.

Ni allai'r pleidiau gytuno ar sut i helpu'r tlodion. Credai rhai Ceidwadwyr nad oedd angen ond ychydig ddiwygio, fel gwella'r tlotai. Roedd eraill a nifer cynyddol o'r Rhyddfrydwyr eisiau cael gwared â'r tlotai. Roedden nhw eisiau sefydlu system o fudd-daliadau i'r tlodion. Byddai trethi uwch yn talu'r gost. Ond roedd y Ceidwadwyr yn gwrthwynebu unrhyw godiad yn y trethi.

Ffynhonnell E

Llun cyfoes o dai glowyr yn Senghennydd (1913).

Mae adroddiad Charles Booth ar bensiynau Gwladol i'r henoed tlawd ... yn profi nad achos tlodi yn ôl pob tebyg yw'r hyn a gawsom ein haddysgu i'w gredu sef medd-dod, drygioni a diogi ond ... salwch a henaint. Y rhain, yn ôl ffigurau diymwad Mr Booth, yw prif achosion tlodi.

Ffynhonnell F

Dyfyniad o'r *Observer*. 20 Rhagfyr 1891.

Cawsom fod ynfydion swnllyd, budr yn amharu ar hen wragedd parchus. Gwelsom ... wragedd beichiog yn cael eu gorfodi i weithio gyda gwragedd oedd mor hagr yn gorfforol nes bod yn wrthun ... Gwelsom fwy nag unwaith blant oedd yn dioddef o ryw fân anhwylder yn gorfod rhannu gwely gyda phuteiniaid oedd yn dioddef o afiechydon heintus, gwragedd eraill yn yr un ystafell yn marw o'r cancr ac eraill yn fusgrell o henaint.

Ffynhonnell Ff

Addasiad o adroddiad y Comisiwn Brenhinol ar y tlotai (1909).

Ffynhonnell G

Llun o wragedd ar amser bwyd yn un o dlotai St Pancras (tua 1901).

?

1. **Mathau gwahanol o dystiolaeth hanesyddol yw ffynonellau B, C, Ch a D. Beth yw cyfraniad pob un ohonynt at astudiaeth o dlodi yng nghyfnod Edward?**
2. **Yn ôl Charles Booth a'r *Observer*, (ffynonellau Dd a F) beth oedd prif achosion tlodi ar ddiwedd oes Fictoria ac yn ystod teyrnasiad Edward?**
3. **Cymharwch ffynonellau A a B. I ba raddau roedd agweddau wedi newid tuag at y tlawd rhwng 1876 ac 1913?**
4. **Pa ffynhonnell neu ffynonellau fyddai fwyaf defnyddiol i hanesydd fyddai'n dymuno ysgrifennu llyfr ar dlodi yng nghyfnod Edward? Eglurwch eich dewis.**

UNED 1

GWLEIDYDDIAETH CYN Y RHYFEL

Y Rhyddfrydiaeth 'Newydd' a'r Gwelliannau Cymdeithasol Rhyddfrydol (1906–14)

Roedd syniadau newydd gan y Blaid Ryddfrydol a enillodd etholiad cyffredinol 1906 dan Campbell-Bannerman. Credai radicaliaid ifanc y blaid, pobl fel David Lloyd George a Winston Churchill fod ar y tlodion a'r anghenus angen help y wladwriaeth ar fyrder. Cytunai Lloyd George a Churchill gyda Rowntree mai gwir achos tlodi ym Mhrydain oedd: diweithdra neu gyflogau isel, bod yr un oedd yn ennill y prif gyflog yn y teulu wedi marw neu wedi ei anafu, henaint, teuluoedd mawr a phrinder addysg. Daeth Herbert Asquith yn arweinydd y Rhyddfrydwyr ac yn Brif Weinidog yn 1908. Dymunai ddangos mai plaid ddiwygio oedd y blaid Ryddfrydol felly cefnogai syniadau radicalaidd Lloyd George a'u hybu.

Gwelliannau'r Rhyddfrydwyr: Campbell-Bannerman 1906–8

Ffynhonnell A

Cartŵn yn *Punch* cyn pasio Deddf Pensiynau'r Henoed yn 1908. Dangosir Lloyd George yn dwyn oddi ar y cyfoethog (codi trethi) er mwyn cael arian i dalu costau'r pensiynau.

THE PHILANTHROPIC HIGHWAYMAN.

MR. LLOYD-GEORGE. "I'LL MAKE 'EM PITY THE AGED POOR!"

Ffynhonnell B

'Anrheg y Calan'. Cartŵn yn *Punch* yn 1909, ar ôl pasio Deddf Pensiynau'r Henoed, – hawlio'r taliadau cyntaf.

Credai llywodraeth Campbell-Bannerman y dylid gofalu yn gyntaf am anghenion addysgol a chymdeithasol plant. Yn 1906 pasiwyd y Ddeddf Addysg (Darparu Prydau) a roddai arian i awdurdodau lleol i ddarparu cinio ysgol i blant tlawd iawn. Sylweddolai'r llywodraeth mai dyma'r unig bryd o fwyd poeth a gâi llawer o blant tlawd mewn diwrnod. Er bod y Ceidwadwyr a 'Hen' Ryddfrydwyr yn meddwl bod y Ddeddf hon yn ymyrryd â chyfrifoldeb rhieni, fe lwyddodd. Erbyn 1914 roedd dros 150,000 o blant yn bwyta cinio ysgol bob dydd. Yn 1907 rhoddodd y Ddeddf Addysg (Ysgolion Gramadeg) gyfle i lawer o blant o'r dosbarth gweithiol fynd i ysgolion uwchradd heb orfod talu. Yn yr un flwyddyn ffurfiwyd y Gwasanaeth Arolygu Iechyd Ysgolion a olygai fod awdurdodau lleol yn trefnu bod doctoriaid a nyrsys oedd wedi eu hyfforddi yn gweld pob disgybl o leiaf unwaith y flwyddyn.

Yna ceisiodd y llywodraeth Ryddfrydol ddelio â phroblemau'r henoed. Yn 1908 pasiwyd Deddf Pensiynau'r Henoed. Nawr gallai pobl oedd dros 70 oed ac a oedd ag incwm o lai na £21 y flwyddyn hawlio pensiwn o 5s [25c] i bob person bob wythnos neu £13 y flwyddyn. Roedd **prawf modd** ar bob unigolyn cyn y câi dderbyn y pensiwn. Nid oedd y pensiwn yn hael ond roedd yn golygu na fyddai'n rhaid i'r henoed bellach fynd i'r tloty neu

> Pan ddechreuwyd talu Pensiynau'r Henoed, newidiwyd bywyd yr oedrannus ... Doedd dim angen iddynt bryderu bellach. Yn sydyn cawsant gyfoeth. Roeddent yn annibynnol am oes. Ar y dechrau pan aent i Swyddfa'r Post i nôl eu pensiwn roedd rhai yn wylo dagrau, roedden nhw mor ddiolchgar. Wrth godi'r arian byddai rhai yn dweud, 'Bendith Duw ar yr Arglwydd George yna' (ni allent gredu mai Mr cyffredin oedd dyn oedd mor bwerus ac mor hael) a 'Bendith Duw arnoch, miss' wrth y ferch na wnâi ddim ond estyn yr arian. iddynt.

Ffynhonnell C

Dyfyniad o nofel hunangofiannol Flora Thompson, *Lark Rise to Candleford* (1939).

ddibynnu ar elusen. Hawliodd bron 400,000 y taliadau cyntaf yn 1909 ac roedd y gost i'r llywodraeth yn £1.2 filiwn. Dyma gam pwysig tuag at sefydlu **gwladwriaeth les** sy'n defnyddio trethi er mwyn helpu'r tlawd a'r oedrannus.

Yn 1906 cyflwynodd Asquith, Canghellor y Trysorlys, welliant i'r 'Ddeddf Iawndal i Weithwyr' oedd yn gorfodi cyflogwyr i dalu iawndal i bob gweithiwr a oedd wedi ei anafu yn y gwaith ac a oedd yn ennill llai na £200 y flwyddyn. Yn yr un flwyddyn pasiwyd Deddf Anghydfod Masnachol yn adfer i'r undebau yr hawl gyfreithiol i fynd ar streic.

Diwygiadau Rhyddfrydol: Asquith1908–14

Pan ddaeth Asquith yn Brif Weinidog roedd yn benderfynol ei fod am basio deddfau i helpu'r dosbarth gweithiol, yn enwedig y rhai oedd ar gyflogau isel ac heb fawr o sicrwydd. Penododd Lloyd George yn Ganghellor y Trysorlys a Churchill yn Llywydd y Bwrdd Masnach. Yn 1909 gofalodd Churchill fod y llywodraeth yn pasio Deddf Byrddau Masnach gan sefydlu tîmau o arolygwyr i fwrw golwg ar amodau gwaith a chyflog y rhai a gyflogid yn y diwydiannau slafaidd (gwneud bocsys, sachau a dillad rhad).

Oherwydd dylanwad llyfr William Beveridge, *Unemployment,* arno roedd Lloyd George eisiau helpu'r tlawd a'r di-waith. Yn 1909 pasiwyd Ddeddf y Cyfnewidfeydd Llafur a sefydlodd gadwyn o gyfnewidfeydd ledled Prydain lle gallai cyflogwyr hysbysebu eu hanghenion a'r di-waith gael y wybodaeth berthnasol. Agorwyd 83 cyfnewidfa yn 1910. Yn anffodus, pan geisiodd Lloyd George godi digon o arian yn ei Gyllideb yn 1909 i dalu cost y gwelliannau bu argyfwng gwleidyddol (gw. tud. 18–21). Roedd y Ceidwadwyr yn benderfynol o'i wrthwynebu ac roedd rhai Rhyddfrydwyr hefyd yn anhapus â'i gynlluniau. Ar waethaf y gwrthwynebu mynnodd Lloyd George, gyda chefnogaeth Asquith, ddal ati.

Ymlaen at Wladwriaeth Les?

Ers peth amser bu Lloyd George yn cynllunio diwygio cymdeithasol a fyddai'n gosod sylfaen gwladwriaeth les. Yn 1911 cyflwynodd Ddeddf Yswiriant Gwladol, rhan 1 i ofalu am iechyd. Nawr gallai pob gweithiwr oedd yn ennill llai na £3 yr wythnos neu £160 y flwyddyn hawlio 10 swllt (50c) yr wythnos am 26 wythnos os byddai'n absennol o'r gwaith oherwydd salwch. Ar ôl hynny câi bensiwn y methedig, 5 swllt (25c) yr wythnos. I dalu am y cynllun hwn byddai gweithiwr oedd wedi ei yswirio yn talu 4c yr wythnos, (ychydig dan 2g) ei gyflogwr yn talu 3c (ychydig dros 1g) a'r llywodraeth yn talu 2g (ychydig dan 1g). Gan fod llwyddiant y cynllun yn dibynnu ar daliadau cyson y gweithwyr a'r cyflogwyr, deddfodd Lloyd George fod y taliadau yn orfodol.

Dim ond dynion oedd yn gwneud rhai mathau ar waith a gâi hawlio'r taliadau ac nid oedd hawl i aelodau o deulu'r gweithiwr dderbyn y buddiannau, dim ond y gweithiwr ei hun. Golygai hyn fod yn rhaid i'r gweithiwr dalu am ofal meddygol i'w wraig a'i blant.

Roedd y Ddeddf Yswiriant Gwladol, rhan 2 (1913) yn ymdrin ag yswiriant i'r di-waith. Eglurir y manteision yn ffynhonnell Ch.

Yswiriwyd gweithwyr oedd yn adeiladu, yn adeiladu llongau, peirianwyr mecanyddol, gweithwyr haearn, adeiladwyr cerbydau a llifwyr. Roedd yn rhaid i bob un o'r crefftwyr hyn gael 'llyfr diweithdra'. Ar gyfer pob wythnos roedd yn rhaid i'r cyflogwr ludio stamp 5c yn y llyfr ac roedd gan y cyflogwr hawl i dynnu hanner y gost o gyflog y gweithiwr.

Os byddai'r gweithiwr yn ddi-waith câi hawlio 7 swllt yr wythnos o'r Gyfnewidfa Gyflogi am gyfnod o 15 wythnos fan bellaf. Roedd yn profi ei fod yn ddi-waith ac yn abl i weithio drwy arwyddo cofrestr y di-waith yno bob dydd.

Ffynhonnell Ch

Dyfyniad o *Unemployment*, William Beveridge (1912).

Ffynhonnell D

Poster a gyhoeddwyd gan y Blaid Ryddfrydol i roi cyhoeddusrwydd i Gynllun Yswiriant Cenedlaethol Lloyd George (1911).

	yn y tloty	yn derbyn elusen	Cyfanswm
7 Hydref 1908	78,114	45,830	123,944
7 Hydref 1909	78,260	43,810	122,070
7 Hydref 1910	77,503	40,679	118,182
7 Hydref 1911	75,233	29,634	104,867

Ffynhonnell Dd

Ffigurau swyddogol ar gyfer Llundain a ddyfynnwyd yn *The Times* (Hydref 1911).

?

1 a) Beth yw'r neges yn *Punch* am gynllun pensiynau Lloyd George yn ffynhonnell A a ffynhonnell B?
b) Pam mae Lloyd George yn gofalu am ddyn gwael nid merch wael yn ffynhonnell D?

2 a) Lluniwch restr o'r gwelliannau Rhyddfrydol gan egluro yn gryno pwy roedden nhw i fod i'w helpu a sut roeddent i fod i gael eu gweithredu.
b) Pam y byddai rhai pobl gyfoes wedi: (i) croesawu a (ii) gwrthwynebu gwelliannau cymdeithasol y Rhyddfrydwyr?

UNED 1

GWLEIDYDDIAETH CYN Y RHYFEL

Argyfwng democratiaeth? 'Cyllideb y Bobl', 1909

Tŷ'r Arglwyddi a Thŷ'r Cyffredin

Cyn y 19eg ganrif roedd Tŷ'r Arglwyddi yn fwy pwerus na Thŷ'r Cyffredin. Aelodau Tŷ'r Arglwyddi oedd Arglwyddi'r Deyrnas neu'r bonedd oedd â theitlau – barwniaid, ieirll a dugiaid ac esgobion Eglwys Loegr. Ni chaent eu hethol. Roeddent yn hawlio eu seddau oherwydd braint genedigaeth neu, yn achos yr Eglwys, oherwydd eu swyddi. I'r gwrthwyneb roedd yr Aelodau Seneddol a eisteddai yn Nhŷ'r Cyffredin wedi eu hethol. Nid oedd y rhain yno am oes, dim ond hyd nes y byddai etholiad cyffredinol arall. O'i gymharu â heddiw doedd dim llawer o wir ddemocratiaeth gan fod llawer o'r Aelodau Seneddol wedi eu hethol gan nifer bach o dirfeddianwyr dylanwadol a gwŷr busnes. Yn wir, hyd hanner cyntaf y 19eg ganrif doedd fawr o ddewis rhwng aelod o Dŷ'r Arglwyddi ac aelod o Dŷ'r Cyffredin gan fod cynrychiolwyr y ddau Dŷ yn dirfeddianwyr cyfoethog, eu daliadau cymdeithasol a gwleidyddol yn ddigon tebyg, ac yn aml roeddent yn perthyn i'w gilydd.

Yn y 19eg ganrif roedd llawer o aelodau Tŷ'r Cyffredin yn gwrthwynebu newid. Ond roedd galw am ddiwygio o fewn y Senedd a'r tu allan ac o'r herwydd cafwyd Deddfau Diwygio'r Senedd. Yna daeth deddfau eraill fel Deddf y Tugel yn 1872 oedd yn sicrhau hawl i bleidlais gudd. Yn 1885 cafwyd Deddf Ailddosbarthiad oedd yn aildrefnu ffiniau **etholaethau** er mwyn rhoi gwell cynrychiolaeth i ganolfannau trefol, diwydiannol fel Manceinion a Merthyr Tudful. Golygai hyn fod y pleidleisio yn decach.

O ganlyniad i'r gwelliannau hyn symudodd y pŵer o Dŷ'r Arglwyddi i Dŷ'r Cyffredin. Roedd Prydain yn dod yn wladwriaeth ddemocrataidd.

Argyfwng y Gyllideb

Yn y Gyllideb yn 1909 cyhoeddodd Lloyd George y byddai angen £16 miliwn yn ychwanegol o'r trethi i helpu'r tlodion. Awgrymodd y dylid codi'r dreth incwm ar rai oedd yn ennill mwy na £3,000 o 5 y cant i 8 y cant. Hefyd roedd am godi'r tollau marwolaeth, (treth ar yr eiddo a adawai tirfeddiannwr cyfoethog), i 15 y cant. Bwriadai hefyd godi treth ychwanegol ar yr elw oedd yn deillio o werthu tir. Roedd y Gyllideb hon yn un o'r rhai mwyaf radical a gynlluniwyd erioed.

Gan fod mwyafrif gan y Rhyddfrydwyr yn Nhŷ'r Cyffredin ni allai'r Ceidwadwyr rwystro'r Gyllideb rhag cael ei derbyn. Ond roedd yn rhaid i Dŷ'r Arglwyddi ei derbyn hefyd cyn y byddai'n dod yn ddeddf gwlad. Roedd mwyafrif aelodau Tŷ'r Arglwyddi yn Geidwadwyr. Gwrthodwyd y Gyllideb. Ymateb Lloyd George oedd perswadio Asquith i alw etholiad cyffredinol i brofi bod y pleidleiswyr yn cefnogi'r Gyllideb. Enillodd y Rhyddfrydwyr a phasiwyd y Gyllideb. Dangosodd y fuddugoliaeth i Dŷ'r Arglwyddi pwy oedd yn llywodraethu Prydain mewn gwirionedd.

RICH FARE.

The Giant Lloyd-Gorgibuster : "Fee, fi, fo, fat,
I smell the blood of a Plutocrat;
Be he alive or be he dead,
I'll grind his bones to make my bread."

[April 28, 1909.]

Ffynhonnell A

Cartŵn yn *Punch* yn mynegi barn rhai o'i ddarllenwyr am y Gyllideb, 1909. ('Plutocrat' yw person sydd mewn awdurdod am ei fod yn gyfoethog.)

Deddf y Senedd 1911

Penderfynodd Lloyd George gynyddu'r pwysau ar Dŷ'r Arglwyddi drwy gynllunio Deddf a fyddai'n golygu na allent rwystro Mesur rhag cael ei dderbyn fel deddf os byddai Tŷ'r Cyffredin eisoes wedi ei dderbyn. Ymateb Tŷ'r Arglwyddi oedd gwrthod pasio Mesur y Senedd. Cyhuddodd Lloyd George Dŷ'r Arglwyddi o anwybyddu dyheadau'r bobl. Galwodd Asquith etholiad arall i brofi'r pwynt. Enillodd y Rhyddfrydwyr eto ond y tro hwn gwrthododd Tŷ'r Arglwyddi dderbyn y Mesur. Honnai Lloyd George fod holl egwyddor democratiaeth yn y fantol. Gofynnodd i'r Brenin Siôr V ei gefnogi. Daeth y Brenin ac yntau i gytundeb. Os byddai Tŷ'r Arglwyddi yn dal i wrthwynebu'r Mesur byddai'r Brenin yn creu dros 100 o Arglwyddi newydd, pob un ohonynt yn Rhyddfrydwr. Llwyddodd y bygythiad a phasiwyd y Mesur. Ni allai Tŷ'r Arglwyddi fyth eto ymyrryd â'r proses democrataidd; gohirio pasio deddfau newydd am ddwy flynedd oedd yr unig bŵer oedd ganddynt bellach. I wrthweithio'r cynnydd ym mhŵer Tŷ'r Cyffredin cytunwyd y byddai'n rhaid cynnal etholiad bob pum mlynedd yn hytrach na phob saith mlynedd.

Cyflwynir y Gyllideb ... i ddarparu ar gyfer yr Henoed a'r Tlodion Haeddiannol. Mae'n hen bryd. Mae'n warthus fod gwlad gyfoethog fel ein gwlad ni ... yn caniatáu i'r rhai sydd wedi gweithio'n galed ar hyd eu bywyd ddiweddu eu hoes mewn tlodi ac efallai newyn ...

Ffynhonnell B

(uchod) Dyfyniad o araith Lloyd George yn Limehouse (1909).

Ymddengys na bu dim byd cyffelyb i'r trethi arfaethedig yn hanes ein gwlad ... Nid lles y genedl yw'r nod ond ... awydd i ymosod ar y cyfoethog.

Ffynhonnell C

(uchod) Dyfyniadau o araith Dug Marlborough wrth ddadlau yn erbyn y Gyllideb yn Nhŷ'r Arglwyddi (1909).

Mae dug yn ei holl rwysg yn costio cymaint i'w gadw â dwy long ryfel, ac y mae'r dugiaid yn codi llawn cymaint o fraw, ac yn hwy eu parhad.

Nid oes ganddynt unrhyw gymwysterau ... does dim rhaid iddynt fod yn iach yn gorfforol nag yn feddyliol. Y cyfan sydd ei angen arnynt yw tystysgrif geni – dim ond i brofi mai nhw oedd y cyntaf i ddod i'r byd yn y teulu. Fyddech chi ddim yn dewis ci ar yr egwyddor yna.

Ffynhonnell Ch

(uchod) Dyfyniadau o araith Lloyd George i gynulleidfa yn Wolverhampton (1909).

Ffynhonnell D

(dde) Llun y Senedd (tua 1910).

THE CLERKENWELL NEWS AND EVENING CHRONICLE.

The Daily Chronicle

No. 14,908—12 PAGES. LONDON. WEDNESDAY, DECEMBER 1, 1909. 12 PAGES—ONE HALFPENNY.

EAGLE Insurance Company (Lives) (Annuities) Established 1807

PARLIAMENT. The New Election Game.

SUICIDE OF THE HOUSE OF LORDS!

BUDGET REJECTED AT MIDNIGHT BY 350 TO 75 VOTES.

DR. LANG'S GREAT SPEECH.

STORY OF THE BLACKEST DAY IN MODERN POLITICAL HISTORY.

For 350
Against 75
Majority for 275

THE DEATH BLOW.

Memorable Scene in the House of Lords at End of Debate.

"THE BLACK CAP."

CABINET MEETS TO-DAY.

PREMIER WILL THEN GO TO SANDRINGHAM.

FINAL DECISION.

THE PROROGATION ON FRIDAY.

LORD MORLEY.

BLUFF OF THE PEERS

THE TEA DUTY.

Deputation Waits upon Chancellor of the Exchequer.

OUTSIDE THE HOUSE

4,000 People Wait for the Fateful News.

POLICE IN BERKELEY SQ.

FACE TO FACE.

"WE'LL HANG LANSDOWNE."

NEWS HEARD IN SILENCE.

LATE EXTRA: 4 A.M. EDITION.

THE EXECUTIONERS.

LIST OF LANDLORDS AND "LORD NO ZOO" WHO KILLED THE BUDGET.

THE FAITHFUL FEW.

List of Peers who Voted for the People's Budget.

PAYING OFF OLD SCORES.

Labour Party Welcome a Fight Against the Lords.

Ffynhonnell Dd

Ymateb un papur newydd i wrthwynebiad Tŷ'r Arglwyddi i 'Gyllideb y Bobl'.

?

1 a) Beth oedd Lloyd George yn ei olygu pan gyfeiriai at y 'Tlodion Haeddiannol' yn ffynhonnell B?
b) Pam roedd Dug Marlborough (ffynhonnell C) yn meddwl mai malais a chenfigen oedd wrth wraidd ymosodiad Lloyd George ar Dŷ'r Arglwyddi?

2 Pan glywodd Lloyd George fod yr Arglwyddi wedi gwrthod ei Gyllideb dywedodd, 'Gadewch iddyn nhw sylweddoli beth maen nhw'n ei wneud. Maen nhw'n gwahodd chwyldro ac fe gânt un ...' Beth oedd yn ei feddwl, yn eich barn chi?

3 Pan oedd yn 81 oed, flwyddyn cyn ei farw, cafodd Lloyd George ei anrhydeddu gan y Brenin. Derbyniodd y teitl Iarll Dwyfor a sedd yn Nhŷ'r Arglwyddi. Gan ystyried ei agwedd flaenorol at yr Arglwyddi atebwch y canlynol:
a) Pam roedd cymaint o bobl yn synnu ac yn ddig?
b) Pam y derbyniodd y teitl, yn eich barn chi?
c) Beth allai fod yn ei ddweud wrthym am Lloyd George?

UNED 1

GWLEIDYDDIAETH CYN Y RHYFEL

Twf Llafur

Oherwydd Deddfau Diwygio'r Senedd yn y bedwaredd ganrif ar bymtheg gallai'r dosbarth gweithiol leisio pryderon am y materion oedd yn effeithio ar y gweithiwr yn benodol, fel tlodi, diweithdra, afiechyd a thai gwael. Yn sgîl hyn newidiodd y Rhyddfrydwyr a'r Ceidwadwyr eu hagwedd at y dosbarth gweithiol. Roeddent yn sylweddoli y byddai'n rhaid iddynt ennill pleidleisiau'r dosbarth gweithiol mewn etholiadau o hyn allan. Roedd y radicaliaid yn y Blaid Ryddfrydol yn hynod awyddus i ennill pleidleisiau'r dosbarth gweithiol. Mewn rhai ardaloedd gweithiol cytunodd y Rhyddfrydwyr i gefnogi ymgyrch i ethol gweithwyr i'r Senedd. Galwyd yr Aelodau Seneddol o'r dosbarth gweithiol yn aelodau Lib-Lab ac erbyn 1906 roedd cymaint â 24 ohonynt.

Y Blaid Lafur Annibynnol

Ond roedd rhai diwygwyr cymdeithasol yn colli amynedd â'r Rhyddfrydwyr. Roedden nhw'n credu mai'r unig ffordd i'r tlodion eu helpu eu hunain oedd drwy ethol eu cynrychiolwyr annibynnol i'r Senedd. Teimlai llawer o'r dosbarth gweithiol nad oedd yr aelodau Lib-Lab yn eu cynrychioli'n deilwng a phenderfynwyd ffurfio plaid arall. Roedd hyn yn anodd gan nad oedd ganddynt arian na chefnogaeth yr undebau llafur pwerus. Ar waethaf y problemau dechreuwyd ffurfio cymdeithasau sosialaidd lleol. Erbyn 1893 roedd y rhain wedi uno i ffurfio'r Blaid Lafur Annibynnol a sefydlwyd gan ei harweinydd Keir Hardie (gw. Portread, tud. 26).

Aelodau Seneddol Llafur yn Nhŷ'r Cyffredin (1910).

Sylweddololodd Keir Hardie fod y blaid newydd yn rhy wan i fod yn effeithiol yn y Senedd felly ei nod oedd cryfhau ei safle mewn llywodraeth leol. Rhwng 1895 ac 1916 bu cynnydd sylweddol yn nifer y cynghorwyr Llafur. Roedd y mudiad Llafur yn ennill tir ar lefel leol. Gobeithiai Hardie y byddai pŵer cynyddol Llafur yn nhrefi a dinasoedd Prydain yn gorfodi'r pleidiau gwleidyddol hŷn i gyflwyno gwelliannau cymdeithasol.

Yr undebau llafur a'r Pwyllgor Cynrychiolaeth Llafur

Gwyddai Keir Hardie fod yn rhaid i'r Blaid Lafur Annibynnol gael cefnogaeth yr undebau llafur os oedd i ddod yn blaid wleidyddol gref. Oherwydd ei gais am gefnogaeth ffurfiwyd y Pwyllgor Cynrychiolaeth Llafur yn 1900. Ei dasg oedd recriwtio aelodau'r undebau llafur, eu cael i ymuno â'r mudiad Llafur a sefydlu plaid seneddol fyddai'n ddigon cryf i herio'r ddwy blaid arall. Bu peth gwrthwynebiad i Hardie a'r Blaid Lafur ar y dechrau. Roedd llawer o'r undebau yn amharod i gyllido plaid na allai eu cynrychioli yn y Senedd. Roedd eraill eisiau dal i gefnogi'r Rhyddfrydwyr. Aeth sawl blwyddyn heibio cyn i'r undebau llafur newid eu hagwedd.

Y Mudiad Llafur yng Nghymru

Er bod cymoedd de-ddwyrain Cymru, a Merthyr yn benodol, yn ddiwydiannol iawn doedd dim llawer o gefnogaeth i'r mudiad Llafur. Doedd dim dirprwyaeth o Gymru yn Bradford yn y gynhadledd pan sefydlwyd y Blaid Lafur Annibynnol yn 1893. Trwy lawer o'r 19eg ganrif roedd Cymru yn cefnogi'r Rhyddfrydwyr i'r carn a rhwng 1890 ac 1914 roedd Aelodau Seneddol Rhyddfrydol Cymru mor niferus a phwerus fel y gallent ddylanwadu ar bolisi'r llywodraeth. Roedd yn ymddangos bod y pleidleisiwr cyffredin yng Nghymru yn amharod i gefnogi plaid (Llafur) a syniad (sosialaeth) oedd yn estron ac yn Seisnig. Hyd yn oed erbyn 1906 dim ond pedair cangen o'r Blaid Lafur Annibynnol oedd wedi eu sefydlu yng Nghymru – yng Nghaerdydd, Treharris, Merthyr Tudful a Wrecsam.

Ond dechreuodd yr agweddau yng Nghymru newid. Cyn 1906 ychydig o weithwyr Cymru oedd wedi ymaelodi ag undeb. Roedd llai na 45,000 o'r 250,000 o lowyr yn perthyn i undebau llafur. Ond ar ôl 1906 bu cynnydd

Ffynhonnell A

Nid oedd pawb o aelodau'r undeb yn cefnogi'r Blaid Lafur. Un aelod oedd yn cefnogi'r Rhyddfrydwyr oedd W.V. Osborne. Aeth Osborne â'i undeb i gyfraith i'w rwystro rhag cyfrannu arian tanysgrifiadau i'r Blaid Lafur. Enillodd ei achos. Yn 'Achos Osborne' (1909) dyfarnodd y barnwyr nad oedd hawl gan yr undebau i roi arian i bleidiau gwleidyddol.

Golygai Achos Osborne na fyddai gan y Blaid Lafur arian i dalu i'w Haelodau Seneddol nac i dalu biliau'r etholiadau. Llwyddodd y llywodraeth Ryddfrydol i ddatrys y broblem. Am fod Llafur wedi cefnogi'r Rhyddfrydwyr yn eu cweryl gyda'r Ceidwadwyr yn 1911 pleidleisiodd y Senedd i roi cyflog o £400 y flwyddyn i bob Aelod Seneddol. Yna yn 1913, gyda Deddf yr Undebau Llafur pasiwyd bod hawl gan yr undebau i roi arian i bleidiau gwleidyddol.

A History of the Twentieth Century, Bryn O'Callaghan (1987).

sylweddol. Perswadiodd Hardie a'r Blaid Lafur Annibynnol fwy o Gymry'r dosbarth gweithiol mai'r unig ffordd i ennill cyflogau teilwng oedd drwy gefnogi plaid o weithwyr i'w cynrychioli yn y Senedd. Yn 1900 etholwyd Hardie yn Aelod Seneddol dros Ferthyr Tudful, yr aelod Llafur cyntaf yng Nghymru. Bu yn y swydd nes y bu farw yn 1915.

Llafur ac Etholiad 1906

Bu'r etholiad yn drobwynt – nid yn unig i'r Rhyddfrydwyr a enillodd fuddugoliaeth sicr ond hefyd i Lafur. Y diwrnod cyn yr etholiad newidiodd y blaid ei henw o 'Y Blaid Lafur Annibynnol' i 'Y Blaid Lafur' ac, er mai dim ond 29 o'r ymgeiswyr am 670 sedd ym Mhrydain a enillodd, o hyn allan ni ellid eu hanwybyddu. Yn 1908 roedd ganddynt bron ddwywaith y nifer o gynrychiolwyr yn y Senedd wedi i 24 aelod Lib-Lab ymuno â'r Blaid Lafur.

Yn ystod yr wyth mlynedd nesaf tueddai'r Blaid Lafur i gefnogi gwelliannau cymdeithasol a gwleidyddol Lloyd George. O'r herwydd roedd rhai o'u haelodau o'r tu allan i'r Senedd yn ei beirniadu am nad oedd ganddi ei rhaglen sosialaidd ei hun. Roedd eraill yn siomedig gan gredu y

Ffynhonnell B

Cartŵn o *Punch* yn dangos y berthynas anniddig oedd rhwng Llafur a'r Rhyddfrydwyr (1906).

A BIT OF A BREEZE.

C.-B. (*Organ Grinder, to* INDEPENDENT LABOUR PARTY). "AIN'T YOU A-GOIN' TO JOIN IN WITH YOUR FRIEND, MISS?" I. L. P. "NOT ME! SHE AIN'T MY CLASS!"

dylai'r Aelodau Seneddol Llafur wrthwynebu'r Rhyddfrydwyr yn y Senedd. Dim ond ar lefel llywodraeth leol y gallai Llafur reoli yn unol â'i daliadau a'i hegwyddorion sosialaidd. Roedd rhai cynghorau Llafur yn boblogaidd ac yn llwyddiannus. Ar waethaf y problemau cychwynnol hyn llwyddodd y Blaid Lafur i oroesi ac wedi cael cefnogaeth ariannol yr undebau o 1913 ymlaen fe gryfhaodd.

Dyddiad yr etholiad	Seddau a enillwyd yng Nghymru
1880	29 allan o 33
1885	30 allan o 34
1886	25 allan o 36
1892	31 allan o 34
1895	25 allan o 34
1900	28 allan o 34
1906	33 allan o 34

Ffynhonnell C

Canlyniadau'r Rhyddfrydwyr yn yr etholiadau cyffredinol yng Nghymru (1880–1906).

Dyddiad etholiad	Rhyddfrydwyr	Llafur	Ceidwadwyr
1906	377	29	157
1918	162	59	338
1922	117	142	347
1923	158	191	258
1924	40	151	419

Ffynhonnell Ch

Canlyniadau Llafur, Rhyddfrydwyr a'r Ceidwadwyr yn yr etholiadau cyffredinol (1906–1924).

Roedd y flwyddyn 1908 yn drobwynt yn natblygiad y Blaid Lafur yng Nghymru ac er na ddaeth Llafur yn brif blaid Cymru hyd 1922 roedd yn amlwg ar gynnydd ers 1908. Rydym i gyd yn gwybod mai prif dasg y Blaid Lafur yng Nghymru oedd ennill gweithwyr oddi wrth y Blaid Ryddfrydol, a'r Rhyfel 1914–18 a lwyddodd i wneud hynny. Dechreuodd y rhyfel ddinistrio'r berthynas rhwng y Capeli a'r Rhyddfrydwyr a bu'r (cweryl) rhwng Lloyd George ac Asquith yn allweddol hefyd.

Ffynhonnell D

Dyfyniad o ddarlith (yn 1973) gan James Griffiths (1890–1975). Roedd yn Aelod Seneddol Llafur ac ef oedd yr Ysgrifennydd Gwladol cyntaf dros Gymru.

?

a) Beth ydych yn ei ddysgu am y berthynas rhwng Llafur a'r Rhyddfrydwyr o ffynonellau A a B?
b) Ym mha fodd y gallai ffynonellau A a B fod yn gwrth-ddweud ei gilydd?
c) Pam roedd canlyniadau Dyfarniad Osborne yn fwy pwysig na'r Dyfarniad ei hun? Eglurwch eich ateb.

2 a) Pa mor ddefnyddiol yw'r ystadegau yn ffynonellau C a Ch wrth geisio dangos cryfder y Blaid Ryddfrydol rhwng 1880 ac 1924?

b) Beth ydych chi'n ei ddysgu am y newidiadau yng ngwleidyddiaeth y pleidiau ym Mhrydain oddi wrth yr ystadegau yn ffynhonnell Ch?

portread

Keir Hardie

Ei Fywyd Cynnar

Ganwyd Keir Hardie yn Swydd Lanark yn yr Alban yn 1856, yn fab i saer llong, di-waith, meddw. Oherwydd eu bod yn dlawd iawn roedd ei frawd iau a'i fam yn wael drwy'r amser. Gan fod ei dad yn aml oddi cartref yn chwilio am waith doedd dim dewis gan Hardie ond gadael yr ysgol yn saith oed i ennill arian i'r teulu. Fe'i cyflogwyd gan bobydd yn Glasgow. Roedd yn rhaid iddo weithio am ddeuddeg awr a hanner bob dydd. Yn un ar ddeg oed gadawodd i fynd i weithio yn y pwll. Yno, fe weithiodd yn galed i'w wella ei hun a chael addysg. Yn 1879 yn 23 oed fe'i hetholwyd gan ei gyd-weithwyr i'w cynrychioli fel asiant yr undeb. Saith mlynedd yn ddiweddarach ef oedd ysgrifennydd cyntaf Undeb Glowyr yr Alban.

Y Gwleidydd

Yn 1888 gobeithiai Hardie y byddai Cymdeithas Ryddfrydol Swydd Lanark yn ei gefnogi fel ymgeisydd Lib-Lab i'r Senedd. Dyna oedd ei uchelgais wleidyddol. Ond cafodd ei siomi. Yna safodd fel ymgeisydd Llafur annibynnol ond ni chafodd ei ethol. Ar waethaf y siomedigaethau hyn sefydlodd y Blaid Lafur Albanaidd. Bu hyn yn ysbrydoliaeth i sosialwyr eraill ar hyd a lled Prydain. Yn 1892 cafodd ei ethol yn Aelod Seneddol dros West Ham, ardal dlawd oedd wedi dirywio, yn ninas Llundain. Dywedodd wrth yr etholaeth, 'Nid yw gwleidyddiaeth ond gêm bêl-droed rhwng Ceidwadwyr cyfoethog a Rhyddfrydwyr cyfoethog a chi'r gweithwyr yw'r bêl maen nhw'n ei chicio yn frwd ac yn llawn hwyl didostur rhwng y

Ffynhonnell A

Poster etholiadol Keir Hardie yn 1888.

pyst.' Oherwydd ei lwyddiant yn yr etholiad sefydlodd Hardie y Blaid Lafur Annibynnol yn 1893.

Ar y cychwyn grŵp bach o sosialwyr oedd yn y blaid hon, ychydig ddeallusion a phobl ifanc o'r dosbarth gweithiol. Ni feddyliai'r undebau na'r pleidiau gwleidyddol eraill fod Hardie a'r sosialwyr o ddifrif. Ond daliodd plaid Hardie i recriwtio aelodau ac er bod y mwyafrif yn dal i ddod o blith y gweithwyr tlotaf ac o'r undebau gwaelaf llwyddodd i ddenu rhai dynion dysgedig fel Philip Snowden a Ramsay MacDonald. Fel Hardie roedden nhw hefyd wedi eu geni i dlodi a chaledi. Daeth y rhain â diwylliant ac addysg i'r blaid ac ennill parch yr wrthblaid oherwydd eu harbenigedd ar faterion cyllidol ac economaidd.

Ffynhonnell B

Poster etholiadol Keir Hardie yn 1906.

Hardie, Llafur a Chymru

Ceisiodd Hardie ennill cefnogaeth yng Nghymru ac fe'i cafodd ym Merthyr Tudful. Yn etholiad 1900 fe'i hetholwyd gyda mwyafrif bychan, yn bennaf oherwydd ei gynlluniau ar gyfer diwygio cymdeithasol. Ond roedd llawer yn ei gyfrif yn fradwr oherwydd ei ddaliadau heddychol ac am ei fod yn gwrthwynebu'r rhyfel yn erbyn y Boeriaid. Gofalodd ei wrthwynebydd Rhyddfrydol, Pritchard Morgan, am arddangos posteri ym Merthyr gyda'r slogan 'Pleidleisiwch i D.A. Thomas a Keir Hardie, y ddau sy'n cefnogi'r Boeriaid.'

Ystyriai Hardie fod y Cymry yn 'sosialwyr naturiol' a gweithiodd yn galed iawn i hyrwyddo'r blaid yn y wlad. Erbyn 1905 roedd 25 o Gymdeithasau Llafur lleol wedi eu sefydlu yng Nghymru, yn bennaf yng nghymoedd diwydiannol y de-ddwyrain, o Aberdâr i Flaenafon ac o Ferthyr i'r de i Gaerdydd. Cyn bo hir roedd papurau newydd sosialaidd yn cael eu hargraffu a'u gwerthu.

Bu Hardie yn cynrychioli Merthyr yn y Senedd am bymtheng mlynedd. Roedd pobl yn ei hoffi a'i barchu ond collodd rai o'i gefnogwyr oherwydd ei barodrwydd i gyhoeddi ei ddaliadau heddychol. Ar ddechrau'r Rhyfel Mawr yn 1914 cyhoeddodd Hardie ac aelodau amlwg eraill yn y Blaid Lafur eu gwrthwynebiad i'r brwydro. Roedd agwedd pobl Merthyr wedi newid ers dyddiau Rhyfel y Boer a chollodd eu cefnogaeth. Pan geisiodd egluro ei safbwynt mewn cyfarfod cyhoeddus yn Aberdâr cafodd ei fygwth. Bu farw yn 1915 wedi ei iselhau a'i ddigalonni ond roedd ei waith caled wedi gosod y mudiad Llafur yng Nghymru a Phrydain ar sylfaen gadarn.

?

1 Ym mha fodd y gallai profiadau cynnar Keir Hardie fod wedi cyfrannu at ei benderfyniad i sefydlu'r Blaid Lafur yn 1893?

2 a) Eglurwch bob un o'r pwyntiau a godir gan Keir Hardie yn ei boster etholiadol yn 1888.
b) Yn eich barn chi, pa bwyntiau fyddai: (i) fwyaf effeithiol (ii) leiaf effeithiol o safbwynt ennill pleidleisiau?
c) Cymharwch ffynonellau A a B. Yn eich barn chi, pa un sydd fwyaf effeithiol fel poster ymgyrchu? Eglurwch eich dewis.

3 Dywedodd hanesydd un tro: 'Oni bai am waith caled Keir Hardie ni fyddai'r Blaid Lafur wedi dod i fodolaeth.' Ydych chi'n cytuno neu'n anghytuno â'r gosodiad hwn? Eglurwch eich ateb yn llawn.
(Gweler tud. 22–25 am fwy o wybodaeth.)

UNED 1

GWLEIDYDDIAETH CYN Y RHYFEL

'Lle'r ferch ... ?': Mudiad y *Suffragettes*

Erbyn 1906 roedd Mudiad y *Suffragettes* mewn bod ers 40 mlynedd ond nid oedd fawr ddim i'w ddathlu. Nid oedd wedi llwyddo i ennill y bleidlais i ferched, ei brif amcan. Ond roedd wedi dod yn fudiad poblogaidd, yn denu cyhoeddusrwydd i achos rhyddfreinio merched. Erbyn 1906 roedd y ddadl dros roi pleidlais i ferched yn un na ellid ei hanwybyddu.

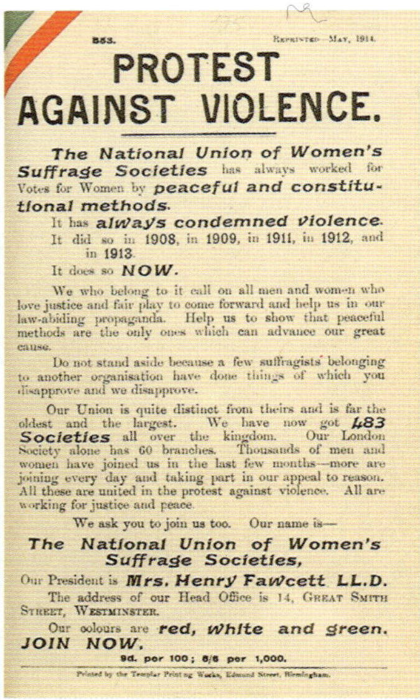

553. REPRINTED—MAY, 1914.

PROTEST AGAINST VIOLENCE.

The National Union of Women's Suffrage Societies has always worked for Votes for Women by **peaceful and constitutional methods.**

It has **always condemned violence.**

It did so in 1908, in 1909, in 1911, in 1912, and in 1913.

It does so **NOW.**

We who belong to it call on all men and women who love justice and fair play to come forward and help us in our law-abiding propaganda. Help us to show that peaceful methods are the only ones which can advance our great cause.

Do not stand aside because a few suffragists belonging to another organisation have done things of which you disapprove and we disapprove.

Our Union is quite distinct from theirs and is far the oldest and the largest. We have now got **483 Societies** all over the kingdom. Our London Society alone has 60 branches. Thousands of men and women have joined us in the last few months—more are joining every day and taking part in our appeal to reason. All these are united in the protest against violence. All are working for justice and peace.

We ask you to join us too. Our name is—

The National Union of Women's Suffrage Societies,

Our President is **Mrs. Henry Fawcett LL.D.**

The address of our Head Office is 14, GREAT SMITH STREET, WESTMINSTER.

Our colours are **red, white and green.**

JOIN NOW.

9d. per 100; 6/6 per 1,000.

Printed by the Templar Printing Works, Edmund Street, Birmingham.

Ffynhonnell A

Pamffled y *suffragettes* (tua 1898).

Y Blynyddoedd Cynnar

Dechreuodd mudiad y merched yng nghanol yr 1860au pan ffurfiwyd nifer o grwpiau bychan lleol a chwbl ddi-gyswllt i geisio dwyn perswâd. Sefydlwyd rhai o'r cymdeithasau cynnar hyn yn nhrefi a dinasoedd diwydiannol gogledd Lloegr, lleoedd fel Manceinion a Sheffield. Roedden nhw'n mynnu hawliau cyfartal â dynion. Merched y dosbarth canol a'r dosbarth uwch oedd aelodau'r cymdeithasau hyn a'u llwyddiant cyntaf oedd ennill yr hawl i weithio. Oherwydd yr addysg well gellid dilyn gyrfaoedd – yn addysgu, nyrsio neu gael swyddi yn y gwasanaeth gwladol. Ond nid oedd y mwyafrif o ferched y dosbarth gweithiol yn derbyn fawr o addysg, dim o bosibl. Nid oedd dewis ganddynt ond gweithio yn y diwydiannau slafaidd fel y ffatrïoedd cotwm neu'n gwnïo dillad yn y cartref.

Mudiadau Cynnar

Yn 1897 sylweddolodd Millicent Fawcett, un o arweinwyr y *Suffragettes*, na allai'r mudiad lwyddo oni bai fod y gwahanol gymdeithasau yn uno â'i gilydd. Felly, ffurfiwyd Undeb Cenedlaethol Cymdeithasau o blaid Rhyddfreinio Merched a ymgyrchai drwy gyhoeddi pamffledi fel yr un sydd ar y chwith.

Credai llawer o ddynion a rhai merched, y Frenhines Fictoria yn eu plith, nad oedd merched yn ddigon clyfar i fedru deall gwleidyddiaeth. Tueddai'r mwyafrif o Aelodau Seneddol i gefnogi'r agwedd ragfarnllyd hon. Gobeithiai merched y Gymdeithas berswadio'r gwleidyddion i'w rhyddfreinio. Credent mai'r Blaid Ryddfrydol fyddai debycaf o ddangos cydymdeimlad. Ond ar waethaf addewidion ni wnaeth y llywodraeth Ryddfrydol ddim o gwbl. Erbyn 1903 roedd y merched ieuengaf a berthynai i'r Gymdeithas wedi colli amynedd gyda'r Blaid Ryddfrydol ac felly fe ffurfiwyd Undeb Cymdeithasol a Gwleidyddol y Merched. Daeth ei sylfaenydd, Mrs Emmeline Pankhurst, yn raddol i gredu, er mwyn llwyddo, byddai'n rhaid gweithredu'n eithafol. O fewn ychydig flynyddoedd roedd Mrs Pankhurst a'i *Suffragettes* yn gwireddu eu harwyddair – 'Gweithredoedd nid Geiriau'.

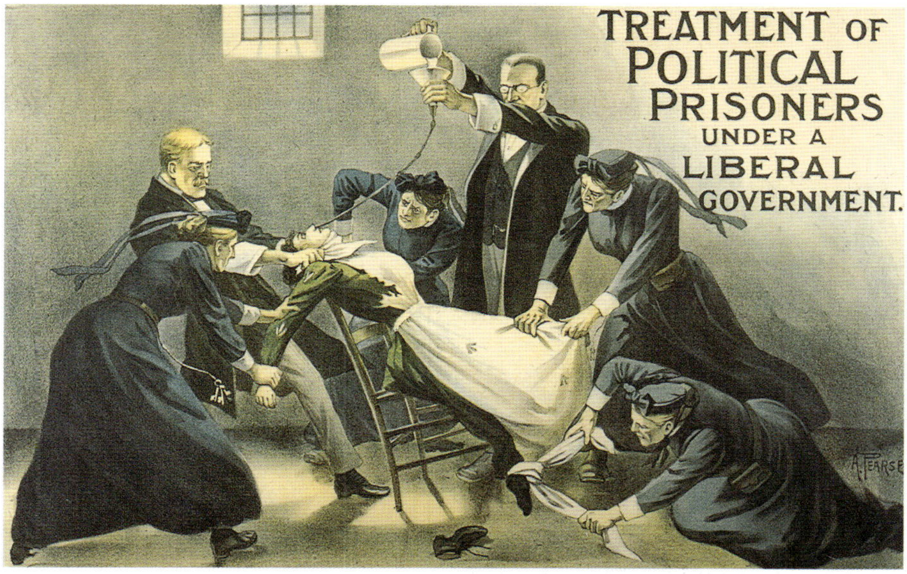

Ffynhonnell B

Poster y *Suffragettes* (tua 1910).

Ymgyrchu'n Filwriaethus a Defnyddio Trais

Dechreuodd yr Undeb newydd ar ymgyrch filwriaethus – ymyrryd mewn cyfarfodydd gwleidyddol, trefnu gorymdeithiau cyhoeddus a malu ffenestri. Cawsant fwy fyth o gyhoeddusrwydd drwy eu cadwyno eu hunain wrth y rheiliau ym Mhalas Buckingham a Stryd Downing. Hefyd cyhoeddwyd hanes eu hymgyrchoedd yn eu papur newyddion *Votes for Women* a ymddangosodd gyntaf yn 1907. Carcharwyd y rhai oedd wedi torri'r gyfraith. Ateb y merched yng ngharchar oedd mynd ar streic lwgu.

Marion Dunlop oedd y gyntaf i ddefnyddio'r dacteg yn 1909 ar ôl i'r llywodraeth wrthod ei thrin fel carcharor gwleidyddol. Ymhen pedwar diwrnod wedi iddi fynd ar streic lwgu ildiodd yr awdurdodau a'i rhyddhau. Yn fuan roedd *Suffragettes* eraill yn defnyddio'r un dacteg. Teimlai'r llywodraeth yn annifyr ac yn ddig. Penderfynwyd gorfodi'r merched i fwyta. Roedd y polisi hwn yn hynod amhoblogaidd. Cafodd y llywodraeth ei beirniadu'n hallt gan gefnogwyr y merched a'u gwrthwynebwyr.

> ... Roedd rhai o'r themâu a barai gyffro yn Lloegr yng nghyfnod Edward yn llai pwysig yng Nghymru. Yma nid oedd fawr o gefnogaeth i'r *Suffragettes*. Yng Nghymru, ... credid mai lle'r ferch oedd y cartref a'r capel, yn sicr nid y bwth pleidleisio, er bod Lloyd George a llawer o Ryddfrydwyr Cymreig eraill wedi pleidleisio dros ryddfreinio merched yn Nhŷ'r Cyffredin.

Ffynhonnell C

Addasiad o *Rebirth of a Nation: Wales 1880–1980* Kenneth Morgan (1981).

?

1 Cymharwch ffynonellau A a B. Ym mha ffyrdd y bu i neges y *Suffragettes* newid rhwng 1898 ac 1910?

2 a) Eglurwch beth mae'r arwyddair 'Gweithredoedd nid Geiriau' yn ei olygu i chi.

b) Ym mha fodd mae'r arwyddair, a fabwysiadwyd yn 1903, yn helpu i egluro'r newid yn null gweithredu'r *Suffragettes* er mwyn hyrwyddo eu hachos?

FFOCWS

Emily Davison a Derby 1913

Ffynhonnell A

(uchod) Poster y *Suffragettes* yn ymosod ar ddeddf 'y Gath a'r Llygoden' (1913).

Erbyn 1910, roedd Herbert Asquith, arweinydd y llywodraeth Ryddfrydol, wedi dod i gredu efallai mai Deddf yn ymdrin â rhyddfreinio merched fyddai yr unig ateb i'r trais. Ond, pan gyhoeddodd Asquith fod etholiad cyffredinol i'w gynnal ym mis Tachwedd 1910, penderfynwyd anwybyddu'r broblem. Ofnai'r Rhyddfrydwyr y byddent yn colli pleidleisiau wrth gefnogi'r merched.

'Deddf y Gath a'r Llygoden'

Yn 1913 dechreuodd y merched rhwystredig ddinistrio eiddo. O ganlyniad carcharwyd mwy fyth ohonynt. Er mwyn cosbi'r rhai oedd yn llwgu, heb eu bwydo yn orfodol, pasiodd y llywodraeth ddeddf a elwid yn 'Deddf y Gath a'r Llygoden'. Golygai hyn y gellid rhyddhau merched oedd yn llwgu ac yna eu restio eto ar ôl iddynt wella. Canlyniad hyn fu gwrthdaro chwerw.

Byddwn yn cofio Derby 1913 am amser hir oherwydd gweithred ryfygus merch a ruthrodd o'r rheiliau ar y cae ras. Tybir ei bod yn ddigon gorffwyll i feddwl y gallai ddifetha'r ras. Wnaeth hi ddim amharu ar y ras ond bu ond y dim iddi ladd y joci yn ogystal â hi ei hunan ac fe barodd i geffyl gwerthfawr gwympo. Doedd dim modd ei hosgoi. Cafodd ei sathru, trodd y ceffyl din-dros-ben a chwympo ar y joci.

Damwain mae'n debyg oedd hi mai'r Brenin oedd biau'r ceffyl. Byddai wedi bod yn wyrth pe byddai wedi llwyddo i ddewis yr union anifail o blith y lleill. Mae'n anodd gwybod a oedd hi'n bwriadu ei lladd ei hun. Dywedir ei bod yn adnabyddus fel un o'r *Suffragettes,* bod cerdyn cymdeithas y *Suffragettes* yn ei meddiant a 'lliwiau'r *Suffragettes*', fel y'u gelwir, wedi eu clymu o amgylch ei gwasg. Dywedir hefyd, yn syth wedi iddi redeg o flaen y ceffyl, bod rhywun yn y dyrfa wedi arddangos poster ac arno'r geiriau, 'Pleidlais i ferched'. Prin bod angen i ni ddweud — ni fydd gweithred fel hon yn ennill poblogrwydd i'r achos ymysg y cyhoedd. Nid yw ymddygiad penboeth yn gymhwyster ar gyfer pleidleisio. Dywedir bod pobl sydd yn fwriadol yn dinistrio eiddo ac yn peryglu bywydau naill ai yn eithriadol o ddrwg neu wedi colli eu pwyll yn llwyr.

Ffynhonnell B

(dde) Addasiad o *The Times,* 5 Mehefin 1913.

Ffynhonnell C

Llun sy'n dangos yr helynt ychydig funudau wedi iddo ddigwydd, *Daily Sketch* 9 Mehefin 1913.

Ffynhonnell Ch

Lluniau cyfoes o Mrs Davison a ymddangosodd yn y *Daily Sketch*, 9 Mehefin 1913.

Un o'r *Suffragettes* a gredai'n angerddol yn yr achos oedd Emily Davison. Gan gydio mewn deiseb fe'i taflodd ei hun yn fwriadol o dan garnau ceffyl y Brenin. Cwympodd y ceffyl, y joci a'r ferch i'r llawr. Torrwyd asgwrn penglog Emily a bu farw ychydig yn ddiweddarach. Roedd gan y *Suffragettes* ferthyr.

Ffynhonnell D

J. Ray *Britain and the Modern World* (1969).

Pe bwriadai (Emily Davison) ei lladd ei hun ... byddai wedi ei thaflu ei hun o flaen y ceffyl carlamus. Ond, mae'r dystiolaeth ar y ffilm yn gwrth-ddweud hyn. Rhedodd ar y cae a sefyll i'r ochr, yn aros am ceffyl y Brenin; pan ddaeth estynnodd ei llaw chwith allan a cheisio cydio yn yr awenau ac wrth gwrs, gyda holl nerth ceffyl rasio yn dod tuag ati ar gyflymdra o 40 milltir yr awr, cafodd ei thaflu o dan ei carnau, trawodd ei phen a thorri asgwrn y benglog.

Ffynhonnell Dd

John Sleight, hanesydd a ddyfynnwyd ar Radio 4 y BBC (1988).

?

1 a) Beth yw agwedd *The Times* at y digwyddiad? Eglurwch yn llawn.
b) A yw ffynhonnell D yn fwy defnyddiol na Ch i ni wrth geisio deall beth oedd Emily Davison yn bwriadu ei wneud yn y Derby?
c) 'Mae ffynonellau B a C yn dystiolaeth brimaidd a D yn eilaidd. Felly mae B a C yn fwy dibynadwy na D'. Ydych chi'n cytuno? Eglurwch eich ateb.

2 Ai damwain oedd marw Emily Davison neu a oedd hi wedi cynllunio'n ofalus sut i gyflawni hunanladdiad?

3 Beth fyddai effaith ei marw ar achos y *Suffragettes*?

AROLWG

Ystyriwch y cwestiwn allweddol a ganlyn. I ba raddau roedd galw ac angen am ddiwygio gwleidyddol yn y cyfnod 1906–14?

UNED 2

DATBLYGIADAU ECONOMAIDD

Cymru ym Mhrydain Ddiwydiannol

Y BRIF YSTYRIAETH:
1906–14: oes aur y diwydiannau trwm yng Nghymru

Gwnaeth Cymru gyfan gyfraniad aruthrol i chwyldro diwydiannol y cyfnod rhwng canol a diwedd y ddeunawfed ganrif. Yn wir, roedd de-ddwyrain Cymru ymysg yr ardaloedd cyntaf i brofi'r cynnydd diatal.

Diwydiannu

Y diwydiannau cyntaf a ddatblygwyd oedd haearn a glo, ac yn fuan wedyn y diwydiannau trwm eraill – llechi, tunplat a chopr. Roedd ar y diwydiannau hyn angen llawer o fuddsoddiad cyfalafol i fedru gwneud elw. Ac eithrio'r diwydiant glo, daeth llawer o'r cyfalaf o'r tu allan i Gymru, oddi wrth dirfeddianwyr cyfoethog a gwŷr busnes yn Lloegr. Daeth y buddsoddwyr hyn â Saeson ac Albanwyr i Gymru i weithredu fel rheolwyr a pheirianwyr. Ond roedd y mwyafrif o'r gweithwyr yn Gymry brodorol. Rhwng 1860 ac 1910 symudodd dros 320,000 o bobl o Gymru wledig i weithfeydd glo De Cymru. Er mwyn ymdopi â'r cynnydd yn y boblogaeth cafodd cymoedd De Cymru eu trefoli yn gyflym.

TRAFNIDIAETH

Efallai na fyddai Cymru wedi dod yn wlad ddiwydiannol nac wedi bod yn llwyddiant yn economaidd oni bai am y chwyldro tebyg ym myd trafnidiaeth a chyswllt. Y prif ddull o gludo nwyddau diwydiannol oedd ar y rheilffyrdd neu ar y môr. Dechreuwyd ymestyn y rheilffyrdd a datblygu porthladdoedd newydd yng Nghasnewydd, Caerdydd, Abertawe, Llanelli ac Aberdaugleddau. Erbyn 1911 roedd bron 86,000 o bobl wedi eu cyflogi ar y

Llun o Chwarelwyr Craig Ddu yn dychwelyd adre i Flaenau Ffestiniog i lawr y llethr ar droliau llechi neu 'gerbydau gwyllt' (tua 1907).

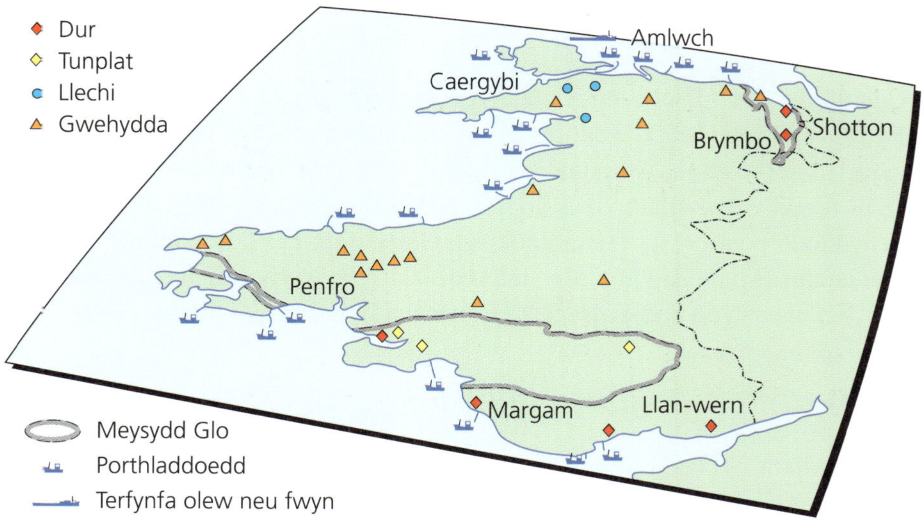

Ffynhonnell A

Prif ddiwydiannau Cymru, 1880–1914.

rheilffyrdd a'r dociau. Roedd y wlad wedi ei diwydiannu mor gyflym ac mor drwyadl nes bod hanesydd, yr Athro Gareth Jones, yn gallu dweud bod 'Cymru'r cyfnod 1880–1914 yn ferw o brysurdeb, yn wlad falch ac yn llwyddiannus.' Roedd cyfoeth diwydiannol wedi dod â Chymru o gyrion Prydain i safle o bwysigrwydd byd-eang.

Haearn a Dur

Erbyn dechrau'r ugeinfed ganrif dur nid haearn oedd y prif gynnyrch a gâi ei allforio o Gymru. Roedd yr hen ffowndrïau haearn ymhell i mewn yn y tir mewn mannau fel Merthyr Tudful ond adeiladwyd y gweithfeydd dur, gyda'r dechnoleg ddiweddaraf fel ffwrneisi agored Siemens, ar yr arfordir, yn agos i borthladdoedd prysur Abertawe, Caerdydd, Port Talbot a Chasnewydd. Roedd gweithfeydd dur hefyd yn y gogledd-ddwyrain yn Brymbo, Glannau Dyfrdwy a Shotton. Yno y bu arloesi wrth gynhyrchu llenni dur. Yn 1902 deuai cyfran sylweddol o'r 4.85 miliwn o dunelli o ddur a gynhyrchid ym Mhrydain o weithfeydd Cymru.

Copr, Sinc a Metelau Eraill

Yng Nghymru canolfan y diwydiant toddi copr oedd De Cymru, gweithfeydd ardal Castell-Nedd ac Abertawe. Bu'n llwyddiannus dros ben. Cafodd 90 y cant o'r copr a doddwyd ym Mhrydain yn negawd olaf y bedwaredd ganrif ar bymtheg ei gynhyrchu yn Ne Cymru. Dangosodd arolwg yn 1911 fod tua 3,700 yn cael eu cyflogi yn y diwydiant. Roedd gweithfeydd toddi sinc lawn mor bwysig i economi De Cymru, er nad oedd y diwydiant sinc mor fawr â'r diwydiant copr. Ardal Abertawe oedd y ganolfan ac erbyn 1910 roedd y diwydiant yn cynhyrchu bron 75 y cant o'r sinc ym Mhrydain. Sylweddolodd Syr Alfred Mond, diwydiannwr o dras Iddewig-Almaenig a ddaeth i Brydain yn 1902, bwysigrwydd Abertawe fel canolfan y diwydiant metelegol. Adeiladodd y gwaith nicel mwyaf yn y byd yng Nghlydach, ger Abertawe. Yn 1910 etholwyd Alfred Mond yn Aelod Seneddol Rhyddfrydol dros Abertawe.

Tunplat

Canolfan y diwydiant tunplat oedd gorllewin Cymru. Ychydig cyn y Rhyfel Byd Cyntaf roedd 82 o weithfeydd yn ymestyn o Lanelli i Port Talbot yn cynhyrchu dros 848,000 tunnell o'r tunplat, 544,000 ohono i'w allforio. Yn 1911 roedd y diwydiant yn cyflogi tua 21,000 o weithwyr. Dyna pam y cynyddodd pentrefi fel Pontarddulais a Gorseinion nes dod yn drefi ffyniannus. Manteisiodd y diwydiant tunplat yng Nghymru ar y galw mawr am dun oherwydd bod cwmnïau yn gwerthu bwyd mewn tuniau.

Glo

Y diwydiant glo oedd y mwyaf a'r un a oedd yn ehangu gyflymaf yng Nghymru. Cynhyrchwyd 16 miliwn o dunelli yn 1871. Yn 1891 roedd y cynnyrch yn 30 miliwn o dunelli. Yn 1913 cyrhaeddodd y brig gan gynhyrchu 56.8 miliwn o dunelli. Allforiwyd 925,000 tunnell yn 1880 o ddociau Abertawe ac yn 1913 cymaint â 3.5 miliwn o dunelli. Roedd y maes glo, oedd yn ymestyn o gymoedd y Gwendraeth a'r Aman yn y gorllewin i gymoedd Rhymni a Sirhowy yn y dwyrain, yn arbennig o ran maint a chynnyrch. Ehangodd y diwydiant glo yng ngogledd-ddwyrain Cymru hefyd ac erbyn 1911 cyflogai 14,500 o ddynion yng nglofeydd Sir Ddinbych a Sir Fflint. Ar ddechrau'r Rhyfel Mawr roedd De Cymru yn cynhyrchu tua thraean allforion glo y byd ac yn cyflogi dros 250,000 o ddynion. (gw. hefyd Uned 2, Glo yn Frenin.)

Ffynhonnell B

(isod) Map o'r maes glo yn Ne Cymru.

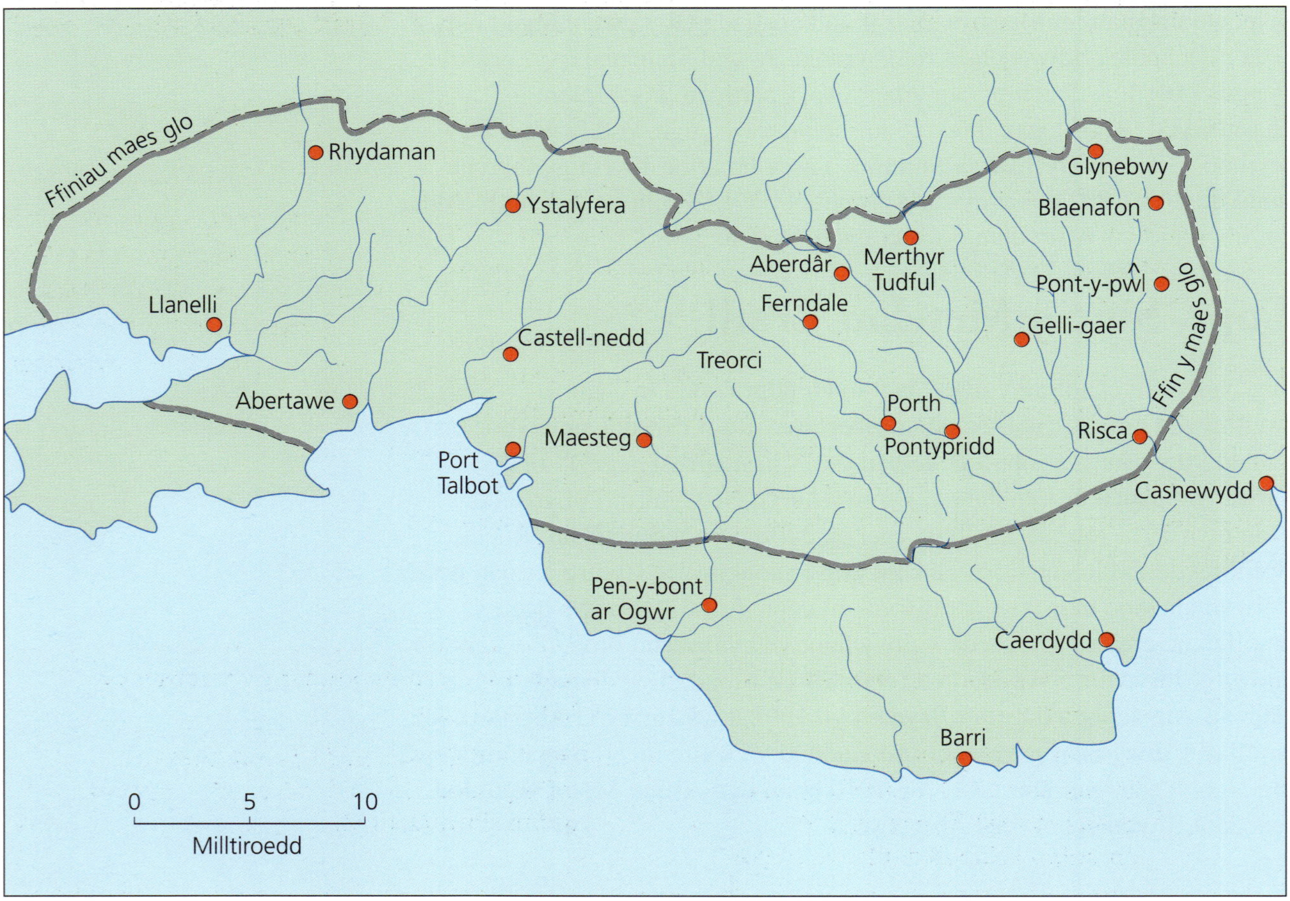

Llechi

Roedd y diwydiant llechi mor bwysig i ogledd-orllewin Cymru ag oedd glo i'r de. Llechi fu'n gyfrifol am dwf a chyfoeth trefi'r chwareli, fel Bethesda, Llanberis, Blaenau Ffestiniog a Chorris a phorthladdoedd fel Porthmadog a'r Felinheli. Ar y brig yn 1898 roedd y diwydiant yn cyflogi 16,000 o ddynion a deuai 70 y cant o lechi Prydain o Ogledd Cymru. Chwareli'r Penrhyn a Dinorwig oedd y rhai mwyaf yn y byd. Yna cafwyd streic drychinebus y Penrhyn yn 1900–3. Y canlyniad fu cau'r chwarel a diweithdra. Yn anffodus erbyn 1903 roedd argyfwng yn y diwydiant. Roedd llawer llai o alw am lechi Cymru a chrebachodd y farchnad dramor lewyrchus. Erbyn 1909 roedd nifer y gweithwyr yn y diwydiant llechi wedi gostwng i 13,000.

Ffynhonnell C

Nifer o weithwyr yng nglofa Pantyffynnon ger Rhydaman yn cael tynnu eu llun (1904). Un, o bron i ddau ddwsin o byllau glo yn Nyffryn Aman yn unig, oedd Pantyffynnon.

?

1 Beth yw ystyr y termau: (i) cyfalaf a (ii) trefoli?

2 Pa mor ddefnyddiol yw:
a) mapiau fel ffynonellau A a B
b) lluniau fel ffynhonnell C
i'n helpu i ddeall sut le oedd yng Nghymru ddiwydiannol yng nghyfnod Edward?

3 'Yn 1910 Cymru oedd prif ganolfan ddiwydiannol y byd.' Rhowch resymau i gefnogi'r gosodiad.

UNED 2

DATBLYGIADAU ECONOMAIDD

Glo yn Frenin

Ffynhonnell A

Llun o lofa Gymreig nodweddiadol, ar ben y pwll: Glofa Llwynypia yn y Rhondda (tua 1910). D.A.Thomas oedd perchennog y pwll (gw. Portread, Uned 2) ac yno y gwelwyd un o'r terfysgoedd gwaethaf yn hanes y diwydiant yng Nghymru.

Bu pobl yn cloddio glo yng Nghymru ers canrifoedd ond ni sylweddolwyd ei werth fel adnawdd a gynhyrchai gyfoeth a phŵer hyd y ddeunawfed ganrif. Roedd angen llawer iawn o lo i'w losgi yn ffwrneisi'r gwaith haearn a bu hynny'n rheswm dros ehangu'r diwydiant. Yn ystod y bedwaredd ganrif ar bymtheg dirywiodd y gweithfeydd haearn ac fe'u disodlwyd gan weithfeydd dur ond daliai'r diwydiant glo i ddatblygu. Daeth Cwm Rhondda yn ganolfan y diwydiant glo. Yn 1913 gyda 41,000 o ddynion yn cael eu cyflogi yno fe gynhyrchwyd dros 9.5 miliwn o dunelli.

Barwniaid y Glo

Llwyddodd mentrwyr fel David Davies, Llandinam (m.1890) a W.T. Lewis o Ferthyr Tudful (m.1914) i ddod o hyd i farchnadoedd newydd i werthu glo Cymru, sef i yrru llongau'r Llynges Brydeinig neu yn danwydd i'w losgi yn nhai Llundain. Cyn bo hir roedd cenhedlaeth arall o berchnogion glofeydd fel D. A. Thomas a Thomas Powell yn cynllunio ar raddfa ehangach ac yn sefydlu cwmnïau glo fel y Cambrian Combine, Powell Duffryn ac Ocean Coal. Roedd gan y cwmnïau hyn gannoedd o byllau, cyflogent filoedd o ddynion a daeth eu perchnogion a'u cyfarwyddwyr yn

Ffynhonnell B

Cynllun o lofa Gymreig nodweddiadol, dan ddaear: Glofa Senghennydd (1913). Yma y bu un o'r damweiniau mwyaf erchyll yn hanes y glofeydd. Lladdwyd 439 o ddynion.

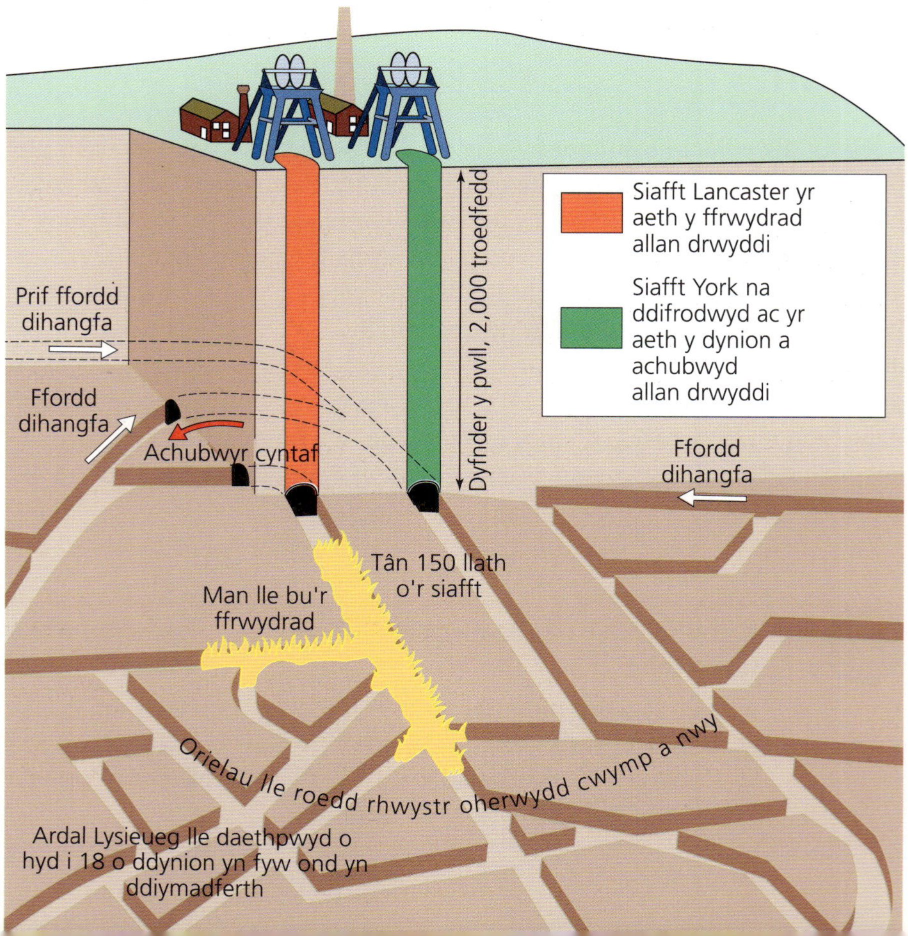

gyfoethog a dylanwadol. Prawf arall o'u llwyddiant oedd iddynt gael teitlau a seddau yn Nhŷ'r Arglwyddi. Dyrchafwyd David Davies yn Iarll Llandinam, Lewis yn Iarll Merthyr o Senghennydd a'r cyfoethocaf ohonynt D. A. Thomas yn Iarll Rhondda. (gw. Portread, tud. 40 a 41).

Ffynhonnell C

Y plasty a adeiladwyd yn Ferndale i Lewis Davis, perchennog glofa yng nghwm Rhondda.

Trafnidiaeth, Rheilffyrdd a Phorthladdoedd

Sylweddolodd perchnogion y glofeydd yn fuan iawn fod glo Cymru yn gynnyrch y gellid ei allforio. Ond i wneud hynny roedd arnynt angen dull o gludo'r glo o'u glofeydd ym mlaenau uchaf y cymoedd i'r porthladdoedd ar yr arfordir. Cynlluniwyd rheilffyrdd ac adeiladwyd rhai yn unswydd i gario glo nid pobl. Ffurfiwyd Cwmnïau Rheilffyrdd i ymateb i'r galw. Y ddau enwocaf oedd Cwmni Cwm Taf a Chwmni'r Rhymni.

Ond tyfai'r diwydiant glo mor gyflym fel na allai rhai o'r porthladdoedd ymdopi â'r cynnyrch aruthrol o'r glofeydd. Roedd cyfanswm yr allforion glo o Dde Cymru wedi treblu mewn llai na 25 mlynedd. Erbyn troad y ganrif ychwanegwyd at ddociau anferth Bute, Caerdydd ddau borthladd i allforio glo, porthladdoedd wedi eu hadeiladu'n arbennig i'r pwrpas, yn y Barri a Phenarth. (gw. yr Uned nesaf.)

Dibynnai dwyrain a chanolbarth Ewrop am danwydd i wresogi tai, rheilffyrdd Ffrainc, yr Eidal, Brasil a'r Ariannin ac yn bennaf yr holl longau ager ar gefnforoedd y byd i raddau helaeth ar gynnyrch sylweddol gweithfeydd glo Cymru a'r marchnata brwd.

Ffynhonnell Ch

Rebirth of a Nation: Wales 1880–1980 (1981), K. Morgan.

Y torrwr i lawr yn y pwll heb olau haul nac awyr iach, weithiau mewn tymheredd o 90 gradd, bob munud o'r dydd yn anadlu llwch y glo, cur yn ei ben oherwydd yr ymdrech annynol bron; y to efallai mor isel â 18 modfedd neu ar uchder o 20 troedfedd ... yn anadlu arogleuon drewllyd (afiach) gan nad oedd unrhyw fath ar garthffosiaeth ... gall gael ei anafu neu ei ladd oherwydd cwymp y to a'r ochrau ac yn waeth na'r cyfan mae'n byw gydag ofn cyfoglyd, ofn y danchwa ddychrynllyd; mae dyn felly yn haeddu ein cydymdeimlad a'n parch – ond yr hyn a gaiff yn aml yw ei ddifrïo.

Ffynhonnell D

Yn ei lyfr *What we want and why* (1922) mae Noah Ablett yn cofio'r dyddiau pan oedd yn gweithio ar y talcen glo. Daeth yn aelod blaenllaw o Ffederasiwn Glowyr De Cymru ac yn wrthwynebydd llym i D. A. Thomas.

?

1. **Beth yw ystyr y termau: (i) mentrwyr (ii) cyfalafwyr?**
2. **a) Yn ôl ffynonellau B a D beth oedd: (i) yr anawsterau (ii) y peryglon oedd yn wynebu glowyr yn y gweithfeydd glo yn Ne Cymru?**

   b) Yn ôl y testun, pa wobrau allai perchennog glofa lwyddiannus fel D.A. Thomas eu disgwyl?
3. **Sut a pham y bu i'r glo ddod yn ddiwydiant pwysicaf Cymru?**

UNED 2

DATBLYGIADAU ECONOMAIDD

Datblygiad Caerdydd

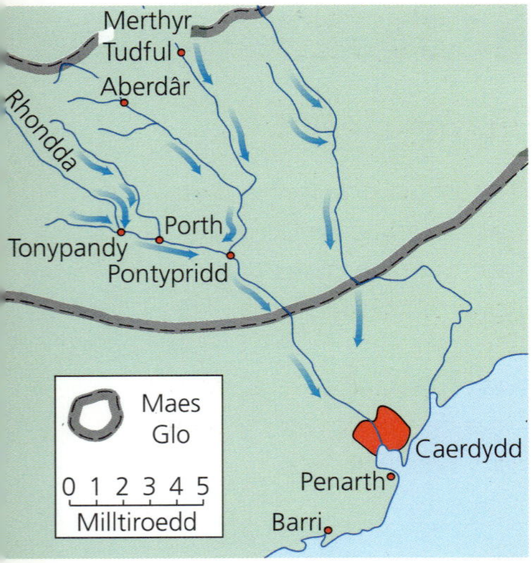

Ffynhonnell A

Maes glo De Cymru a safle Caerdydd.

Wedi adeiladu'r rheilffyrdd, yng nghanol ac at ddiwedd y bedwaredd ganrif ar bymtheg, datblygodd porthladdoedd a threfi fel y Barri, Penarth, Casnewydd a Chaerdydd. Yn y Barri, tref a adeiladwyd bron yn unswydd i wasanaethu'r diwydiant glo, y bu'r datblygu mwyaf syfrdanol. Ond Caerdydd a ddatblygodd fwyaf o holl drefi Cymru. Oherwydd newidiadau ym myd masnach, arian, diwydiant a mewnfudiad daeth tref Caerdydd yn borthladd allforio glo mwyaf y byd.

Adeiladwyd y dociau a safleoedd eraill o bwysigrwydd diwydiannol ac yna codwyd llawer o dai i gartrefu'r nifer enfawr o bobl a symudodd i'r metropolis newydd o drefi bychan y cymoedd a phentrefi gwledig bro Morgannwg ac o Orllewin Lloegr. Daeth rhai o'r mewnfudwyr hyn o bell. Daeth Eidalwyr, Almaenwyr, Indiaid a Somaliaid i fyw a gweithio yn y porthladd rhyngwladol.

Erbyn 1905 roedd Caerdydd wedi dod yn brifddinas Cymru. O fewn ei ffiniau adeiladwyd prifysgol, stadiwm chwaraeon, adeiladau baróc trawiadol, fel neuadd y ddinas a'r amgueddfa genedlaethol. Erbyn 1914 roedd yno barc braf, Cathays, yng nghanol y ddinas. Adeiladwyd Caerdydd ar y cyfoeth a'r manteision a ddaeth yn sgîl glo. Erbyn 1913 roedd glo yn frenin yr economi diwydiannol yng Nghymru.

Ffynhonnell B

Twf y boblogaeth yn nhrefi diwydiannol Cymru yn ôl y Cyfrifiad (1851–1901).

	1851	1901
Merthyr Tudful	46,378	62,228
Casnewydd	19,323	67,270
Abertawe	21,533	94,537
Caerdydd	18,351	164,333

Ffynhonnell C

Taflen wybodaeth i ymwelwyr – Neuadd y Ddinas, Caerdydd (1990).

Yn y Neuadd Farmor ... mewn gwyn ... gyfres o gerfluniau â'r teitl 'Arwyr Cymru'. Fe'u codwyd yn 1916 – blwyddyn sy'n fwy nodedig am weithredoedd o ladd a difrodi nag am greu gweithiau celfyddydol. Anrheg oddi wrth Iarll Rhondda oeddynt a gwahoddwyd Cymru gyfan i awgrymu enwau arwyr ar gyfer y cerfluniau, pob un yn waith cerflunydd gwahanol. Lloyd George, arwr yr ugeinfed ganrif a ddadorchuddiodd y cerfluniau ar y 27 o Hydref, 1916. Roedd ef yn Weinidog Rhyfel ar y pryd. Ceir darlun olew mawr yn y Neuadd Farmor i gofio am yr amgylchiad.

Ffynhonnell Ch

(uchod) Y Neuadd Farmor.

Ffynhonnell D

(uchod) Neuadd y Ddinas, Caerdydd. Gorffennwyd ei hadeiladu yn 1905.

Ffynhonnell Dd

(dde) Dau o'r un cerflun ar ddeg sy'n dathlu 'Arwyr Cymru' – Owain Glyndŵr a Buddug.
Y naw arall yw Dewi Sant, Hywel Dda, Gerallt Gymro, Llywelyn ap Gruffudd, Dafydd ap Gwilym, Harri Tudur, William Morgan, William Williams, Pantycelyn a Syr Thomas Picton.

?

1 a) Defnyddiwch ystadegau ffynhonnell B i lunio graff bar yn dangos y wahanol raddfa o dwf ym mhrif drefi Cymru rhwng 1851 a 1901.
b) Pam y daeth Caerdydd yn brifddinas ddiwydiannol Cymru?
c) Ym mha fodd y mae ffynonellau C, Ch, D a Dd yn awgrymu bod Caerdydd wedi dod yn fwy na phrifddinas ddiwydiannol Cymru yn unig?

Dehongli hanes

2 Mae'r un cerflun ar ddeg sydd yn y Neuadd Farmor yn cynrychioli arwyr rhai Cymry yn 1916.
a) Eglurwch pam, yn eich barn chi, y dewiswyd yr un ar ddeg hyn fel 'arwyr Cymru'.
b) Beth ydym yn ei ddysgu o'r herwydd am agwedd Cymry fel Iarll Rhondda a Lloyd George at hanes Cymru?

portread

D.A. Thomas

Ganwyd David Alfred Thomas yn Ysgubor-wen, Aberdâr yn 1856, y pymthegfed plentyn o ddau ar bymtheg a anwyd i Samuel Thomas, groser ym Merthyr Tudful. Yn ddiweddarach dechreuodd y tad chwilio am lo. O'r glo y daeth ffortiwn y teulu ac oherwydd y cyfoeth hwn cafodd David Thomas addysg breifat ym Mryste ac wedyn ym Mhrifysgol Caergrawnt lle yr enillodd radd M.A. yn 1883. Oherwydd ei gwrs addysg llwyddodd i gyfarfod â myfyrwyr oedd â'u bryd ar economeg a gwleidyddiaeth fel yntau. Yn bwysicach na dim, oherwydd ei gyfoeth a'i addysg, gallai ddewis ei yrfa, sef gwleidyddiaeth.

Ffynhonnell A

Cartŵn o'r *Western Mail*– y 'gath' yw D.A. Thomas a'r 'llygoden' undebau'r glowyr.

Y Gwleidydd

Gwyddai Thomas fod angen arian os oedd i lwyddo ym myd gwleidyddiaeth. Felly, o Gaer-grawnt, dychwelodd i Gymru i weithio yn y busnes teuluol. Astudiodd y proses o gloddio glo yng Nghlydach. Oherwydd ei brofiad gyda'r glowyr ar y talcen glo barnodd mai gyda'r Rhyddfrydwyr yr oedd ei ddyfodol, y blaid a fyddai'n hyrwyddo diwygio cymdeithasol. Roedd hefyd yn wladgarwr balch, yn awyddus i ennill rhyw gymaint o hunanlywodraeth i Gymru. Yn 1888 fe'i hetholwyd yn un o'r ddau Aelod Seneddol dros Ferthyr Tudful. Bu'n cynrychioli Merthyr am 21 mlynedd, hyd 1909 pan newidiodd ei sedd a dod i gynrychioli Caerdydd. Roedd ganddo gysylltiadau agos â'r Rhyddfrydwyr Cymreig, yn enwedig Lloyd George a Tom Ellis. Ffurfiodd y tri fudiad Cymru Fydd i ymgyrchu am hunanlywodraeth. Ond roedd yn eiddigeddus o ddylanwad Lloyd George ar y mudiad ac yn 1896 ef oedd yn gyfrifol i raddau helaeth am fethiant Cymru Fydd. Ceisiodd gael swydd yn y Cabinet ond pan enillodd y Rhyddfrydwyr yr etholiad yn 1906 ni chafodd ei ddyrchafu gan y Prif Weinidog Campbell-Bannerman. Yn ei ddicter trodd Thomas ei gefn ar wleidyddiaeth.

Capten ar Ddiwydiant

Er ei fod yn A.S. ar ôl 1906 treuliodd Thomas ei amser a'i egni yn adeiladu ei ymerodraeth ei hun. Ei nod oedd dod yn ddiwydiannwr mwyaf llwyddiannus De Cymru ac erbyn 1908 roedd wedi sefydlu'r Cambrian Coal Combine, cwmni oedd yn werth £2 filiwn. Ond roedd yr undebau yn ddig. Roedd yn gwrthod trafod cyflogau ac amodau gwaith ac fe'i cyhuddwyd o **fudrelwa**. I raddau, penderfyniad ei gwmni i ddiswyddo 900 o lowyr a barodd derfysgoedd Tonypandy.

Llwyddodd Thomas fel gŵr busnes ac erbyn dechrau'r Rhyfel Mawr roedd yn un o 'frenhinoedd' cyfoethog a dylanwadol diwydiant Cymru. Gwnaethai cymaint o argraff ar ei gyn gyd-wleidydd fel y gofynnodd Lloyd George iddo, yn 1915, gynrychioli diwydiant Prydain yn America.

Yna yn 1916 gwahoddodd Lloyd George, oedd erbyn hyn yn Brif Weinidog, ef i ymuno â'r Cabinet fel llywydd y Bwrdd Llywodraethol Lleol a'i anrhydeddu â theitl, Iarll Rhondda. Yn 1917 fe'i penodwyd yn Rheolwr Bwyd y Llywodraeth. Cyflwynodd gynllun dogni i ddatrys problem prinder bwyd oherwydd y rhyfel. Roedd yn llwyddiant ysgubol. Bu'r gwaith yn straen arno a bu farw yn ei gartref yn Llan-wern yng Ngorffennaf 1918.

Rwyf wedi gofalu bod gan y gweithwyr arian i brynu bwyd a dillad iddynt eu hunain a'u teuluoedd ... Drwy ychwanegu at fodd byw'r bobl rwyf wedi cyfrannu mwy at hapusrwydd materol a lles glowyr Cymru a'u teuluoedd nag arweinwyr y glowyr i gyd gyda'i gilydd. ... Coeliwch fi, dydw i ddim yn casglu arian er mwyn gwneud hynny ... Yr unig werth sydd i arian yw'r dylanwad a'r pŵer y mae'n ei roi i'r sawl sydd yn gyfoethog a'r gallu i wneud daioni.

Ffynhonnell B

Dyfyniad – D.A. Thomas, *The South Wales Daily News* (1916).

... perchnogion dideimlad bwystfilaidd a adeiladodd gwmnïau fel Cambrian Combine D.A.Thomas ... a wrthododd roi cyflog yn ernes ac a anwybyddodd unrhyw reolau diogelwch.

Ffynhonnell C

Addasiad o *Rebirth of a Nation: Wales 1880–1980*, K. Morgan (1981).

Pan benodwyd Iarll Rhondda yn 1917 yn llywydd y Bwrdd Llywodraethol Lleol bu'n rhaid iddo ymddeol o fod yn Gyfarwyddwr ar fwy na 30 o Gwmnïau – Glo, Haearn, Dur, Llongau a Rheilffyrdd. Roedd ei ddiddordebau yn fyd-eang ... Roedd yn berchennog clofeydd eang yn UDA ... a Canada. Ef oedd biau Tŷ Llanwern ger Casnewydd ... a olygai mai ef oedd pennaf dirfeddiannwr Sir Fynwy, ac eithrio Iarll Tredegar.

Ffynhonnell Ch

Capitalism *(Cyfalafiaeth) in the South Wales Coalfield, G. Harvey (1918).*

Gadewch i mi ddweud hyn am gynllun dogni Iarll Rhondda; dilëodd y ciwio. Rhennid bwyd fel na wahaniaethid rhwng cyfoethog a thlawd. Tynnodd yr Almaenwyr eu hunain ... sylw at y cynllun ym Mhrydain gan gyfaddef ei fod yn well na'u cynllun nhw. Rhoddodd Iarll Rhondda ei fywyd, dywedaf, dros y cynllun hwn. Rwy'n falch iddo weld llwyddiant yr ymdrechion y bu iddo aberthu cymaint drostynt, ac iddo dderbyn y diolch dyladwy cyn iddo ein gadael.

Ffynhonnell D

Teyrnged Lloyd George i Iarll Rhondda yn ei araith yn Leeds (1918).

?

1 a) Beth yw neges y cartŵn yn ffynhonnell A?
b) Ym mha fodd y mae ffynonellau B a C yn croes-ddweud ei gilydd? Sut y byddech yn egluro'r croes-ddweud?

2 Yn 1916 anrhydeddwyd D.A.Thomas am ei waith a'i lwyddiannau drwy ei ddyrchafu'n Iarll a rhoi sedd iddo yn Nhŷ'r Arglwyddi. Beth, yn eich barn chi, oedd ei lwyddiannau ac a oedd yn haeddu'r anrhydedd?

3 ***Dehongli hanes***
Ysgrifennwyd tri chofiant i Iarll Rhondda yn 1918, 1921 ac 1937 ond dim byd mwy diweddar. Pam, dybiech chi? Rhowch resymau dros eich ateb.

UNED 2

DATBLYGIADAU ECONOMAIDD

Undebau Llafur ac Anfodlonrwydd Diwydiannol

Nid oedd oes aur yn y diwydiannau trwm yng Nghymru i'r mwyafrif mawr o'r gweithwyr. Yn oes Fictoria ym Mhrydain roedd y mwyafrif o'r dosbarth gweithiol wedi derbyn eu bod yn israddol yn gymdeithasol. Roedden nhw hyd yn oed wedi derbyn eu cam-drin gan gyflogwyr di-gydymdeimlad. Ond roedden nhw'n llai parod bellach i ddioddef cwtogi ar eu cyflogau a diweithdra. Oherwydd twf yr undebau llafur tyfodd y mudiad Llafur ac yn ei thro agwedd filwriaethus. Gwelodd yr undebau llafur a'u haelodau lawer o anghydfod diwydiannol chwerw yn y cyfnod cyn y Rhyfel Mawr.

Gwrthdaro Diwydiannol 1910–14

Yn y pedair blynedd cyn dechrau'r rhyfel tarfwyd ar ddiwydiannau Prydain gan nifer o streiciau. Y rheswm mwyaf uniongyrchol am hyn oedd y cynnydd mewn diweithdra, yn bennaf oherwydd cystadleuaeth o dramor. Penderfynodd llawer o gyflogwyr Prydain y byddai'n haws gwaredu gweithwyr er mwyn lleihau'r costau na buddsoddi mewn technoleg newydd i'w gwneud yn fwy cystadleuol. Cyhuddwyd rhai cyflogwyr o roi elw yn flaenaf a pheryglu bywydau eu gweithwyr drwy ostwng safonau diogelwch. P'run bynnag a oedd hyn yn wir ai peidio, pan ddigwyddai trychinebau (fel yn Senghennydd yn 1913, pan gollodd 439 o lowyr eu bywydau mewn tanchwa yn y pwll), roedd gwrthdaro rhwng gweithwyr a'u hundebau ar y naill law a'r perchnogion ar y llaw arall.

Yr ardal gyntaf lle bu streiciau oedd De Cymru. Yn ystod Hydref a Thachwedd 1910 aeth bron 30,000 o lowyr Cymru ar streic i geisio ennill sicrwydd am waith a chyflogau diogel. Ceisiodd perchnogion fel D.A. Thomas dorri'r streic drwy ddefnyddio llafur **bradwyr**. Achosodd hyn drais a galwyd ar y fyddin i adfer trefn. Parhaodd y streic am wyth mis, ac yna, wedi eu gorchfygu, bu raid i'r glowyr fynd yn ôl i'r gwaith. Yn 1911 galwodd yr undeb newydd, Undeb Cenedlaethol Gweithwyr y Rheilffyrdd, ei aelodau allan ar streic. Eto galwyd ar y fyddin ac mewn un gwrthdrawiad saethwyd dau o streicwyr De Cymru yn farw.

Er bod rhai cyflogwyr yn barod i gytuno â gofynion y gweithwyr roedd eraill, gyda chefnogaeth y llywodraeth, yn gwrthod. Felly, yn 1912 trefnodd Ffederasiwn y Glowyr y streic fwyaf yn ei hanes pan wrthododd dros filiwn o'i aelodau weithio gan hawlio lleiafswm cyflog. Cyn bo hir roedd docwyr Ffederasiwn Cenedlaethol Gweithwyr Trafnidiaeth a gweithwyr y rheilffyrdd yn eu cefnogi a llwyddodd y 'Cynghrair Triphlyg' hwn o undebau pwerus i ddod â'r wlad i enbydrwydd. Daeth y streic i ben pan gytunodd y llywodraeth i bennu lleiafswm cyflog.

Gyda dechrau'r rhyfel yn 1914 daeth y rhan fwyaf o'r cwerylon i ben. Er bod y llywodraeth a'r undebau wedi cydweithio'n dda yn ystod y rhyfel, roedd eithriadau. Aeth glowyr De Cymru a gweithwyr llongau Clydeside, yr Alban ar streic yn 1915, yn ystod y rhyfel. Galwodd y wasg Brydeinig y rhain yn fradwyr am fradychu eu gwlad yn awr ei hangen.

Ffynhonnell A

Llun dychmygol, modern o'r chwerwder a achoswyd gan streic Cwm Taf 1901. Y geiriau ar yr arwydd yn y ffenestr yw, 'Nid oes bradwr yn y tŷ hwn'.

Ffynhonnell B

Yn Lloegr bu'r gwrthdaro mwyaf chwerw yn Durham, Salford a Lerpwl. Yn y llun hwn gwelwn y milwyr a anfonwyd i ddelio â'r gweithwyr rheilffordd oedd ar streic yn Lerpwl (1910–11).

Ffynhonnell C

Yn 1912 argraffwyd y daflen hon gan weithwyr ar streic a'i dosbarthu ymysg y milwyr. Restiwyd y rhai oedd yn gyfrifol, eu rhoi ar brawf a'u carcharu.

Peidiwch â saethu
Meibion gweithwyr ydych chi.
Pan fyddwn ni ar streic i wella'n byd NI, dyna fyd eich teulu CHI, Mamau, Brodyr a Chwiorydd. Mae eich swyddogion yn galw arnoch CHI i'n llofruddio NI.
Peidiwch â'i wneud ...
Wyddoch chi ddim, pan adewch y fyddin a dod yn un o'r werin eto, fe allech fod, fel ni, ar streic ac fe fyddwch CHI, fel ni, yn agored i gael eich llofruddio gan filwyr eraill ...
Frodyr, peidiwch â'i wneud.
'Na ladd,' meddai'r Llyfr,
Peidiwch ag anghofio hynny.
Nid yw'n dweud, 'oni bai eich bod yn gwisgo iwnifform'.
Na. Llofruddiaeth yw llofruddiaeth ...
Meddyliwch a gwrthodwch fyth eto lofruddio eich brodyr. Helpwch ni i ennill Prydain yn ôl i'r Prydeinwyr a'r Byd i'r Gweithwyr.

Ffynhonnell Ch

Cartŵn a gyhoeddwyd yn y *Western Mail*, Mawrth 1902.

O 1915 ymlaen daeth De Cymru'n un o brif ganolfannu gweithgareddau gwrth-ryfel ym Mhrydain ac ar waethaf ymdrechion gwladgar arweinwyr y Ffederasiwn aeth glowyr De Cymru yn fwy ... milwriaethus fyth fel y dengys streic 1915 a'r ffaith fod y llywodraeth yn y diwedd wedi dewis rheoli'r maes glo.

Ffynhonnell D

Dyfyniad o becyn dogfennol HTV '*The Dragon has Two Tongues*' (1984).

Ffynhonnell Dd

Milwyr Prydain yn Aberpennar (1915). Rhoddwyd y dasg o adfer trefn ar ôl gwrthdaro enbyd rhwng y glowyr a'r heddlu i'r fyddin.

?

1 a) Beth oedd achos y terfysgoedd diwydiannol yng Nghymru a Lloegr rhwng 1910 a 1914?
b) Sut a pham y daeth y rhan fwyaf ohonynt i ben?

2 Yn 1910–12 roedd y rhan fwyaf o Brydeinwyr yn gwrthwynebu defnyddio milwyr i dorri streic ond yn 1915 roeddent yn cefnogi defnyddio milwyr yn erbyn glowyr de Cymru. Sut y byddech yn egluro'r newid hwn ym marn y cyhoedd ym Mhrydain?

3 Pa mor werthfawr yw ffynonellau i'n helpu i ddeall yr agweddau cyfoes at derfysgoedd diwydiannol? Rhowch enghreifftiau.

FFOCWS

Tonypandy, 1910

Ar 7 ac 8 Tachwedd 1910 bu terfysg ym mhentref Tonypandy yn y Rhondda. Roedd y glowyr ar streic. Er bod terfysgoedd mewn mannau eraill yn Ne Cymru yn 1910–11 y gwrthdaro yn Nhonypandy yw'r un a gofir orau heddiw. I sosialwyr daeth yn chwedl yn hanes y mudiad Llafur yng Nghymru, y wreichionen a gyneuodd dân y diwygio cymdeithasol yn y cymoedd. I eraill cynrychiola Tonypandy ormes llywodraeth Seisnig a ddefnyddiodd filwyr Prydeinig wedi eu harfogi â gynnau a bidogau yn erbyn glowyr di-amddiffyn. Gwelai eraill y digwyddiad fel trais carfan anystywallt yn bwriadol dorri'r gyfraith er mwyn creu cythrwfl. Hyd heddiw, mae'r hyn a ddigwyddodd yn Nhonypandy yn destun dadl.

Ffynhonnell A

(dde) Dyfyniad o hunangofiant Arthur Horner, arweinydd glowyr De Cymru *Incorrigible Rebel* (1960).

Cerddais dros y mynydd (o Ferthyr Tudful) drwy'r nos i Donypandy yn Nhachwedd 1910 pan glywsom fod Winston Churchill wedi galw'r milwyr i ddelio â'r glowyr. Digwyddodd terfysg Tonypandy yn sgîl streic 15,000 o ddynion, a gyflogid ym mhyllau Cambria, oherwydd y cyflog cywilyddus ... nad oedd prin yn ddigon i fyw arno.
Pan gyrhaeddais Donypandy roedd cynnwrf wedi bod yno drwy'r nos. Roedd y siopau i gyd wedi eu difrodi. Dechreuodd y terfysg ar ôl i'r perchnogion geisio dod â bradwyr i weithio yn y lofa. Gwelais y diwrnod hwnnw gynghrair milain y llywodraeth a'r perchnogion gyda chefnogaeth yr heddlu a milwyr arfog yn erbyn glowyr nad oeddent ond yn gofyn am gyflog ychydig yn uwch na'r un na wnâi fawr ddim ond eu cadw rhag newyn. Ni allwn fyth anghofio'r wers yna.

Ffynhonnell B

(isod) Noddwyd David Evans, gohebydd lleol, gan berchnogion Cwmni Glo Cambrian i ysgrifennu ei lyfr *Labour Strife in the South Wales Coalfield 1910–11*

Wrth ffoi o Lwynypia, gan dybio bod y plismyn buddugoliaethus yn dal i'w herlid, yn llawn anobaith am na lwyddodd eu cynllun i feddiannu'r lofa ac yn ddig, malodd y terfysgwyr ffenestr pob siop oedd o fewn cyrraedd.

Ffynhonnell C

(uchod) Llun yn y *Western Mail*, 9 Tachwedd 1910

Wedi arolwg yn y fan a'r lle deuthum i'r casgliad fod yr adroddiadau gwreiddiol am yr ymosodiadau ar y glofeydd ar Dachwedd 8 wedi eu gorliwio (gan yr heddlu). Nid oedd yr hyn a ddisgrifiwyd fel 'ymdrechion rhyfygus' i ddifrodi'r lofa yn Llwynypia yn ddim ond ymgais i wthio'u ffordd drwy'r giât ... a chryn dipyn o daflu cerrig.

Ffynhonnell Ch

Cofia'r Cadfridog Macready, y swyddog oedd yn arwain y milwyr yn y Rhondda, am y terfysgoedd yn *Annals of an Active Life* (1924).

Bygythiad i holl lofeydd Cambrian neithiwr. Torf fawr o streicwyr wedi ymosod yn chwyrn ar lofa Llwynypia. Llawer wedi eu hanafu o'r ddwy garfan. Disgwyliaf ddau gwmni o wŷr traed a 200 o wŷr meirch heddiw ... Sefyllfa enbydus.

Ffynhonnell D

Telegram oddi wrth Mr Lindsay, Prif Gwnstabl Morgannwg at Winston Churchill yn y Swyddfa Gartref (10 a.m. 8 Tachwedd 1910).

Gofynnwch am filwyr. Ni ddylid defnyddio gwŷr traed nes bydd pob ymgais arall wedi methu. Bydd y Cadfridog Macready yn arwain y milwyr ... ond ni fyddant ar gael oni bai ei bod yn amlwg na all yr heddlu ychwanegol ymdopi â'r sefyllfa.

Ffynhonnell Dd

Telegram oddi wrth Churchill i'r Prif Gwnstabl, Mr Lindsay, 1.30 p.m. 8 Tachwedd 1910.

Gan fod y sefyllfa i bob golwg yn fwy difrifol dylid, os bydd y Prif Gwnstabl ... yn dymuno hynny, symud y gwŷr meirch i gyd i ardal y cythrwfl ar frys.

Ffynhonnell E

Telegram oddi wrth Churchill i Macready, 8.10 p.m. 8 Tachwedd 1910.

Pan oeddwn i'n Ysgrifennydd Cartref yn 1910 roeddwn yn ofni, yn arswydo rhag bod yn gyfrifol am weithred y milwyr yn saethu at cyrfa o derfysgwyr neu streicwyr. Cydymdeimlwn â'r glowyr drwy'r amser ... Anfonodd Prif Gwnstabl Morgannwg gais am ... y fyddin, milwyr... Ond yna fe rwystrais ... y milwyr ac anfonais yn eu lle 850 o heddlu Llundain a'm hunig fwriad oedd gofalu na chollid bywydau. Galwyd y milwyr yn ôl a'r unig rai a ddaeth i gyffyrddiad â'r terfysgwyr oedd heddlu dibynadwy Llundain, heb arfau, a ymosododd, nid â gynnau a bidogau ond â'u cotiau glaw wedi eu rholio. Felly dyna osgoi ... unrhyw golli gwaed. Dyna'r stori wir am Donypandy ac rwyf yn gobeithio y bydd yn disodli ym mhentrefi Cymru y celwydd creulon a ledaenwyd ar hyd y blynyddoedd.

Ffynhonnell F

Winston Churchill yn siarad yng Nghymru ar gylchdaith cyn yr etholiad cyffredinol yn 1950.

?

1 a) Yn ôl ffynhonnell A beth oedd achos y terfysgoedd?
b) Eglurwch ystyr y llun yn ffynhonnell C.
c) A yw ffynonellau B a Ch yn ddibynadwy?
ch) Yn eich barn chi, oedd Winston Churchill (ffynhonnell F) yn dweud y gwir? Eglurwch gan ddefnyddio'r ffynonellau i gyd.

2 a) Pa ffynonellau fyddai fwyaf defnyddiol i hanesydd fyddai am wybod y gwir?
b) Pwy oedd ar fai am derfysg Tonypandy? Eglurwch yn llawn.

UNED 2

DATBLYGIADAU ECONOMAIDD

Cymru Wledig: Newidiadau

Roedd Cymru yn 1906 yn rhannu'n amlwg yn ddwy – ardaloedd diwydiannol y de-ddwyrain a'r gogledd-ddwyrain, ac yna'r rhan fwyaf o'r wlad oedd bron yn gyfan gwbl yn amaethyddol. Hanes y newid fu hanes Cymru yn ystod y bedwaredd ganrif ar bymtheg. Fel y cynyddodd pwysigrwydd diwydiant dirywiodd amaethyddiaeth, symudodd y boblogaeth a thyfodd rhai trefi yn ddinasoedd.

Oherwydd datblygiad trefi fel Merthyr, Caerdydd, Pontypridd, Wrecsam ac Abertawe a'r cyfle am waith daeth pobl o'r ardaloedd gwledig i chwilio am fywyd gwahanol. Bu diboblogi yn yr ardaloedd gwledig ac ymhen amser effeithiodd hyn ar ddiwylliant y Cymry a'u hiaith. Y tu allan i ffiniau Cymru tueddai estroniaid i feddwl am Gymru yn nhermau'r glofeydd a chymoedd y Rhondda yn unig, er bod Abertawe a Chaerdydd yn enwog mewn sawl rhan o'r byd. Roedd problemau Cymru wledig – cyflogau isel, tlodi a diweithdra ynghudd ac yn hawdd eu hanghofio.

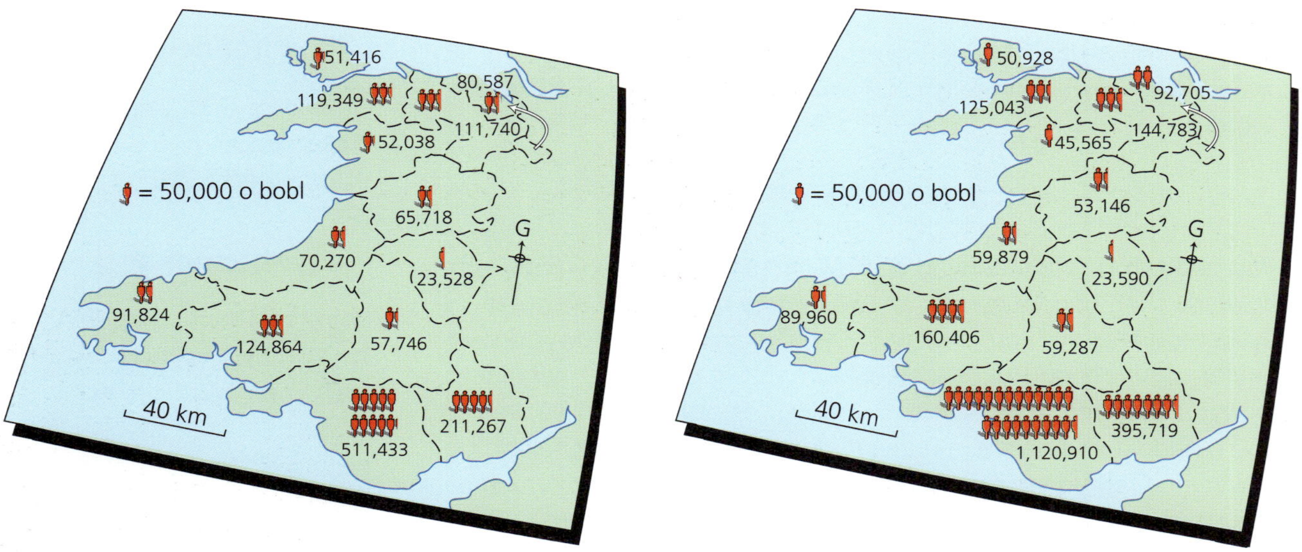

Ffynhonnell A

Tablau poblogaeth a addaswyd o *'The Move from the Land'* yn G.E. Jones, *Wales 1880–1914* (1988).

Dirwasgiad ym Myd Amaeth

Nid oedd y sefyllfa yn Lloegr ddim gwell. Oherwydd y gostyngiad yn y prisiau yn ystod 25 mlynedd olaf y 19eg ganrif bu'n rhaid i'r diwydiant amaethyddol waredu llawer o weithwyr. Yn 1800 roedd tua 54 y cant o boblogaeth Cymru a Lloegr yn byw ac yn gweithio yn yr ardaloedd gwledig ond erbyn 1911 roedd y nifer wedi gostwng i 20 y cant. Yn 1900 ymfudodd tua 9,000 o bobl i wledydd yr Ymerodraeth fel Canada, Awstralia a Seland Newydd. Erbyn 1911 roedd y nifer wedi codi i 33,000. Erbyn 1914 roedd Prydain yn allforio dros 50 y cant o'i bwyd gan gynnwys tua 75 y cant o'i grawn i wneud bara. Newidiodd y dirwasgiad amaethyddol Gymru a Lloegr wledig am byth.

Nid yw'r cyflogau a delir gan ffermwyr ... gan mwyaf yn ddigon i gadw teulu ... yn iach. Bod nid byw mae'r llafurwr, yn newynu yn feddyliol ac emosiynol ... mae meibion cryf y pentrefi wedi dianc, a gadael hen ddynion, y cloff, y gwan eu meddwl, y creulon, y rhai a aned yn flinedig.

Ffynhonnell B

(chwith) Dyfyniad o Seebohm Rowntree, *How the Labourer Lives* (1913).

Ffynhonnell C

(chwith) Poster hysbysebu a argraffwyd gan y Great Western Railways a gafodd ei arddangos yn Llundain tua 1909.

Gallwn ddweud bod un ym mhob hanner cant o'n poblogaeth wrywaidd amaethyddol yn 1912 wedi penderfynu gadael y wlad gan anobeithio am ddyfodol yn y Deyrnas Unedig. Mewn rhai rhannau o'r wlad cawn bentrefi lle mae'r mwyafrif o'r dynion ifanc cryf wedi ymfudo ac yn gyffredinol y rhai mwyaf abl ac egnïol sy'n mynd.
Ochr yn ochr â'r ymfudo dros y deng mlynedd ar hugain diwethaf a mwy, mae llawer iawn o lafurwyr wedi symud i'r trefi mawr lle mae'r cyflogau uchaf. Oherwydd bod y llafurwyr wedi ymfudo a symud bu diboblogi yn yr ardaloedd gwledig. Nid cyflogau isel yw'r unig reswm. Mae'r ffaith fod asiantaethau trefedigaethol wedi hysbysebu tir ... wedi bod yn ffactor, ac yn ogystal ddiflastod ac undonedd bywyd yn ein pentrefi gwledig. Cawn mai'r ddau brif reswm yw, yn gyntaf, diffyg gweledigaeth a chyfle i'r dyfodol. Yn ail, y cyflogau isel a'r oriau hir, ac yn nesaf o ran pwysigrwydd, prinder tai .

Ffynhonnell Ch

(Ucnod) Adroddiad y Pwyllgor Ymchwilio i Dir (1913).

Ffynhonnell D

Llafurwyr gwledig yn gweithio yn y caeau, tua 1907.

AROLWG

Ystyriwch y cwestiwn allweddol hwn. I ba raddau y gellir ystyried y cyfnod 1906–14 fel oes aur y diwydiant trwm yng Nghymru?

?

1. **Pa ddeunydd allai hanesydd sy'n astudio newidiadau yng nghefn gwlad Cymru ei wneud o'r tablau poblogaeth yn ffynhonnell A?**
2. **Pam y gadawodd cymaint mwy o bobl Gymru wledig yn ystod y cyfnod 1885–1914 na thrwy'r 50 mlynedd cyn hynny? Rhowch resymau dros eich ateb.**

UNED 3

Y RHYFEL BYD CYNTAF

Y Rhyfel Mawr, 1914–18

Y BRIF YSTYRIAETH:
Beth oedd effeithiau'r Rhyfel Byd Cyntaf ar y bobl?

Mewn dinas na allai ond ychydig Brydeinwyr ynganu ei henw, Sarajevo, llofruddiwyd tywysog estron roedd llai fyth o bobl wedi clywed amdano, gan ŵr o Serbia mewn cythrwfl nad oedd fawr neb yn ei ddeall. Eto, oherwydd hyn bu farw bron i filiwn o ddynion yr Ymerodraeth Brydeinig. Dros beth roedden nhw'n ymladd?

Oedd y milwr Prydeinig yn ymladd dros y gŵr a lofruddiwyd, Tywysog Awstria-Hwngari, yr Arch-ddug Franz Ferdinand? A oedd yn ymladd dros y llofrudd Gavrilo Princip? A oedd yn ymladd dros hawliau Serbiaid Bosnia i gael hunanlywodraeth? A oedd yn ymladd dros Wlad Belg? Os nad oedd y milwr cyffredin yn gwybod pam, roedd y gwleidydd cyffredin yn gwybod yn iawn. Roedd y Prydeinwyr yn ymladd er mwyn sylweddoli uchelgais Ymerodrol eu llywodraeth, ei masnach a'i balchder. Oherwydd y **propaganda** argyhoeddwyd y Prydeinwyr eu bod yn rhyfela i amddiffyn eu Brenin, eu gwlad a democratiaeth ac i achub gwledydd fel Gwlad Belg rhag gwladwriaethau mawr gormesol fel yr Almaen.

Cynllun Cynghreirio

Rhwng 1900 ac 1914 argyhoeddwyd Prydain, Ffrainc a Rwsia bod yr Almaen eisiau ehangu ar draul y tair gwlad. Credai'r Almaen fod y gwledydd hyn eisiau ei hamgylchynu a'i chadw o fewn terfynau.

Ar 4 Awst 1914, ychydig dros fis er pan lofruddiwyd Franz Ferdinand, cyhoeddodd Prydain ryfel ar yr Almaen ac roedd y Rhyfel Mawr wedi dechrau. Un o'r prif resymau dros y rhyfel oedd y cynllun Cynghreirio. Oherwydd hwn, pan gyhoeddodd Awstria-Hwngari ryfel ar Serbia, cyhoeddodd Rwsia, cynghrair Serbia, ryfel ar Awstria-Hwngari. Yna cyhoeddodd yr Almaen, cynghrair Awstria, ryfel ar Rwsia ac ymunodd Ffrainc, cynghrair Rwsia, yn y gynnen. Roedd Prydain yn gyndyn i fynd i ryfel ond gwnaeth hynny pan ymosododd yr Almaen ar Ffrainc gan groesi ffiniau Gwlad Belg, gwlad niwtral.

Y Byd yn Rhyfela

Tybid y byddai'r rhyfel drosodd erbyn y Nadolig 1914, na allai unrhyw un wrthsefyll yr Ymerodraeth Brydeinig a'i chynghreriaid Ffrainc, Gwlad Belg a Rwsia. Ond nid felly y bu. Parhaodd y rhyfel ac erbyn 1915 roedd fel pe bai'r byd i gyd yn rhyfela. Ymunodd milwyr o Awstralia, Canada, Seland

Newydd, India a De Affrica gyda'r Cynghreiriaid i ymladd yn erbyn yr Almaen, Awstria-Hwngari a Thwrci.

Ymladdwyd y rhyfel yn bennaf yn Ewrop ar dri ffrynt, y ffrynt gorllewinol yn Ffrainc a Gwlad Belg, y ffrynt dwyreiniol yng Ngwlad Pwyl a Rwsia a'r ffrynt deheuol yn yr Eidal a'r Balcanau. Ymladdodd y mwyafrif o'r Cymry eu rhyfel yn y fyddin Brydeinig yn Ffrainc a Gwlad Belg, yn wynebu'r Almaenwyr yn ffosydd y ffrynt gorllewinol.

Rhyfel y ffosydd

O fewn tri mis i ddechrau'r rhyfel roedd y ddwy ochr yn wynebu ei gilydd heb syflyd ar hyd gogledd Ffrainc a Gwlad Belg. Cloddiodd y milwyr ffosydd i'w hamddiffyn ac am lawer o'r blynyddoedd nesaf yma y buont. Galwyd y darn tir rhwng y ffosydd yn 'Dir Neb' neu dir lladd. Dro ar ôl tro gorchmynnodd y cadfridogion i'r gwŷr meirch ymosod gan gredu y gallent dorri drwy'r rhesi o ffosydd a'r weiren bigog. Methiant fu pob ymdrech. Ymladdwyd brwydrau erchyll a barhaodd am ddyddiau, wythnosau, hyd yn oed misoedd. Rhai o'r rhai enwocaf oedd Passchendaele, Ypres a'r Somme. Lladdwyd neu anafwyd mwy na 30,000 o filwyr Prydain mewn un bore yng Ngorffennaf 1916 ym mrwydr y Somme.

Arfau modern

Ychydig o bobl oedd yn barod am y rhyfel hwn, y rhyfel modern cyntaf mewn hanes a thechnoleg newydd yn amlwg. Disodlwyd ceffylau gan danciau a thryciau, cynyddwyd gradd y saethu drwy ddefnyddio gynnau peiriannol. Ymladdai awyrennau yn yr awyr a suddwyd llongau gan y llongau tanfor. Defnyddiwyd ffrwydron, grenadau a nwy gwenwynig am y tro cyntaf ac anrheithiwyd y tir oherwydd defnyddio miloedd o dunelli o ffrwydron ffyrnig a saethwyd o'r gynnau mawr. I'r 12 miliwn o ddynion ar bob ochr a ymladdai ar y ffrynt gorllewinol roedd yn hunllef.

Ar ôl pedair blynedd o ryfela chwerw yn y ffosydd daeth gobaith i'r Cynghreiriaid am bedwar rheswm:

1. Erbyn 1917 roedd blocâd y Cynghreiriaid i rwystro llongau rhag cyrraedd porthladdoedd yr Almaen bron wedi atal eu cyflenwad o fwyd a nwyddau.
2. Ymunodd UDA â'r rhyfel yn Ebrill 1917 gan gryfhau grym y Cynghreiriaid.
3. Oherwydd defnydd effeithiol o arfau newydd fel y tanc llwyddodd y Cynghreiriaid i dorri drwy linellau'r Almaen yn 1918.
4. Erbyn Tachwedd 1918 roedd cynghreiriaid yr Almaen wedi ildio.

Rhyfel y Crimea 1854–56	1,075
Rhyfel Ffrainc a Prwsia 1870–71	876
Rhyfel y Boeriaid 1899–1902	10
Rhyfel y Balcanau 1912–13	1,914
Y Rhyfel Mawr 1914–18	5,509

Ffynhonnell A

Nifer y dynion a laddwyd bob dydd yn y Rhyfel Byd Cyntaf a rhyfeloedd blaenorol, o Purnell, *History of the Twentieth Century* (1968).

Ffynhonnell B

Poster propaganda'r llywodraeth (1914).

?

1. a) Pam y gelwid y gwrthdaro hwn yn Rhyfel Mawr?
   b) Yn eich barn chi, pam roedd y rhyfel hwn mor wahanol i ryfelodd blaenorol?
   c) Pam y bu i'r Cynghreiriaid ennill y rhyfel yn y diwedd?
2. a) Pam roedd y llywodraeth eisiau i bobl gredu eu bod yn rhyfela i amddiffyn Gwlad Belg?
   b) Enghraifft o bropaganda Prydeinig yw ffynhonnell B. Eglurwch pam y mae pob llywodraeth yn defnyddio propaganda yn ystod cyfnod o ryfel.

UNED 3

Y RHYFEL BYD CYNTAF

Recriwtio, Gorfodi a Gwrthwynebu

Ar ôl cyhoeddi'r rhyfel wynebai llywodraeth Prydain argyfwng. Nid oedd ganddi ddigon o ddynion. O'i chymharu â byddinoedd parhaol pwerau'r cyfandir – Ffrainc, yr Almaen a Rwsia – roedd byddin Prydain yn fychan. Gan mai ynys yw Prydain, a chanddi ymerodraeth eang dros y môr, roedd ei hadnoddau economaidd wedi eu defnyddio i bwrpas adeiladu llynges anferth, y fwyaf yn y byd yn 1914.

Penododd y Prif Weinidog, Herbert Asquith, Iarll Kitchener yn Ysgrifennydd Rhyfel ar fyrder. Roedd Kitchener yn gadfridog enwog ac yn fawr ei barch. Sylweddolai y byddai hwn yn rhyfel gwahanol iawn ac y byddai'n debygol o barhau am dair blynedd nid y tri mis a ddisgwyliai pawb arall. Yn wahanol i weddill Ewrop, nid oedd Prydain yn gorfodi dynion i roi gwasanaeth milwrol, felly tasg Kitchener oedd creu byddin o wirfoddolwyr a fyddai'n gallu cystadlu â'r Almaenwyr.

Recriwtio

Dechreuodd y llywodraeth ar ymgyrch gyhoeddusrwydd sylweddol i berswadio dynion oedd rhwng 19 a 35 i ymuno â'r fyddin neu'r llynges. Gwelwyd hysbysebion yn y papurau lleol a chenedlaethol, roedd posteri recriwtio wedi eu harddangos ym mhobman a chynhaliwyd cyfarfodydd mewn neuaddau pentrefi ac eglwysi ar hyd a lled Prydain. Perswadiodd y llywodraeth arweinwyr eglwysi a chapeli i bregethu fod y rhyfel yn grwsâd yn erbyn drygioni ac y dylai eu cynulleidfaoedd ymrestru. Gwrthododd rhai offeiriaid a gweinidogion ond roedd eraill yn ddigon parod i wneud hynny.

Ffynhonnell A

Daily Sketch, 9 Ionawr 1915.

DAILY SKETCH. SATURDAY, JANUARY 9, 1915.—Page 5.

RECORD OF GERMAN ATROCITIES CONTINUES TO GROW.

FLAMING RECORD OF GERMAN CRIME.

Damning Proofs Of Atrocities In Belgium And France.

TORTURE BEFORE DEATH.

3,000 People Slaughtered In The Province Of Namur.

HEROD AT DINANT.

31 Children Among 700 Innocent Victims Of The Kaiser.

The Commission of Inquiry into German atrocities in Belgium reports on the Province of Namur that of

Three Hundred Thousand Inhabitants

the Germans have killed

Over Three Thousand.

At Dinant alone seven hundred were killed, including seventy-one women and thirty-one children under fifteen years of age.

Cardinal Mercier's bitter cry against the barbarous persecution of his country is more than justified by the terrible story of slaughter, and worse things even than slaughter, told by

RING OF ENEMIES CLOSING ROUND GERMANY.

The diplomatic mistakes of Germany and her partner Austria threaten to bring them new enemies into the field.

Cardinal Mercier's arrest has caused resentment in Austria as well as in the Catholic parts of the German Empire, and in countries hitherto neutral.

A second and worse mistake has been made by the Commander-in-Chief of the Austrian Navy in deliberately insulting neutral Italy.

The result is that while the two Germanic partners are threatened by fresh dangers they are in peril of quarrelling among themselves.

It is believed in Paris that Austria is considering a separate peace.

The defeats of Turkey have still further complicated the outlook.

A short list of those antagonised by German mistakes or misfortunes is:—

The POPE, who is taking steps to protest against the arrest of Cardinal Mercier;
ITALY irritated by Austrian threats and the arrest of the Cardinal;
RUMANIA, urged forward by national aspirations to a "Greater Rumania";
BULGARIA, which has cut adrift from German tutelage and is coming to an understanding with Rumania;
GREECE, which has always sympathised with Serbia;
AUSTRIA, which no longer hopes for any glory from the war;
TURKISH POPULACE, angered at their betrayal by the Germans.

The only important news of the fighting is that the French have made more conquests in Alsace.

broke into houses and fired at everyone they saw.

A woman aged ninety-eight was bayoneted in bed and her body burnt in her burning house.

A boy of fourteen was disembowelled, and a lad of twelve, accompanying his father to pick potatoes outside a town, was shot with his father.

A harmless old man, aged seventy-eight, was brutally shot in the street on the pretext that he had shot some Germans, which was absolutely denied by his family.

At Montmirail an old man was shot for endeavouring to defend his daughter from a German soldier.

SHOULDER DEEP IN MUD.

Worse And Worse Conditions In Trenches Of Northern France.

French Official News.

PARIS, 3 p.m., Friday.

Belgium and Northern France.

The enemy's artillery throughout yesterday displayed much activity in Belgium and in the region

AMAZING BLUNDER BY AUSTRIAN ADMIRAL.

"Fleet Must Be Kept To Destroy Italian Navy."

STILL MAKING ENEMIES.

Dangerous Outlook For Germans In South-East Europe.

Another amazing mistake has been made by our enemies.

Admiral Montecuccoli, Commander-in-Chief of the Austro-Hungarian Navy and formerly Minister of Marine, declares that the Austrian Fleet will never accept a challenge from the Anglo-French Fleet, because

the Austrian Fleet must be preserved intact to destroy the Italian Fleet. "Our country has need of a second victory of Lissa. It can only obtain it against Italy."

The Austrian Fleet is at present "bottled up" in Pola Harbour, at the head of the Adriatic, where it is watched by a combined British and French squadron.

The Admiral's references to Italy are extraordinarily undiplomatic, because—

Italy has preserved a scrupulous neutrality since the beginning of the war;
Prince von Buelow is at the present moment in Rome on a special mission intended to win over Italian feeling to Germany;
In spite of these efforts a large number of Italians are in favour of intervention in the war on the side of the Allies;

Ffynhonnell B

Posteri recriwtio o 1914 *(ar y chwith)* ac 1915 *(ar y dde).*

Defnyddiwyd yr Eisteddfod hyd yn oed i recriwtio dynion i ymladd. Ym Mangor yn 1915 cafodd Lloyd George ganiatâd i annerch y dorf yn y pafiliwn.

Llwyddwyd i gael miloedd o ddynion cyffredin o bob rhan o Brydain i wirfoddoli ac roedd cymaint yn dymuno ymrestru bu'n rhaid i rai swyddfeydd recriwtio gau dros dro. Dull poblogaidd o annog dynion i ymrestru oedd ffurfio 'Mataliynau'r Cyfeillion' – dynion o'r un pentref neu dref, neu oedd yn cyd-weithio yn ymuno yr un pryd. Ym Medi 1915 ymunodd 1,000 o ddynion o dref St Helens, Lancashire. Yn y *St Helens Pals* roedd glowyr, clercod, gweithwyr rheilffyrdd a gweithwyr y ffatri wydr.

1914	
Awst	300,000
Medi	450,000
Hydref	137,000
Tachwedd	170,000
Rhagfyr	117,000
Cyfanrif 1914	1,174,000 Cyfartaledd misol – 234,800
Cyfanrif 1915	1,278,000 Cyfartaledd misol – 106,500

Ffynhonnell C

Ffigurau recriwtio a gyhoeddwyd gan y Swyddfa Ryfel (1923).

Yn yr Ymerodraeth Brydeinig dylifai gwirfoddolwyr i'r canolfannau recriwtio am resymau arferol: cyfaredd y wisg filwrol, addewid am gyflog cyson a dihangfa rhag diflastod ac ymdeimlad o deyrngarwch at gymuned, cenedl ac Ymerodraeth. Ond yr allwedd i'r ymfyddino yn 1914 oedd un gair syml: dyletswydd.

Ffynhonnell Ch

J.M. Winter, *World War One* (1993).

Gorfodi

Erbyn 1916 roedd prinder dynion eto. Roedd y nifer a oedd wedi eu lladd a'u hanafu yn llawer uwch na'r disgwyl. Pan ddaeth y newydd am y lladd ofnadwy i Brydain lleihaodd y brwdfrydedd. Roedd dynion ifanc yn gyndyn i ymrestru a throdd y llywodraeth at orfodaeth filwrol. Yn 1916 pasiwyd

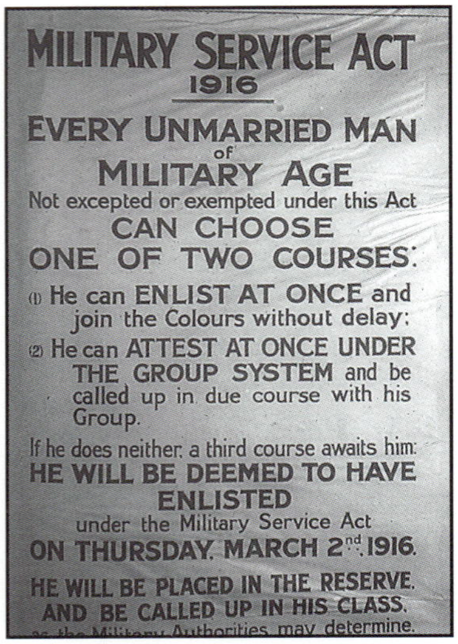

Ffynhonnell D

Poster yn cyhoeddi Deddf Gorfodaeth Filwrol (1916).

Deddf Gwasanaeth Milwrol a daeth recriwtio gwirfoddol i ben. Nid oedd yr orfodaeth yn boblogaidd.

'Anaddas i wasanaethu'

Un o'r prif broblemau oedd yn wynebu'r llywodraeth oedd fod llawer o'r dynion yn dioddef o afiechydon ac yn rhy wael i ymladd. Er bod yr archwiliad meddygol yn fwy manwl ar ôl deddfu gorfodaeth yn 1916 chafodd y broblem mo'i datrys o gwbl. O'r 2.4 miliwn o ddynion a alwyd i'r fyddin yn 1917–18 y farn oedd bod bron 40 y cant ohonynt yn anaddas i ymladd yn y llinell flaen. Roedd problemau iechyd a chymdeithasol Prydain cyfnod Edward wedi dychwelyd i blagio'r gwleidyddion.

Gwrthwynebiad

Gwrthwynebai nifer o Brydeinwyr y rhyfel o'r dechrau. Yn 1914 sefydlwyd mudiad a elwid yn Undeb Rheolaeth Ddemocrataidd i sicrhau na fyddai'r camgymeriadau a arweiniodd at ryfel yn cael eu hailadrodd fyth eto. Galwodd aelod blaenllaw o'r mudiad, Ramsay MacDonald y gwleidydd Llafur, am ddiplomyddiaeth neu drafodaeth yn hytrach nag ymladd i ddiweddu'r rhyfel. Fe'u galwyd yn heddychwyr, gair a ddefnyddiwyd am y tro cyntaf i ddisgrifio'r rhai oedd o blaid heddwch yn hytrach na rhyfel. Yn 1916 sefydlwyd Cyfeillion Dim-Gorfodaeth gyda'r slogan, ' "Na ladd", mae'n golygu yr hyn mae'n ei ddweud'. Roedd y cyhoedd yn casáu'r heddychwyr a chyfeiriai'r wasg atynt fel bradwyr neu ddynion llwfr.

Ffynhonnell Dd

Cyfweliad â Rhys Edwards yn yr 1980au, yn sôn am ei dad, gwrthwynebydd cydwybodol, o K. Strange, *Wales and the First World War.*

Anfonwyd (fy nhad) i Garchar Dartmoor. Pan gyrhaeddodd y gwrthwynebwyr cydwybodol Princetown taflodd y plant lleol gerrig atynt.
Câi'r gwrthwynebwyr eu cadw ar wahân i'r troseddwyr. Roedd gan bob un gell 8 troedfedd wrth 7 troedfedd ar lawr uchaf y prif adeilad lle roedd y gwallgofion. Bob penwythnos câi'r gwrthwynebwyr eu cloi yn eu celloedd o bump o'r gloch ddydd Gwener hyd fore Llun pan gaent eu rhyddhau i fynd i'r gwaith. Yr unig beth a gaent yn eu celloedd oedd Beibl. Roedd bwyd yn cael ei wthio drwy'r twll yn nrws y gell. Tra oedd y gwrthwynebydd yn Dartmoor ni châi gysylltu â'i deulu ac roedd yn amhosibl i unrhyw aelod o'i deulu fynd i'r carchar, ni allent fforddio cost y tocyn trên. Gwnaeth yr awdurdodau bopeth i geisio torri ysbryd fy nhad.

Ffynhonnell E

South West Leader (1917).

Gwrthwynebodd James Hancock, teiliwr, 32 oed, ar sail cydwybod a dywedodd ei fod wedi credu ers 30 mlynedd na fyddai, fel Cristion, yn mynd yn filwr, ac na allai ... gario unrhyw arf er mwyn lladd bod dynol, gan y byddai'n weithred anghyson â'i ddaliadau ac yntau yn Gristion.

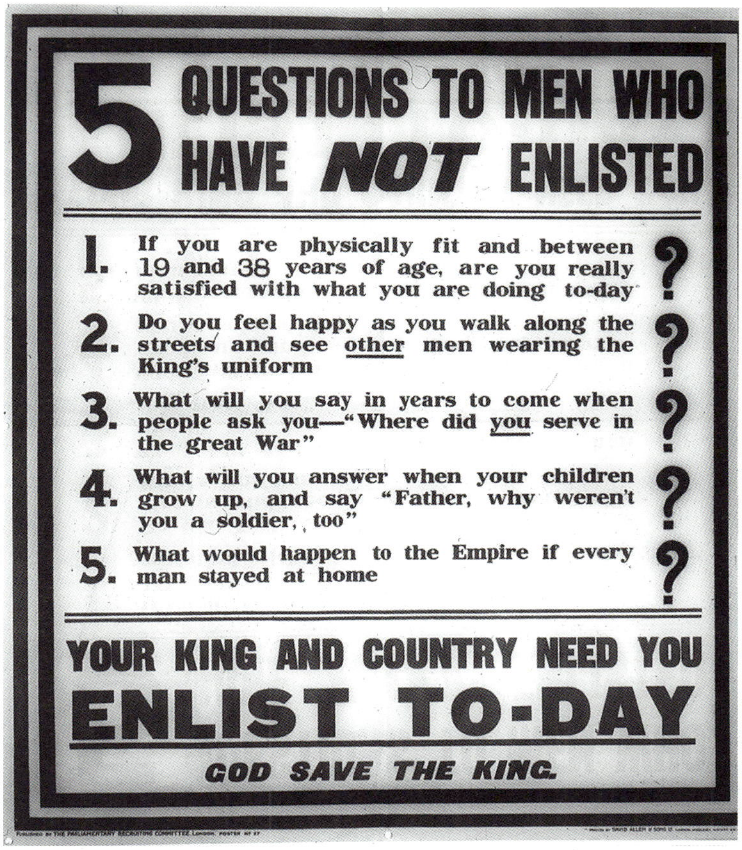

Ffynhonnell F

Poster recriwtio ar ôl yr orfodaeth filwrol, 1916.

Cosbi'r Gwrthwynebwyr

Ar ôl i'r llywodraeth ddeddfu gorfodaeth filwrol cynyddodd y nifer o wrthwynebwyr. Rhwng 1916 ac 1918 dygwyd 11,500 o wrthwynebwyr o flaen tribiwnlys. Gwrthododd 7,000 ymladd ond roeddent yn barod i ymuno â'r fyddin fel dynion ambiwlans neu i wasanaethu yn y Corfflu Meddygol. Gwrthododd 3,000 ymuno â'r fyddin ond bodloni i weithio gartref mewn diwydiant neu ar y tir. Gwrthododd 1,500 wneud dim â'r rhyfel, y fyddin na'r wlad. Dedfrydwyd llawer o'r rhain i garchar am bum mlynedd.

?

1 Pa un o'r posteri sydd fwyaf effeithiol, yn eich barn chi?
a) Cymharwch y posteri recriwtio 1914–15 (ffynhonnell B) ac un 1916 (ffynhonnell F). Eglurwch sut roedd y llywodraeth wedi newid ei dulliau a'i neges.
b) Pa effaith allai'r penawdau papur newydd (ffynhonnell A) fod wedi ei chael ar bobl Prydain?
c) Cymharwch y penawdau (ffynhonnell A) â'r posteri recriwtio swyddogol (ffynonellau B a F). Pa un fyddai wedi bod fwyaf effeithiol o safbwynt recriwtio milwyr? Eglurwch pam.

2 a) Eglurwch pam y gallai'r ystadegau (ffynhonnell C) fod wedi arwain at basio Deddf Gorfodaeth Filwrol (ffynhonnell D).
b) Pam roedd gorfodaeth yn amhoblogaidd?

3 a) Eglurwch beth yw ystyr 'gwrthwynebydd cydwybodol'.
b) Nodwch y gwahanol fathau o wrthwynebwyr cydwybodol.
c) Pam, yn eich barn chi, y cafodd y gwrthwynebwyr cydwybodol eu cam-drin gan yr awdurdodau (ffynhonnell Dd)?

FFOCWS

Cymru a'r Ffrynt Gorllewinol

Roedd yr adwaith yng Nghymru i'r newydd fod y rhyfel wedi dechrau yn gymysg. Gwelodd rhai fod yma gyfle i newid eu bywydau drwy adael y pwll neu'r ffatri i wisgo'r wisg filwrol a gweld y byd. Denwyd eraill gan y syniad o ennill bri a gwasanaethu Prydain. Ond ychydig a sylweddolodd beth oedd ystyr mynd i ryfel.

Roedd rhai yn meddwl bod rhyfela yn anfoesol ac yn benderfynol o beidio ag ymladd. Mewn cyfarfod ym Merthyr Tudful yn hydref 1914 pan geisiodd Keir Hardie siarad yn erbyn y rhyfel bu bron i'r dorf greu terfysg. Siaradai ac ysgrifennai beirdd enwog fel T.H. Parry-Williams a Gwenallt yn erbyn y rhyfel. Restiwyd Gwenallt a'i garcharu am ei fod yn wrthwynebydd cydwybodol. Isod gwelir dyfyniadau sy'n tynnu sylw at wahanol agweddau at y rhyfel ymysg y Cymry.

Mae'r ffilm yn cofféu'r hyn a wnaeth y Cymry yn ystod y rhyfel a'r angerdd oedd yng Nghymru oherwydd mai rhyfel Seisnig oedd hwn. I lawer o Gymry roedd gweld baner yr Almaen ar dir Ffrainc fel gweld baner Lloegr ar dir Cymru.

Ffynhonnell A

(dde) Dyfynnwyd Graham Jones, cynhyrchydd a chyfarwyddwr y ffilm *Monument*/Cofgolofn (am y Rhyfel Byd Cyntaf), yn y *Western Mail*, Tachwedd 1995.

Pan gafodd fy nhad ei alw i'r fyddin dihangodd, gan gyrraedd Llundain yn y man. Cyn bo hir daliodd y milwyr (heddlu) ef a dod ag ef i wersyll Aberhonddu. Yno cafodd ei wisgo yn orfodol, ei guro a'i drin mewn dull cwbl annynol. Tynnodd y wisg filwrol ac yna cafodd ei ymlid o amgylch Sgwâr y Gwersyll, ac yntau yn noeth, gan filwyr â'u bidogau yn barod (i'w anafu).

Ffynhonnell B

(uchod) Cyfweliad yn yr 1980au gyda Rhys Edwards yn sôn am ei dad o K. Strange, *Wales and the First World War.*

Awydd y dynion ifanc bryd hynny oedd cefnogi Cymru yn erbyn y gelyn. Doedden ni ddim yn hoffi'r Kaiser (Brenin yr Almaen) a'i ddull o weithredu.

Ffynhonnell C

(uchod) Cyfweliad yn yr 1980au gydag Alf Jackson o Abertawe, milwr yn y Gatrawd Gymreig – K. Strange, *Wales and the First World War.*

	Cyfrifiad Poblogaeth 1911	Nifer yn y Lluoedd Arfog yn 1918	Canran o'r boblogaeth
Cymru	2,025,198	280,000	13.82%
Yr Alban	4,760,904	620,000	13.02%
Iwerddon	4,390,198	170,000	3.87%
Lloegr	34,045,294	4,530,000	13.31%

Ffynhonnell Ch

(uchod) Data o Swyddfa'r Cyfrifiad a'r Adran Amddiffyn.

MEIBION FFERM YN CUDDIO

Llywyddai yr Arglwydd Raglaw (Syr Watkin Williams Wynn) mewn cyfarfod o Bwyllgor Recriwtio Sir Drefaldwyn yn y Trallwng ddydd Llun a soniodd Mr J.H. Tonge am amharodrwydd meibion ffermydd i ymuno. Dywedodd, pan oedd wedi ymweld â rhai ffermwyr, iddynt ei rybuddio pe bai'n galw yno eto y byddent yn ei saethu.
Dywedodd Syr Watkin ei fod ef yn gwybod am leoedd eraill lle roedd recriwtwyr wedi galw a'r dynion wedi ffoi i'r bryniau a chuddio.

Ffynhonnell D

(chwith) Pennawd a stori yn y *Western Mail*, Ionawr 1915.

... gan weiddi'n uchel ... canodd un rhan o'r dyrfa 'God Save our Gracious King'. Yna cododd y rhan fwyaf o bobl o'u cadeiriau ac roedd yn amhosibl (i Hardie) ddal ati. Ymhen ychydig funudau canodd carfan o'r gynulleidfa 'Rule Britannia'.

Ffynhonnell Dd

Keir Hardie yn annerch cyfarfod ym Merthyr Tudful, o'r *Aberdare Leader* (Medi 1915).

... roeddwn i'n wladgarwr mawr, yn falch dros ben o gael dod o'r pwll. Roeddwn i'n meddwl y byddem yn cael hwyl, cael antur ddifyr, roedd i fod i ddod i ben erbyn y Nadolig 1914, dyna jôc.

Ffynhonnell E

(uchod) Cyfweliad yn yr 1980au gydag Oliver Powell o Dredegar, milwr – K. Strange, *Wales and the First World War.*

Ffynhonnell F

(chwith) Swyddfa Recriwtio (1915).

?

1. **a) Pa ffynonellau sy'n awgrymu bod Cymry wedi ymuno â'r fyddin yn wirfoddol? Eglurwch eich dewis.**
2. **Argraff cyfarwyddwr ffilm fodern o agwedd Cymry'r cyfnod at y rhyfel a geir yn ffynhonnell A. Pa rai o'r ffynonellau sy'n: (i) cefnogi agosaf (ii) agosaf at anghytuno â'i ddehongliad o deimladau'r Cymry?**
3. **a) Yn eich barn chi, pa ffynhonnell sydd fwyaf dibynadwy:**
   (i) drama (ii) ffilm neu (iii) dogfen?
   Rhowch resymau dros eich dewis.
   b) Wedi astudio'r dystiolaeth i gyd, ydych chi'n meddwl y gellir cyfiawnhau sylwadau'r cyfarwyddwr ffilm yn ffynhonnell A?

UNED 3

Y RHYFEL BYD CYNTAF: GARTREF

Prydeinwyr yn Rhyfela: Bywyd yn y Ffosydd

Ffynhonnell A

(dde) Llun llonydd o'r ffilm *Paths of Glory* (1957).

Ffynhonnell B

(uchod) Llun cyfoes o fywyd yn y ffosydd.

Roedd y meirwon ym mhobman ... cyrff garw wedi eu hanffurfio yn pydru yn yr haul, eu lliw mor ddychrynllyd mae'n rhaid wrth ffydd i gredu i'r rhain fod, unwaith, yn ifanc, dynion a anfonwyd i fyd y meirw gan eu cyd-ddynion.

Ffynhonnell C

(uchod) Darlun erchyll a ddisgrifir ar ôl cyrch drwy Dir Neb gan y Cymro, Wyn Griffith, is-swyddog – M. Plowman, *A Subaltern on the Somme* (1927).

Nid oedd y dynion a aeth i ryfel o'u gwirfodd yn 1914 yn barod am yr hyn oedd o'u blaenau. Anghofiwyd y freuddwyd am anrhydedd a bri, am ymosodiadau gwŷr meirch ac ymladd arwrol yn fuan yn y ffosydd mwdlyd, llawn dŵr yn aml, a llygod mawr a chyrff eu ffrindiau'n pydru o'u hamgylch. Rhyfel annhebyg i'r un rhyfel o'i flaen na byth wedyn oedd hwn.

Erbyn dechrau 1915 roedd y milwyr ar y ddwy ochr wedi cloddio ffosydd oedd yn ymestyn dros 300 milltir o'r Sianel hyd ffin y Swistir. Yn y dechrau nid oedd y ffos yn ddim ond twll yn y ddaear. Ond gydag amser a phrofiad daeth yn fwy cymhleth gyda llochesau, grisiau saethu, bagiau tywod a weiren bigog. Daeth y ffos a'i lloches yn gartref i'r dynion yn y llinell flaen – bu miloedd fyw a marw yno.

Yn fuan byddai'r milwyr yn y ffosydd yn dod i arfer â phatrwm byw – ar wyliadwriaeth, gorffwys, cysgu, bwyta, cyflawni dyletswyddau. Bron bob nos byddai milwyr yn cael eu dewis i gyflawni dyletswyddau – nôl cyflenwad o'r ffosydd wrth gefn, - o fwyd, meddyginiaethau, defnyddiau i drwsio'r ffosydd, ffrwydron a llythyrau. Roedd diflastod yn broblem fawr ac yn aml dyna oedd yn gyfrifol am ddiofalwch pan fyddai milwr yn cael ei saethu gan yr Almaenwyr a oedd yn aros i weld helmed neu ben yn ymddangos uwchben y ffos.

Clefydau

Roedd y ffos yn lle afiach i fyw ynddi. Roedd hi'n anodd cadw'n lân. Roedd yno gannoedd o chwain a llygod mawr. Pan fyddai'n bwrw glaw byddai'r dynion yn aml mewn dŵr hyd at y gwasg neu'r pen-glin am ddyddiau. Yn aml canlyniad hyn oedd ffliw, niwmonia neu'r broncitis. Clefyd cyffredin oedd clwy'r traed oedd yn peri i'r traed chwyddo a throi'n wyrdd. Roedd yno arogleuon drewllyd bob dydd yn y ffosydd ac yn yr haf byddai arogl marwolaeth mor gryf fel y byddai milwyr fyddai newydd gyrraedd yn llewygu.

'Dros ben y ffos'

Ar waethaf hyn nid oedd caledi'r ffosydd yn ddim o'i gymharu â'r ofn o orfod mynd 'dros ben y ffos' i ymosod yn Nhir Neb. Roedd cyd-oddef bywyd y ffosydd yn arwain at gyfeillgarwch a gâi ei ddryllio'n greulon pan ddeuai'r gorchymyn i ymosod ar y gelyn. Mewn sawl cyrch pan oedd nifer sylweddol yn ymosod roedd cymaint â 40 y cant o golledion.

Roedd y dŵr y cerddem drwyddo yn fyw o lyffantod yn nofio. Roedd malwod coch yn cropian i fyny ochrau'r ffosydd a chwilod rhyfedd gyda chyrn peryglus yr olwg yn sleifio ar hyd y silffoedd sych ac yn tresmasu yn y llochesau yn chwilio am y pryfetach yno.
Llygod mawr oedd y pla gwaethaf, miloedd ohonynt yn y rhan hon o'r llinell, diawliaid (digywilydd). Yn y lloches drws nesa' roedden nhw'n ymnyddu drwy'r gwellt. Roedd rhai mor fawr â chathod, wedi gloddesta ar y cyrff.

Ffynhonnell Ch

Disgrifiad gan newyddiadurwr, Philip Gibbs, o fywyd y ffosydd yn ei lyfr *Realities of War* (1920).

Milwr A: Roeddwn i'n meddwl am yr holl bobl roeddwn yn eu hoffi, a'r pethau roeddwn eisiau eu gwneud ac yn dweud wrthyf fy hun fod hyn i gyd ar ben, fy mod wedi cefnu ar y cyfan; ond er hynny roeddwn mor drist nes teimlo'n sâl.
Milwr B: Ymhen rhyw bum munud byddaf yn farw. Rwy'n cenfigennu wrth y dynion a welais yn y biledau ddwy noson yn ôl. Fe fyddan nhw'n fyw amser cinio heddiw, a heno byddant yn glyd yn eu gwelyau, ond ble bydda' i? Bydd fy nghorff allan fan yna yn Nhir Neb ... Beth sy'n digwydd i bobl pan fyddan nhw'n marw?

Ffynhonnell D

Cofnododd y bardd, John Masefield, feddyliau olaf dynion oedd ar fin mynd dros ben y ffos – C. Martin, *Battle of the Somme* (1973).

Mae'r dydd bron wedi gwawrio pan fyddaf o ddifri' yn gwneud fy rhan fechan er mwyn gwareiddiad. Bore 'fory af â'm dynion dros ben y ffos yn yr ymosodiad cyntaf. Os ewyllys sanctaidd Duw yw fy ngalw, yna rwy'n ddigon parod i fynd ... Ni allwn obeithio am farwolaeth ragorach, a byddwch chi, f'annwyl Fam a 'Nhad yn gwybod i mi farw yn gwneud fy nyletswydd at Dduw, fy ngwlad a'm Brenin.

Ffynhonnell Dd

Llythyr olaf is-swyddog, J.S. Engall, i'w gartref – L. Houseman, *War Letters of Fallen Englishmen* (1930).

?

1 a) Beth mae ffynonellau C, Ch, D a Dd yn ei ddweud wrthym am fywyd milwr cyffredin yn y llinell flaen?
b) Pa mor ddefnyddiol yw ffilmiau fel yr un yn ffynhonnell A i'r rhai sy'n astudio'r Rhyfel Mawr?

2 a) Yn ystod cyfnod o ryfel mae pob llywodraeth yn defnyddio sensoriaeth sy'n golygu na chaiff neb feirniadu'r fyddin, y llywodraeth na'r dulliau o ryfela. Eglurwch pam, yn eich barn chi, maent yn gweithredu'r rheolau hyn?
b) Oherwydd rheolau sensoriaeth roedd pob llythyr personol a anfonai milwyr adref yn cael ei ddarllen gan dîm arbennig o swyddogion cyn ei anfon ymlaen. Ni chyrhaeddodd rhai llythyrau o gwbl. Pam y gallai sensor wrthod derbyn ffynhonnell Ch ond derbyn ffynhonnell D? Eglurwch eich ateb.

3 Ysgrifennwch ysgrif, 250 o eiriau o leiaf, yn disgrifio bywyd bob dydd yn y ffosydd.

UNED 3

Y RHYFEL BYD CYNTAF: GARTREF

Rhyfel a Bywyd Gartref

Ffynhonnell A

Poster propaganda'r llywodraeth (1915).

Newidiwyd Prydain am byth gan effaith y rhyfel diarbed. Galwyd ar bawb i ymdrechu i ennill y rhyfel gan lywodraeth oedd yn benderfynol ei bod am reoli pob agwedd ar fywyd gartref. Yn Awst 1914 pasiodd y Senedd ddeddf Amddiffyn y Deyrnas a roddai iddi'r pŵer i wahardd, cwtogi neu sensro unrhyw beth a dybiai allai niweidio'r ymgyrch i ennill y rhyfel. Y papurau newyddion a effeithiwyd yn gyntaf gan y deddfau sensoriaeth, ac yna'r posteri hysbysebu. Yn fuan roedd propaganda'r llywodraeth ym mhob man. Oherwydd y Ddeddf gallai'r wladwriaeth reoli llongau ac adeiladu llongau, peirianneg, amaethyddiaeth, rheilffyrdd a'r mwynfeydd. Drwy'r Weinyddiaeth Arfau, gallai'r llywodraeth reoli cynnyrch diwydiannol a chyflenwi, prisiau ac elw. Ystyr rhyfel diarbed fyddai gwladwriaeth dan reolaeth ddiarbed y llywodraeth.

Roedd manteision i'r cyhoedd ym Mhrydain. Credai Lloyd George fod rhyfel a lles yn cerdded law yn llaw a phan ddaeth yn Brif Weinidog yn 1916 dechreuodd wella bywydau'r bobl gyffredin. Dechreuodd y llywodraeth roi arian i gynnal cyrff fel Cwmni Maestrefi Burry Port oedd yn codi tai i'w gosod ar rent rhad ar gyfer gweithwyr ffatri Pembre ger Llanelli. Gwelwyd gwelliannau cynyddol yn addysg y wladwriaeth, iechyd a gofal mewn ysbytai. Cododd cyflogau gweithwyr diwydiannol ac amaethyddol ond roedd yn rhaid iddynt addo na fyddent yn mynd ar streic.

Bywyd Bob Dydd

Ar y dechrau ni bu fawr o newid ym mywyd bob dydd y bobl gartref. Ond fel y parhai'r rhyfel aeth yn fwy anodd anwybyddu ei effeithiau. Gwragedd tŷ a sylwodd yn gyntaf fod prisiau wedi codi'n eithriadol a rhai bwydydd yn brin. Un rheswm am hyn oedd chwyddiant, ond hefyd roedd llongau tanfor yr Almaen yn suddo cannoedd o longau masnach oedd yn dod â defnyddiau crai i Brydain. Gan weithredu'r Ddeddf Amddiffyn pwysleisiwyd bod gwastraffu yn drosedd. Cafodd un wraig yng Nghymru ei dirwyo £20 am roi cig i'r ci. Erbyn Ionawr 1918 roedd y sefylfa mor ddifrifol bu'n rhaid dogni bwyd angenrheidiol.

Gwariai'r llywodraeth bron £5.5 miliwn y dydd ar y rhyfel. I osgoi methdaliad codwyd y dreth incwm o 6c yn y bunt yn 1914 i 30c erbyn 1918.

Anogid pobl i wario llai a chynilo mwy a defnyddio'u cynilion i brynu bondiau'r llywodraeth ac felly helpu i dalu cost y rhyfel. Addawai'r llywodraeth y byddai'n ad-dalu'r arian, gyda llog, ar ddiwedd y rhyfel.

Newidiadau mewn Amaethyddiaeth

Daeth y rhyfel â newid a chyfoeth i denantiaid ffermydd Cymru. Cynyddodd y galw am laeth a chynnyrch llaeth, da byw ac ŷd. Cawsant help gan gyrff fel Cyngor Amaethyddol Cymru a'r 70 o Gymdeithasau'r Gyfundrefn Amaeth oedd yn cynnig cyngor a help technolegol. Pasiwyd Deddf Gynhyrchu Ŷd yn 1917. Ceisiai'r llywodraeth annog ffermwyr i gynhyrchu bwydydd pwysig yn fwy effeithiol drwy warantu pris penodol. Gwarantwyd lleiafswm cyflog i'r llafurwyr gan roi iddynt sicrwydd economaidd am y tro cyntaf.

Ond ni fanteisiodd pawb. Gwelodd tirfeddianwyr cyfoethog eu stadau yn

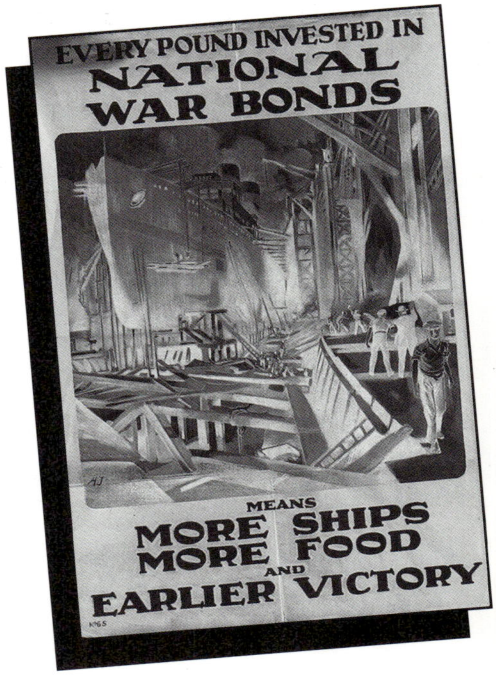

Ffynhonnell B

Posteri hysbysebu'r llywodraeth (1915–17).

dirywio oherwydd y cynnydd yn y trethi a'r chwyddiant. O 1917 ymlaen rhannwyd rhai o'r stadau a fu mewn bodolaeth ers canrif a mwy a gwerthwyd tir i'r tenantiaid, yn gyntaf yn eu plith stad Talbot, Margam, stad Hanbury, Parc Pont-y pŵl yn Ne Cymru a stadau Glynllifon a Bodelwyddan yn y gogledd.

Newidiadau mewn Diwydiant

Awgrymodd rhai haneswyr fod y Rhyfel Mawr wedi achosi ail chwyldro diwydiannol. Cynyddodd maint y ffatrïoedd a'r nifer o weithwyr yn sylweddol. Yn awr roeddynt yn masgynhyrchu offer rhyfel yn lle cynhyrchu nwyddau defnyddwyr. Rhoddwyd hwb i'r diwydiannau glo a dur yng Nghymru gan fod y galw'n fwy na'r cyflenwad. Roedd ar y Cynghreiriaid angen glo i yrru eu llyngesau ac i gynhyrchu egni i ddiwydiant Prydain a Ffrainc. Defnyddiwyd dur Cymru i adeiladu'r tanciau cyntaf.

Cyn bo hir fe sylweddolodd rhai gweithwyr, y glowyr er enghraifft, mor bwysig oedd eu diwydiant i ymgyrch y rhyfel. Dechreuwyd gofyn am well amodau gwaith a chyflogau uwch. Cytunodd y llywodraeth Ryddfrydol i drafod ond ni bu cytundeb. Yn haf 1915 galwodd yr undeb, Ffederasiwn Glowyr De Cymru, am streic. Roedd y wlad yn ddig wrth lowyr Cymru ond ymunodd gweithwyr llongau Clydeside, yr Alban, â nhw yn fuan. Pennawd yr *Evening Standard*, papur Llundain, oedd 'Cynghreiriaid yr Almaen yng Nghymru'. Daeth y streic i ben pan gyfarfu Lloyd George â swyddogion undeb y glowyr yng Nghymru a chytuno i'w gofynion.

Merched yn Rhyfela

Un o'r newidiadau mwyaf ym Mhrydain a achoswyd gan y rhyfel oedd y newid yn rôl a safle'r ferch. Pan ddechreuodd y rhyfel penderfynodd y *Suffragettes* a'r llywodraeth Ryddfrydol anghofio eu cweryl. Roedd y ddwy garfan yn awyddus i gydweithio i ennill y rhyfel. Lloyd George, ac yntau yn Weinidog Arfau, oedd y cyntaf i sylweddoli beth fyddai effaith y rhyfel ar y bobl gartref. Gyda miloedd o ddynion yn gwirfoddoli i ymladd, pwy fyddai'n gweithio yn y ffatrïoedd? Yng Ngorffennaf 1915 pan orymdeithiodd 30,000 o ferched, gyda Mrs Emmeline Pankhurst yn eu harwain, trwy strydoedd Llundain yn mynnu'r 'Hawl i Wasanaethu' cawsant gefnogaeth y llywodraeth. Cyn bo hir roedd Lloyd George yn cyflogi mwy a mwy o ferched yn y ffatrïoedd arfau a rhwng Gorffennaf 1915 a Gorffennaf 1918 cododd y nifer o 255,000 i 948,000. Roedd yn waith budr a pheryglus, yr oriau'n hir a'r tâl yn isel ond gweithiai'r *munitionettes* (fel y'u gelwid) yn galed i gynyddu'r nifer o fwledi a sieliau. Ysbrydolid hwy gan bosteri propaganda a ddywedai, 'Cri ryfel y merched yw gwaith, gwaith, gwaith' a 'Efallai y bydd y sieliau mae'r merched yn eu gwneud yn arbed bywydau eu gwŷr'. Yn anffodus ni newidiodd popeth – ar waethaf addewid Lloyd George y byddai eu tâl yn un teg, ni chaent ond tua hanner cyflog y dynion, £2.20 yr wythnos a'r dynion £4.32.

Erbyn 1918 daliai'r merched amryw swyddi a byddai milwr fyddai'n dod adref o faes y frwydr yn sylwi ar y gwahaniaeth aruthrol. Roedd merched yn gwneud gwaith porter a thocynnwr yn y gorsafoedd trên, yn casglu arian ar y bysiau, yn plismona a phostmona, yn yrwyr a hyd yn oed yn torri beddau.

Er bod llawer o ferched wedi gorfod gadael eu swyddi pan ddaeth y dynion adref o'r rhyfel, roedden nhw wedi profi, yn ôl Herbert Asquith, eu bod 'mor egnïol ac mor effeithiol â dynion.' I'w gwobrwyo am eu gwasanaeth ffyddlon pasiodd Lloyd George ddeddf yn 1918 yn rhoi'r hawl i bleidleisio i bob merch oedd dros 30 oed a'r hawl i gael eu hethol yn Aelodau Seneddol. Mewn pedair blynedd, yn ystod y rhyfel, roeddent wedi llwyddo, i raddau helaeth, i ennill yr hyn y bu merched y *Suffragettes* yn brwydro amdano am 50 mlynedd.

Ffynhonnell C

Posteri recriwtio (1917).

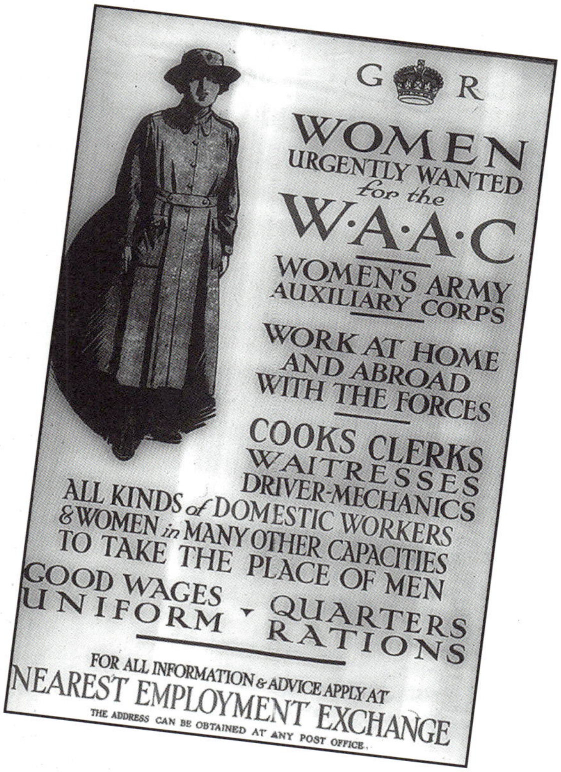

Rydym eisiau helpu Prydain er mai Mr Asquith a'i Ryddfrydwyr sy'n llywodraethu. Dylem gefnogi'r deyrnas nid y llywodraeth. Mae'n filwaith mwy o ddyletswydd ar y *Suffragettes* i ymladd y Kaiser nag i ymladd llywodraethau sy'n gwrthwynebu ein rhyddfreinio.

Ffynhonnell Ch

(chwith) Dyfyniad o araith gan Mrs Pankhurst yn 1914.

?

1 Disgrifiwch y newidiadau a fu ym Mhrydain yn ystod y Rhyfel Mawr: (i) yn gymdeithasol (ii) yn economaidd a (iii) yn wleidyddol

2 a) Eglurwch beth, yn eich barn chi, yw neges y poster yn ffynhonnell A.

b) Darllenwch ffynhonnell Ch. Pa un o'r posteri propaganda allai fod yn annerbyniol gan Mrs Pankhurst? Eglurwch pam.

c) A oedd angen am ddeddf 'Amddiffyn y Deyrnas'? Eglurwch eich ateb.

UNED 3

Y RHYFEL BYD CYNTAF: GARTREF

'Rhyfela fel na fydd rhyfel fyth mwy': Cymro yng Nghynhadledd Heddwch Paris

Ar 11 Tachwedd 1918 daeth y Rhyfel Byd Cyntaf i ben. Cytunodd yr Almaen, a oedd bron wedi ei gorchfygu, arwyddo Cadoediad yn gyfnewid am heddwch cyfiawn. Bwriadai Prif Weinidog Prydain, David Lloyd George, anrhydeddu ei addewid y caent gytundeb teg a chyfiawn. Ond, yn y gynhadledd heddwch yn Versailles ger Paris, roedd Prif Weinidog Ffrainc, Georges Clemenceau, a lysenwid y Teigr, eisiau dial ac iawndal. Roedd Arlywydd America, Woodrow Wilson, yn cefnogi Lloyd George. Lluniodd Wilson restr o 14 pwynt a gynlluniwyd i sicrhau heddwch parhaol. Yn anffodus, nid oedd Lloyd George na Clemenceau yn hapus. Ni allai'r tri arweinydd, a elwid y Tri Mawr, gytuno ar y dull gorau i ymdrin â'r Almaen.

Ffynhonnell A

Cartŵn a luniwyd yn 1919. Mae'n dangos arweinwyr y Cynghreiriaid yn Versailles (1) Clemenceau, Ffrainc (2) Wilson, UDA a (3) Lloyd George, Prydain. Mae'r plentyn yn cynrychioli oedolyn y dyfodol (1940) yn wylo yn y gornel.

Ar ôl chwe mis o fargeinio caled arwyddwyd Cytundeb Versailles. Roedd y gobeithion am heddwch byd-eang parhaol yn uchel ond cyfaddawd oedd y cytundeb. Doedd neb yn fodlon, yn sicr nid yr Almaenwyr. Ni chawsant fynd i'r Gynhadledd o gwbl.

Agwedd y Prydeinwyr

Roedd agwedd pobl Prydain wedi newid yn y pedair blynedd ers dechrau'r rhyfel yn 1914. Roedd y colledion wedi peri bod llawer o ddig a chwerwder

J.A. Hooper:	Tua diwedd y rhyfel roeddem mor ddiflas doeddem ni ddim yn fodlon canu 'God Save the King' pan oeddem wedi ein mwstro i'r eglwys. Na hidiwch am y blydi Brenin, arferem ddweud, roedd ef yn ddigon diogel; dylem fod yn dweud 'Duw arbed ni ...'
L. Jessop:	Erbyn diwedd 1917 doedd dim gwahaniaeth gennym pwy fyddai'n ennill, dim ond i'r rhyfel ddod i ben.

Ffynhonnell B

(chwith) Dyfyniadau o gyfweliadau gyda chyn-filwyr – M. Middlebrook, *The First Day of the Somme* (1971).

– bron i filiwn o ddynion wedi eu lladd a thros ddwy filiwn wedi eu hanafu'n ddifrifol. Ni olygai'r ystadegau hyn fawr i'r teulu cyffredin ym Mhrydain. Iddyn nhw ystyr colledion y rhyfel oedd colli tad, mab, brawd neu gefnder; dim ond lleiafrif bychan o deuluoedd oedd wedi osgoi erchyllra'r rhyfel. Yn 1918 nid oedd y bobl yn debyg o faddau ac anghofio. Fel y Ffrancwyr roedden nhw eisiau cosbi'r Almaen yn hallt a gwneud iddynt gyfaddef mai nhw oedd ar fai am ddechrau'r rhyfel. Golygai hyn fod Lloyd George mewn safle anodd. Roedd pobl Prydain wedi ei ailethol yn 1918 gan siantio a galw sloganau fel, 'Crogwch y Kaiser' a 'Squeeze the German lemon until the pips squeak'. Gobeithiai Lloyd George y byddai'r bobl yn anghofio'r casineb nawr bod y rhyfel drosodd. Ond nid felly y bu. Er mwyn goroesi'n wleidyddol roedd yn rhaid iddo fod yn galetach nag a ddymunai gyda'r Almaenwyr. Cafwyd Cytundeb llym. O'r herwydd roedd yr Almaen yn anfodlon ac yn awchu am ddial.

Ffynhonnell C

(uchod) Poster propaganda Prydeinig a gyhoeddwyd gan y llywodraeth yn 1916.

Ffynhonnell Ch

(chwith) Un o'r cannoedd o fynwentydd rhyfel a gynlluniwyd yng Ngwlad Belg a Ffrainc. Yn hon yn Passchendaele mae cyrff milwyr o Brydain a laddwyd yn yr ardal.

?

1 a) Disgrifiwch agwedd: i) y bobl gartref ym Mhrydain a ii) y milwyr oedd yn ymladd ar y ffrynt tuag at yr Almaenwyr ar ddiwedd y rhyfel.
b) Eglurwch pam roedd eu hagwedd mor wahanol.

2 a) Eglurwch pam roedd posteri propaganda fel yn ffynhonnell C: (i) yn llwyddiannus – yn helpu Lloyd George i ennill y rhyfel (ii) yn peri problemau i Lloyd George pan geisiai lunio telerau heddwch.
b) Ailysgrifennwch ffynhonnell C fel poster propaganda gan roi safbwynt yr Almaen.
c) Beth mae'r ymarferiad hwn yn ei ddweud wrthym am natur propaganda ar adeg rhyfel?

portread

David Lloyd George

Llun Lloyd George

Ei fywyd cynnar

Ganwyd David Lloyd George ym Manceinion yn 1863 lle roedd ei dad, a anwyd yn Sir Benfro, yn athro. Ymhen dwy flynedd roedd ei dad wedi marw a dychwelodd Lloyd George, ei frawd a'i fam i Gymru. Daethant i fyw gyda brawd ei fam, Richard Lloyd, crydd, yn Llanystumdwy ger Cricieth, Gogledd Cymru. Mae Ffynhonnell A yn disgrifio'r dylanwadau cynnar fu arno.

Ffynhonnell A

(dde) Dyfyniad o Gwynfor Evans, *Seiri Cenedl y Cymry* (1986)

> Cafodd ei fagu ... yng nghartref ... Richard Lloyd y crydd, gŵr hynod, o feddwl cryf a ddylanwadodd yn drwm arno mewn cyfnod pan oedd Cymru'n profi newid mawr a chynhyrfus. Blynyddoedd ieuenctid Lloyd George a welodd weddnewid ei bywyd gan ddiwydiant a rheilffyrdd a gwrthdrawiad chwyrn rhwng meistr tir a thenant. Dyma'r cyfnod pan daflodd y Gymru wledig iau teuluoedd tiriog Seisnigaidd oddi ar ei gwar. Un ar hugain oed oedd Lloyd George pan roddwyd y bleidlais i'r werin wrywaidd, a chyn bo hir sefydlwyd cynghorau sir. Daeth dosbarth canol newydd i'r deyrnas a Lloyd George y cyfreithiwr yn esgyn i'w plith o gartref gwerinol y crydd.

Yr Aelod Seneddol Ifanc

Roedd y Lloyd George ifanc yn genedlaetholwr oedd yn siarad Cymraeg ac yn radical. Daeth yn gyfreithiwr ac yn 1890 fe'i hetholwyd yn Aelod Seneddol Rhyddfrydol dros Fwrdeisdrefi Caernarfon. Dylanwadodd cyd-Gymro a Rhyddfrydwr yn fawr arno – Tom Ellis, mab i denant fferm ac Aelod Senedddol dros Feirionnydd. Ymdrechodd y ddau dros achos cenedlaetholdeb Cymreig ac am gydraddoldeb cymdeithasol a gwleidyddol a chyfiawnder.

Gweinidog yn y Cabinet

Ar ôl marw ei gyfaill Tom Ellis yn 1899 trodd Lloyd George ei sylw oddi wrth faterion Cymreig a chanolbwyntio ar faterion tramor fel Rhyfel y Boeriaid (1899–1902). Roedd yn gwrthwynebu'r rhyfel hwn yn erbyn y Boeriaid, neu'r gwŷr o'r Iseldiroedd oedd wedi ymsefydlu yn Ne Affrica, a bu'n ymgyrchu yn gyhoeddus. Gwnaeth hyn ef yn hynod amhoblogaidd a'r cyhuddiad oedd nad oedd yn wladgar. Ar un achlysur yn 1901 bu'n rhaid iddo ddianc rhag tyrfa flin yn neuadd y dref Birmingham. Benthyciodd wisg ac esgus ei fod yn un o'r plismyn.

Ar ôl buddugoliaeth etholiadol y Rhyddfrydwyr yn 1906 cafodd

THE ARCH-DRUID OF DOWNING STREET.

Ffynhonnell B

Cartŵn o Lloyd George – *Punch* (1910).

Lloyd George ei swydd gyntaf yn y Cabinet pan ymunodd â'r llywodraeth fel Llywydd y Bwrdd Masnach. Fe'i dyrchafwyd yn Ganghellor y Trysorlys pan ddaeth Asquith yn arweinydd y blaid yn 1908. Fel Canghellor roedd gan Lloyd George y pŵer i wthio gwelliannau cymdeithasol radicalaidd drwy'r Senedd, fel pensiynau'r henoed, cyfnewidfeydd llafur i'r di-waith a chynllun yswiriant iechyd i'r gweithwyr. Oherwydd cost y gwelliannau hyn bu gwrthdaro rhyngddo a'r Ceidwadwyr a'u cefnogwyr cyfoethog oedd yn anfodlon talu amdanynt. Ond Lloyd George a enillodd y frwydr.

> Ymhen deng mlynedd ar hugain ar ôl pasio'r Ddeddf Yswiriant Iechyd Cenedlaethol roedd dynion oedd yn codi eu tâl salwch neu ddiweithdra yn dal i sôn eu bod 'ar Lloyd George'. Efallai fod hon yn well teyrnged iddo na'r holl lyfrau a ysgrifennwyd amdano.

Ffynhonnell C

E. Nash ac A. Newth, *Britain in the Modern World: The Twentieth Century* (1967).

Y Rhyfel Mawr

Yn y dechrau roedd Lloyd George yn gwrthwynebu'r rhyfel ond pan welodd nad oedd dewis arall ymdaflodd i'r frwydr. Yn 1915 fe'i penodwyd yn Weinidog Arfau gyda'r dasg o gynyddu nifer yr arfau a gynhyrchid a sicrhau eu hanfon i'r fyddin a'r llynges cynted ag oedd modd. Oherwydd ei lwyddiant fe'i penodwyd yn 1916 yn Brif Weinidog. Bu arweinyddiaeth egnïol Lloyd George yn ysbrydoliaeth i bobl Prydain a daeth y rhyfel i ben a'r Cynghreiriaid wedi ennill. Yn y Gynhadledd Heddwch ym Mharis yn 1919 dangosodd Lloyd George ei fod yn wladweinydd byd a allai ymdrin â materion rhyngwladol anodd.

Prif Weinidog

Yn ystod y rhyfel roedd Lloyd George yn arwain llywodraeth glymblaid o Ryddfrydwyr a Cheidwadwyr ac am bedair blynedd ar ôl ei fuddugoliaeth etholiadol yn 1918 roedd y mwyafrif yn deyrngar iddo. Roedd yn boblogaidd ac yn fawr ei barch fel 'y dyn a enillodd y rhyfel', ond nid oedd ei gyfnod fel Prif Weinidog ar ôl y rhyfel yn un hapus. Oherwydd ei gweryl ag Asquith rhannwyd y blaid Ryddfrydol a dinistriodd hynny'r blaid. Golygai hyn mai Ceidwadwyr nid Rhyddfrydwyr oedd y mwyafrif yn llywodraeth glymblaid Lloyd George. Roedd rhai Ceidwadwyr yn ei ddrwgdybio. Ni allent faddau oherwydd iddo ennill y frwydr dros Gyllideb y Bobl yn 1909 ac 1911 yn erbyn Tŷ'r Arglwyddi.

Ffynhonnell Ch

Dyfyniad o'r *Caernarvon and Denbigh Herald*, Awst 1915.

Sieliau newydd Lloyd George a roddodd i ni'r galon i ymosod ar ôl cael ein bwrw mor galed. Mae'r sieliau newydd yma yn ardderchog ac wedi i'n dynion ni gyrraedd y ffosydd roeddent wedi eu hennill rhoddasant dair bonllef i Lloyd George.

Ffynhonnell D

Cartŵn o *Punch*, Ebrill 1915.

DELIVERING THE GOODS.

O fewn dwy flynedd i ddiwedd y rhyfel wynebai Lloyd George ddirwasgiad economaidd, cynnydd mewn diweithdra a rhyfel cartref yn Iwerdddon. Dymunai ddal ati â'i welliannau cymdeithasol ond ni allai Prydain eu fforddio ac ni hoffai'r Ceidwadwyr ei gynlluniau. Yn groes i'r graen bu'n rhaid iddo gwtogi cymaint â £75 miliwn ar gyllideb y llywodraeth. Hefyd cafodd ei enw ei gysylltu â sawl sgandal. Y fwyaf difrifol oedd ei gyhuddo o werthu teitlau er mwyn ennill arian i goffrau'r blaid. Dywedid bod barwnigiaeth yn costio £15,000. Erbyn 1922 credai rhai Ceidwadwyr ei bod hi'n bryd rhoi pen ar y glymblaid. Gydag arweinydd y blaid Geidwadol, Bonar Law, yn eu harwain gorfodwyd Lloyd George i ymddiswyddo. Dywedodd y Brenin, Siôr V, 'Bydd yn Brif Weinidog eto' ond nid felly y bu. Bu farw yn 1945. Dywedodd Churchill amdano, 'Roedd yn brif feistr ar y gelfyddyd o gyflawni a pherswadio, yn rhagori ar unrhyw berson arall y bu i mi ei adnabod erioed'.

Ffynhonnell Dd

Bu fyw dros 80 o'r blynyddoedd mwyaf cynhyrfus yn hanes Prydain. Aeth ei yrfa ag ef o swyddfa fechan cyfreithiwr yng Nghymru i Dŷ'r Cyffredin ac i Rif 10, Stryd Downing.
Heddiw mae haneswyr yn dal i ddadlau'n ffyrnig am ei gymwysterau a'i bwysigrwydd. Efallai ei fod yn 'eliffant gwallgof ymhlith Prif Weinidogion Prydain', roedd yn arweinydd gwych ac yn achub ar ei gyfle. Nid anghofiodd erioed mo'i wreiddiau.

(chwith) David Evans, *Wales in Modern Times* (1979).

(uchod) Lloyd George yn seremoni cadeirio'r bardd yn Eisteddfod Genedlaethol Abertawe 1926.

(uchod) Lloyd George gyda Hitler yn Berchtesgaden yn 1936.

?

1 a) I ba raddau y bu i'w brofiadau cynnar ddylanwadu ar Lloyd George y gwleidydd?
b) Pa ddelweddau o Lloyd George y mae'r cartwnau (B a D) yn ceisio'u cyfleu?

2 Ysgrifennwch: (i) astudiaeth o gymeriad Lloyd George (ii) restr o'i lwyddiannau a'i fethiannau.

3 A yw Lloyd George yn haeddu cael ei gofio fel arweinydd rhyfel gwych neu ddiwygiwr cymdeithasol ar adeg heddwch? Eglurwch eich dewis.

UNED 3

Y RHYFEL BYD CYNTAF

'Gwlad deilwng o'i harwyr': Prydain 1919–22

Heddiw treuliais ddau funud yn gweddïo dros y meirw ac yn gresynu nad wyf yn un ohonynt ... yn byw mewn byd lle nad oes angen bara; rwyf i wedi 'nghondemnio i fodoli mewn gwlad sy'n bygwth fy newynu.

Ffynhonnell A

Dyfyniad o lythyr i *The Times*, 11 Tachwedd 1919.

Bu effeithiau'r Rhyfel Mawr yn ddylanwad ar wleidyddiaeth Prydain am lawer o'r 1920au. Yn etholiad 1918 manteisiodd Lloyd George ar ei boblogrwydd fel 'y dyn a enillodd y rhyfel'. Roedd wedi ymgyrchu am 'wlad deilwng o'i harwyr'. Cododd hyn ddisgwyliadau pobl Prydain a feddyliai y byddai eu Prif Weinidog yn ennill yr heddwch yn ogystal. Ond roedd anawsterau.

Problemau Gwleidyddol

Nid oedd Lloyd George yn rhydd i weithredu ei syniadau am welliannau cymdeithasol. Roedd y bobl wedi pleidleisio am barhad, gyda'r glymblaid o Ryddfrydwyr a Cheidwadwyr yn llywodraethu. Lloyd George oedd yr arweinydd ond roedd gan arweinydd y blaid Geidwadol, Bonar Law, fwyafrif yn Nhŷ'r Cyffredin. Roedd yn rhaid i Lloyd George gymhwyso ei ddiwygiadau cymdeithasol.

Problemau Cymdeithasol ac Economaidd

Roedd Prydain yn dioddef dirwasgiad wedi'r rhyfel. Roedd y wladwriaeth wedi gwario £8,752 miliwn ar y rhyfel. Roedd y cynnydd aruthrol yn y Ddyled Wladol yn golygu defnyddio 50 y cant o'r arian a godid drwy'r trethi i dalu'r llog yn unig. Roedd Prydain wedi colli bron 40 y cant o'i llongau masnach. Defnyddiwyd arian a fwriedid ar gyfer gwelliannau cymdeithasol fel adeiladu tai i gynnal y rhyfel. O ganlyniad erbyn 1920 roedd gwir angen am rhyw 600,000 o dai newydd. Roedd y rhyfel wedi tlodi llawer o wledydd eraill ac roeddent yn prynu llawer llai o nwyddau o Brydain. Roedd diwydiannau trwm traddodiadol fel glo, haearn a dur yn cynhyrchu gormod ac roedd yn rhaid i gyflogwyr naill ai dorri cyflogau neu waredu gweithwyr. Erbyn diwedd 1920 roedd **dadfyddino** wedi ychwanegu dros 4 miliwn o ddynion at y rhai oedd eisoes yn chwilio am waith.

Anfodlonrwydd cymdeithasol a diwydiannol

Roedd llawer o anfodlonrwydd ymysg y milwyr am fod dadfyddino yn broses mor araf ac yn waeth fyth roedd swyddogion yn cael blaenoriaeth. O ganlyniad bu cyfres o helyntion yn y fyddin a'r llynges. Mewn ymgais i dawelu'r sefyllfa newidiodd Winston Churchill, yr Ysgrifennydd Rhyfel, y polisi gan gynnig cynllun 'cyntaf i mewn, cyntaf allan' i'w weithredu ar draws y rhengoedd yn ddi-wahân.

Yn ystod y rhyfel roedd yr undebau llafur wedi ennill pŵer ac roeddent yn gyndyn o'i golli. Roeddent hefyd yn benderfynol o ymladd am well amodau gwaith a chodiad cyflog i'w haelodau. Yn ystod 1919–20 bu bron 2,000 o streiciau. Unodd y glowyr, gweithwyr y rheilffyrdd a thrafnidiaeth â'i gilydd i ffurfio Cynghrair Triphlyg o dan arweinyddiaeth Ernest Bevin. Bu hwn yn effeithiol. Gorfodwyd y llywodraeth i gytuno â'u gofynion yn hytrach na wynebu streic gyffredinol. Ond erbyn 1921 roedd y Cynghrair Triphlyg wedi dod i ben. Bu'n rhaid i'r glowyr fynd yn ôl i'w gwaith a derbyn gostyngiad yn eu cyflogau. Ar yr un pryd roedd diweithdra wedi cynyddu i dros 2 filiwn.

Toriadau'r llywodraeth

Anwybyddwyd cyngor yr economydd J. M. Keynes a awgrymodd y dylid gwario mwy er mwyn hybu twf economaidd. Yn lle hynny lleihaodd y llywodraeth y gwariant a phenodwyd pwyllgor i gynghori Lloyd George ble i wneud toriadau. Argymhellodd pwyllgor Geddes y dylid torri ar y gwariant ar wasanaethau cyhoeddus fel addysg, iechyd a lles. Galwyd y toriadau hyn yn 'Fwyell Geddes'. Roeddent yn hynod amhoblogaidd.

Diwygio cymdeithasol

Gan addo 'cartrefi teilwng i'r arwyr' cynlluniodd Lloyd George i adeiladu dros 200,000 o dai newydd erbyn 1922. Hefyd cynlluniodd i ehangu'r yswiriant cenedlaethol i gynnwys mwy o'r gweithlu. Gallent felly hawlio budd-daliadau salwch a diweithdra. Galwyd y cynllun yn 'dôl'. Ond methodd gyflwyno mwy o welliannau oherwydd y dirwasgiad cynyddol a'r gwrthwynebiad o fewn y glymblaid. Nid oedd addewidion Lloyd George wedi bodloni'r bobl, fe ddisgwylient lawer mwy.

Ffynhonnell B

(uchod) Daily Herald, 23 Rhagfyr 1920.

> Yn fwy na dim roedd yn gas gennyf weld milwyr cloff yn sefyll yn y gwter yn gwerthu matsys. Addawyd gwlad deilwng o'i harwyr i ni, rhaid bod yn arwr i fyw ynddi. Ymladdwn i fyth dros fy ngwlad eto.

Ffynhonnell C

(uchod) Cyfweliad gyda F. W. Turner, milwr – M. Middlebrook, *The First Day of the Somme,* (1971).

?

1 a) Beth mae'r gosodiad 'Gwlad deilwng o'i harwyr' yn ei olygu i chi?
b) Gan ddefnyddio'r testun a'r ffynonellau nodwch bum nodwedd o'r dirwasgiad ar ôl y rhyfel.

2 Beth ydym yn ei ddysgu o ffynonellau A, B a C am deimladau cyn-filwyr ynghylch y dirwasgiad economaidd?

3 'Roedd disgwyliadau'r bobl yn llawer uwch na'r addewidion a gyflawnodd Lloyd George.' Ydych chi'n cytuno â'r gosodiad neu yn anghytuno? Ysgrifennwch draethawd i egluro'ch safbwynt.

Arolwg

Ystyriwch y cwestiwn allweddol hwn. Beth oedd effaith y Rhyfel Byd Cyntaf ar y bobl?

UNED 4

NEWID CYMDEITHASOL, DIWYLLIANNOL A CHREFYDDOL

Cymru – Iaith a Hunaniaeth

Y BRIF YSTYRIAETH:
Ym mha fodd a pham y bu i agweddau pobl a'u gwerthoedd newid yn y cyfnod 1906–19?

Erbyn diwedd y Rhyfel Mawr credai rhai fod Cymry yn genedl oedd yn wynebu problemau enfawr. Pam?

Erbyn 1911 roedd y wlad wedi ei rhannu rhwng y Cymry (siaradwyr Cymraeg brodorol) a'r Eingl-Gymry (brodorion nad oeddent yn siarad Cymraeg) a'r mewnfudwyr a siaradai'r Saesneg yn unig. Oherwydd y rhaniadau hyn bu dirywiad yn yr ymwybyddiaeth o hunaniaeth Gymreig yn enwedig fel y deuai mwy a mwy o bobl i ddefnyddio'r Saesneg. Yn ôl un hanesydd, Tim Williams, dechreuodd y Cymry ddefnyddio'r Saesneg am mai dyna iaith yr ymerodraeth a'r ddemocratiaeth newydd ym Mhrydain Edward. Dadleua eraill mai achos y dirywiad yn yr iaith oedd agwedd y llywodraeth yn Llundain at Gymru a'r Cymry.

Ffynhonnell A

Dyfyniad o *Seiri Cenedl y Cymry* (1986) gan Gwynfor Evans, Cymro, **cenedlaetholwr** a hanesydd.

Pan anwybyddir hanes ... dinistrir hanes, a dinistrio hanes ... yw'r drosedd fwyaf oll. Mae anghofio ein hynafiaid neu anwybyddu eu hanes yn ffordd o ddinistrio'r genedl. Nid yw'r sawl sy'n gwybod dim am orffennol Cymru ... yn mynd i godi bys bach dros ei dyfodol hi ... Yn unig trwy adeiladu ... ar seiliau'r gorffennol y llwyddwn i greu amodau parhad a gwerthoedd ac iaith a diwylliant y genedl.

Ffynhonnell B

Llythyr i'r Bwrdd Addysg oddi wrth Ysgrifennydd Llywodraethwyr Ysgol Wladol Briton Ferry (1905).

Mae'r llywodraethwyr yn dymuno eich hysbysu gan na chawsant gais oddi wrth un rhiant am i blentyn gael dysgu'r Gymraeg ... eu bod yn meddwl y byddai'n annoeth cyflwyno addysg Gymraeg.

Ffynhonnell C

Addasiad o ddyfyniad o *Oes a Gwaith y Prif Athraw y Parch* Michael D. Jones, gan E. Pan Jones (1903).

... ond y Cymry eu hunain sydd yn caniatáu i'r Saesneg ddod i mewn ac yn ymdrechu i waredu'r Gymraeg o'u haelwydydd, o'r capeli ac o'u masnach, ac yn llwfr oddef i Saeson ei throi o'n llysoedd cyfreithiol. Y Cymry eu hunain raid benderfynu a yw'r Gymraeg i farw neu fyw, ac os marw, dyna'u bai nhw. Gofaled pob Cymro gadw'r iaith ar yr aelwyd, yn yr addoldy, ac yn ei fasnach, a bydd hi fyw.

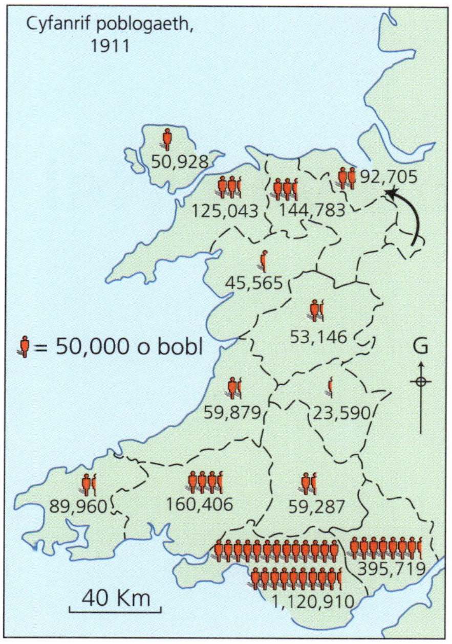

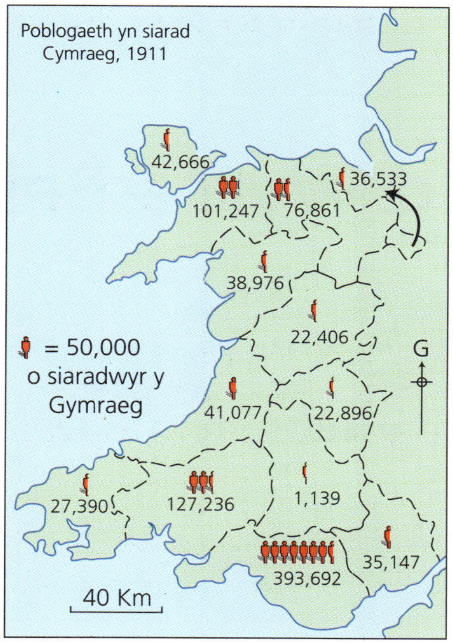

Ffynhonnell Ch

Dau fap yn dangos (i) cyfanrif y boblogaeth yng Nghymru yn 1911 (ii) cyfanrif y siaradwyr Cymraeg yn 1911 yn ôl y Cyfrifiad.

Ffynhonnell D

Enghraifft o'r *Welsh Not* o Amgueddfa Werin Cymru, Sain Ffagan. Roedd yn bolisi mewn rhai ysgolion i gosbi plant am siarad Cymraeg drwy eu gorfodi i wisgo'r *Welsh Not* wedi ei grogi o amgylch eu gyddfau.

Ni allwn yma drafod yn fanwl ... y ffactorau a barodd y dirywiad yn yr iaith Gymraeg. Mae cenedlaetholwyr Cymreig yn dal i'w briodoli i bolisi gwrth-Gymraeg yr Eglwys, y Llywodraeth a'r addysg Seisnig. Nid yw i'w briodoli, meddent, i unrhyw ddiffyg diddordeb ymysg y brodorion ... ond i ymdrechion y Saeson a swyddogion Lloegr i'w darostwng er mwyn lladd ysbryd cenedlaetholdeb Cymreig.

Ffynhonnell Dd

J.V. Morgan, hanesydd, yn *The Welsh Mind in Evolution* (1925).

Lleiafrif oedd y Cymry yn Tai-Harry-Blawd, yn gymysg â Saeson, Gwyddelod ac Albanwyr, pobl â'u tadau a'u teidiau wedi eu denu i Gymru gan yr hen Frenhinoedd Haearn. Yn fach, dim ond y Gymraeg a siaradwn, iaith fy rhieni. ... ond gan fy mod yn chwarae gyda phlant Scott, Hartley, Ward a McGill deuthum yn fwy rhugl (yn y Saesneg). Roedd fy nhad yn flin pan ddechreuais ei ateb yn Saesneg ond dywedodd fy mam, 'Gad e' fod. Be' di'r ots, ta beth?'

Ffynhonnell E

Jack Jones, cyn löwr a nofelydd poblogaidd o'r Rhondda, yn cofio ei blentyndod yng Nghymru oes Edward. Dyfyniad o'i nofel hunangofiannol, *Unfinished Journey* (1938).

?

1 a) Trwy lunio graff bar dangoswch gyfanrif: (i) y boblogaeth ym mhob sir a (ii) y boblogaeth oedd yn siarad Cymraeg ym mhob sir yn 1911.
b) Cymharwch y mapiau a'r ffigurau yn ffynhonnell Ch. Pa ganran o'r boblogaeth yng Nghymru oedd yn siarad Cymraeg yn 1911?

2 a) Darllenwch y ffynonellau a'r testun. Pam y bu i'r Gymraeg golli tir?
b) Beth oedd yn bennaf gyfrifol am y lleihad yn y defnydd o'r Gymraeg a pham?

3 Pam roedd agweddau pobl at y Gymraeg wedi newid erbyn 1911? Eglurwch eich ateb.

Hedd Wyn a Beirdd y Rhyfel

Ffynhonnell A

Llun o Hedd Wyn

Newidiodd agweddau at y Rhyfel Byd Cyntaf a'r syniad o ryfel ar ôl 1914. Gwelwyd yr arwyddion cyntaf o'r newid ym marddoniaeth beirdd y rhyfel.

Barddoniaeth Saesneg

Y beirdd mwyaf enwog a ysgrifennai yn y Saesneg oedd Rupert Brooke, Siegfried Sassoon, Wilfrid Owen a Robert Graves, swyddogion pob un. Roedd y milwyr-feirdd hyn ymysg y rhai cyntaf i wirfoddoli i ymuno â'r fyddin. Roedden nhw'n ifanc, wedi cael addysg dda, yn perthyn i'r dosbarth canol, yn fwy na dim yn frwd eu delfrydiaeth. Iddyn nhw ystyr rhyfel oedd bri, dewrder a chyfle i ddynion anrhydeddus farw dros y pethau roedden nhw'n credu ynddynt – eu Brenin, eu Gwlad a'r Ymerodraeth. Ar y dechrau mae eu barddoniaeth yn adlewyrchu'r ymdeimlad o wladgarwch a brwdfrydedd a groesawodd gyhoeddi'r rhyfel yn 1914, pan nad oedd neb yn gwybod am erchylltra rhyfel modern. Erbyn 1916 roedd y rhai oedd yn dal yn fyw wedi dechrau newid eu meddyliau.

Ffynhonnell B

(dde) A.J.P. Taylor, *English History 1914–45* (1965).

Ysgrifennai'r beirdd cynnar, Rupert Brooke ... gyda ... diniweidrwydd amser heddwch. Ar ôl y Somme daeth beirdd a welai ystyr rhyfel – erchylltra a dioddef, (ar wahân) i gyfeillgarwch y ffosydd. Daliodd y mwyafrif i fod yn feirdd rhyfel, nid beirdd gwrth-ryfel fel y'u gelwid gan rai. Trodd Siegfried Sassoon yn wrth-ryfel, ar ôl ennill y Groes Filwrol, a honni ei fod yn wrthwynebydd cydwybodol. Roedd eraill yn dal yn awyddus i ddinistrio (anfadrwydd yr Almaen) er eu bod yn gweld yr un bai yn eu cadlywyddion hwy eu hunain. Ond, dros y lleiafrif yn unig roedd y beirdd yn siarad.

Ffynhonnell C

(dde) Robert Graves, *Goodbye to all That* (1929).

Penderfynasom beidio â phrotestio'n gyhoeddus yn erbyn y rhyfel. Dywedodd Siegfried bod yn rhaid i ni 'ddiogelu enw da'r beirdd' – fel dynion dewr oedd yn ei feddwl. Y lle gorau i ni fyddai 'nôl yn Ffrainc, ymhell 'o wallgofrwydd digywilydd gwasanaeth ym Mhrydain.' Yno, ein gwaith fyddai, nid lladd Almaenwyr, er y gallai hynny ddigwydd, ond hwyluso pethau i'r dynion oedd dan ein hawdurdod.

Ffynhonnell Ch

(dde) K.O. Morgan, *Rebirth of a Nation: Wales, 1880–1980* (1981).

Nid oedd yna feirdd rhyfel arbennig yng Nghymru tebyg i Wilfrid Owen a Siegfried Sassoon yn Lloegr: cofir am Hedd Wyn fel enghraifft o aberth ddisynnwyr nid o arwriaeth genedlaethol.

Hedd Wyn

Ganwyd Ellis Humphrey Evans yn 1887 yn Yr Ysgwrn ger pentref Trawsfynydd, Sir Feirionnydd. Ef oedd yr hynaf o dri mab a anwyd i Evan a Mary Evans, ffermwyr tlawd. Er mai addysg sylfaenol a gafodd yn yr ysgol gynradd leol a'r Ysgol Sul, roedd yn fachgen galluog a dawn farddoni neilltuol ganddo. Roedd ei dad yn ei annog, yntau yn fardd gwlad, i gystadlu mewn eisteddfodau. Enillodd y gyntaf o'i chwe chadair yn y Bala yn 1907 ac yn fuan roedd yn enwog. Cafodd yr enw barddol Hedd Wyn mewn cystadleuaeth arall yn 1910.

Agwedd gymysg oedd gan Hedd Wyn at y rhyfel. Nid oedd yn croesawu rhyfel ond credai ei fod yn rhyfel cyfiawn ac y mae ei farddoniaeth yn adlewyrchu yr optimistiaeth, oedd yn gyffredin ymysg Prydeinwyr, y byddent yn ennill y dydd. Ond, newidiodd ei agwedd, yn enwedig wrth weld lladd mwy a mwy o ddynion o'i ardal ar ffrynt y gorllewin. Roedd llawer ohonynt yn gyfeillion a chymdogion iddo ac er cof amdanynt, ac yn deyrnged i'w haberth, ysgrifennodd gerddi fel *Nid â'n Ango* a *Rhyfel*.

Yn Chwefror 1917 ymrestrodd Hedd Wyn yn y fyddin ond o'i anfodd. Gwnaeth hyn er mwyn gofalu na châi ei frawd Bob, deunaw oed, ei orfodi i ymuno. Cafodd ei hyfforddi yn Litherland, ger Lerpwl. Efallai iddo gyfarfod â Robert Graves yno. Roedd ef yn gapten y gatrawd, y Ffiwsilwyr Cymreig Brenhinol. Cyrhaeddodd Private Evans, wedi ei hyfforddi, y llinell flaen yn Ffrainc ar 9 Mehefin. Ar 31 Gorffennaf ym mrwydr cefn Pilkem cafodd ei anafu'n ddfrifol a bu farw ychydig oriau yn ddiweddarach mewn canolfan Cymorth Cyntaf. Yr oedd yn un o 31,000 o filwyr Prydain a laddwyd y diwrnod hwnnw. Un tro roedd wedi dweud wrth ei gariad, Jini Owen, na allai fyth ladd Almaenwr, byddai'n well ganddo gael ei ladd.

Ers mis Hydref 1916 roedd Hedd Wyn wedi bod yn gweithio ar gerdd o'r enw *Yr Arwr*. Bwriadai ei hanfon i Eisteddfod Penbedw 1917. Gorffennodd yr awdl ar 15 Gorffennaf, a chafodd ganiatâd y sensoriaid i'w hanfon i'r gystadleuaeth. Yn y seremoni gadeirio, a Lloyd George yn bresennol, cyhoeddwyd ei fod wedi marw bum wythnos yn gynharach. Taenwyd lliain du dros y gadair a chludwyd hi i'w gartref, i'r Ysgwrn. Sonnir amdani fel Cadair Ddu Penbedw.

Ffynhonnell D

Dyfyniad o *Rhyfel.*

Mae'r hen delynau genid gynt
Yng nghrog ar gangau'r helyg draw
A gwaedd y bechgyn lond y gwynt,
A'u gwaed yn gymysg efo'r glaw.

Ffynhonnell Dd

Llun bedd Hedd Wyn

?

Darllenwch ffynonellau B a C.

1 a) Beth mae'r term 'bardd-rhyfel' yn ei olygu i chi?
b) Beth oedd Robert Graves yn ei feddwl wrth sôn am 'wallgofrwydd digywilydd gwasanaeth ym Mhrydain'?

2 a) Pam y bu i agwedd dynion fel Graves, Sassoon a Hedd Wyn newid tuag at y rhyfel erbyn 1916?
b) Pam y gallai barddoniaeth Hedd Wyn fod wedi gwneud mwy o argraff ar y Cymry na barddoniaeth pobl fel Graves a Sassoon ar y Saeson?
c) Yn eich barn chi, oedd gwaith y beirdd yn adlewyrchu neu'n cynrychioli agweddau'r cyhoedd ym Mhrydain at y rhyfel yn 1917?

3 Yn 1923 codwyd cerflun i Hedd Wyn yn Nhrawsfynydd. Portreadir ef fel bugail-fardd. Pam y gallai ef fod wedi bod yn falch ei fod wedi ei bortreadu fel bugail nid fel milwr?

UNED 4

NEWID CYMDEITHASOL, DIWYLLIANNOL A CHREFYDDOL

Eglwys a Chapel: Crefydd y Bobl

Roedd yna rai yn beirniadu'r capeli, yn ymwrthod â'u gwerthoedd llym. Roedd gweinidogion ... yn aml yn gwrthwynebu i'w haelodau fynd i'r theatr, i weld gêmau chwaraeon ac i gyfarfodydd yr undebau llafur, heb sôn am fynd i'r tafarndai neu hap-chwarae. Gallai aelodau gael eu diarddel am garu (cusanu a chofleidio) yn gyhoeddus.

Ffynhonnell A

David Egan, *Coal Society* (1987).

Eglwys

Eglwys Loegr neu yr Eglwys Anglicanaidd oedd crefydd y wladwriaeth, yn unol â'r Ddeddf. Ond yng Nghymru nid oedd yn boblogaidd o bell ffordd. Gwelai llawer y grefydd hon fel crefydd y dosbarth canol a'r dosbarth cyfoethog – y meistr tir a pherchennog y pwll. Gyda rhai eithriadau, cynhelid ei gwasanaethau yn y Saesneg. Yn wleidyddol cyfrifid bod yr Eglwys yn bleidiol i'r Toriaid. Roedd y mwyafrif o'r Cymry'n cefnogi'r Rhyddfrydwyr. Yn 1851 yn y Cyfrifiad Crefyddol cafwyd mai dim ond 9 y cant o'r bobl a oedd yn mynd i le o addoliad oedd yn mynd i'r eglwysi Anglicanaidd tra oedd 87 y cant yn mynychu'r capeli **anghydffurfiol** (gweler isod). Yn ôl y Cyfrifiad hefyd roedd traean y boblogaeth nad oeddent yn trafferthu mynd i unrhyw le o addoliad. Yn 1920 pasiodd Lloyd George, Y Prif Weinidog, Ddeddf Datgysylltu'r Eglwys yng Nghymru drwy'r Senedd. Golygai hyn fod yr Eglwys yng Nghymru yn annibynnol oddi wrth Loegr. Penodwyd Archesgob Cymru i ofalu am yr Eglwys yng Nghymru heb ymyrraeth Archesgob Caer-gaint.

Capel

Byth ers cyfnod y diwygiad yn y ddeunawfed ganrif roedd y grefydd anghydffurfiol wedi bod yn bwysig ym mywyd a diwylliant Cymru. Fel y symudai diwydiant a phobl i Dde Cymru dilynai'r capeli. Cafwyd capeli i'r gwahanol enwadau – Methodistiaid, Annibynwyr a Bedyddwyr yn y trefi diwydiannol a phentrefi'r glofeydd. Yn y Rhondda yn 1905 roedd 151 o gapeli a seddau i bron 85,000 o addolwyr, tua 80 y cant o boblogaeth y cymoedd. Roedd yr anghydffurfwyr yn boblogaidd am eu bod yn cyflwyno crefydd i'r bobl mewn dull cyffrous ac yn yr iaith roeddent yn ei deall. Ambell waith byddai'r brwdfrydedd yn achosi diwygiadau crefyddol fel un 1904–5 a arweiniwyd gan Evan Roberts, cyn-löwr o Gasllwchwr a phregethwr grymus a dylanwadol. O ganlyniad i'r diwygiad hwn awgrymwyd bod y niferoedd oedd yn mynychu'r capeli a'r eglwysi erbyn 1907 yn uwch nag erioed yng Nghymru.

Yn ogystal â sefydlu'r Ysgolion Sul poblogaidd sefydlodd rhai capeli ysgolion dyddiol neu academïau. Un o'r rhai enwocaf oedd Ysgol y Gwynfryn yn Rhydaman, ysgol Watcyn Williams a John Jenkins, rhwng 1880 ac 1914. Wedi dysgu darllen y Beibl, gallai addolwyr ddarllen papurau newydd crefyddol a gyhoeddid gan yr anghydffurfwyr – *Seren Gomer* y Bedyddwyr, *Y Dysgedydd* a'r *Diwygiwr* gan yr Annibynwyr, a'r *Traethodydd* poblogaidd a gyhoeddid bob chwarter.

Crefydd a Diwylliant

Roedd yr eisteddfod leol a'r genedlaethol a'r gymanfa ganu leol yn hynod boblogaidd ac fe'u cyfrifid yn rhan annatod o fywyd diwylliannol Cymru. Yn 1905–6 cynhaliwyd tua 285 cymanfa ganu ledled Cymru gydag o leiaf 134,000 o bobl yn cymryd rhan. Bu'r eisteddfod yn help i gadw'r iaith a diwylliant Cymru yn fyw drwy roi cyfle i egin ysgrifenwyr, beirdd, cerddorion a chantorion arddangos eu talent a chystadlu am wobrau. Yn y dull hwn cyfrannodd y gwyliau diwylliannol at y bywyd cymdeithasol a'r adloniant oedd ar gael i ddifyrru pobl yn oes Edward yng Nghymru.

Erbyn dechrau'r 1920au roedd y capeli ar drai. Roedd y colli gwaed a'r dioddef a achoswyd gan y rhyfel wedi chwerwi pobl a'u troi oddi wrth grefydd. Daeth problemau ymarferol fel gwleidyddiaeth, gwaith a'r undebau llafur yn fwy pwysig yn eu bywydau. Fel y câi'r dosbarth gweithiol well addysg dechreuasant gwestiynu eu crefydd a hyd yn oed feirniadu rhai syniadau crefyddol a'r ddysgeidiaeth. Roedd y byd yn newid ond i lawer o bobl roedd yn ymddangos bod y capeli a'r eglwysi yn araf i addasu neu yn methu gwneud hynny.

Ffynhonnell B

(chwith) Capel Gellimanwydd yn Rhydaman tua 1909. Yn ystod y Rhyfel Byd Cyntaf cafodd ei ail-enwi yn Christian Temple gan y Parch. John Davies a gredai nad oedd dyfodol i'r Gymraeg fel iaith fyw yn yr ardal. Roedd yn camgymryd!

Ffynhonnell C

Evan Roberts a'i gyd-ddiwygwyr o Gasllwchwr (tua 1904).

Ar ôl 1850 daeth y capeli i'w hystyried eu hunain fel gwarchodwyr popeth gorau ym mywyd Cymru. Rhwng 1850 ac 1900 datblygodd y capeli eu corau, cerddorfeydd a hyd yn oed opera a drama, eu cymdeithasau llenyddol a dadleuol, gwaith cymdeithasol, cyfarfodydd plant yn ystod yr wythnos. Erbyn y cyfnod Edwardaidd roeddent yn cynnal eisteddfodau. Rhoddai hyn i gyd ymdeimlad o fwrlwm ym mywyd y capeli.

Ffynhonnell Ch

Addasiad o Prys Morgan a David Thomas, *Wales: The Shaping of a Nation* (1984).

?

1 Beth ydych chi yn ei ddysgu o ffynonellau A, B a C am le crefydd yn y gymdeithas Gymraeg?

2 a) Pam y bu i'r: (i) eglwys fethu a'r (ii) capeli lwyddo i ddenu addolwyr?
b) Beth oedd cyfraniad y capeli at fywyd diwylliannol Cymru?

UNED 4

NEWID CYMDEITHASOL, DIWYLLIANNOL A CHREFYDDOL

'Cyfle i bawb': Addysg Wladol

Deddfau Addysg 1870 ac 1902

Seiliwyd y syniad o addysg wladol ar Ddeddf Seneddol yn 1870. Roedd y llywodraeth wedi sylweddoli nad oedd yr hen system addysg wirfoddol yn gweithio'n dda ac y byddai'n rhaid i'r wladwriaeth ddarparu ysgolion. Felly rhannwyd Cymru a Lloegr yn 2,500 o ardaloedd lle byddai byrddau o lywodraethwyr, a gâi eu hethol yn lleol, yn gorfod sefydlu ysgolion elfennol gwladol. Roedd hyn yn llwyddiant mor eithriadol fel y bu i'r llywodraeth ddeddfu yn 1880 bod yn rhaid i bob plentyn dan 11 oed gael addysg. Yna, yn 1891 deddfwyd y byddai'r addysg yn yr ysgolion hyn yn ddi-dâl. Yn 1889 cyflwynwyd system o addysg uwchradd i Gymru, rhyw 13 mlynedd yn gynharach nag yn Lloegr.

Yn 1902 roedd Deddf Addysg Balfour wedi dileu'r byrddau ysgolion a chyflwyno system fwy effeithlon o Awdurdodau Addysg Lleol dan adain llywodraeth leol. Daeth yr Awdurdodau Addysg hyn yn gyfrifol am yr holl ysgolion – elfennol a thechnegol, gramadeg ac uwchradd. Ond nid oedd y Rhyddfrydwyr yn fodlon bod y Ddeddf yn rhoi arian i ysgolion gwirfoddol oedd yng ngofal sefydliadau crefyddol. Gan mai anghydffurfwyr oedd mwyafrif y Cymry roedden nhw'n amharod i dalu trethi fyddai'n helpu i gynnal ysgolion Catholig ac Anglicanaidd. Trefnodd yr A.S. Rhyddfrydol, Lloyd George, brotest yn erbyn Deddf Balfour a elwid yn 'Welsh Revolt'. Fel rhan o'r brotest gwrthododd rhai cynghorau Rhyddfrydol yng Nghymru orfodi'r Ddeddf. Gwnaed hynny ar ôl i'w plaid ennill etholiad 1906.

Deddf Addysg y Rhyddfrydwyr 1906–7

O fewn blwyddyn i ennill yr etholiad yn 1906 roedd y Rhyddfrydwyr wedi pasio Deddf Addysg newydd a geisiai roi cyfle i bob plentyn, waeth beth oedd ei gefndir cymdeithasol na'i sefyllfa ariannol, fynd i'r ysgolion gramadeg oedd yn codi tâl. Roedd yn rhaid i'r holl ysgolion gramadeg oedd yn derbyn arian cyhoeddus o'r trethi lleol gymryd hyd at chwarter eu disgyblion heb godi tâl. Roedd yn rhaid i blant yr ysgolion elfennol gystadlu am y lleoedd hyn drwy lwyddo mewn arholiad a alwyd yn 11+. Gyda'r gwelliannau hyn gobeithiai'r Rhyddfrydwyr ddarparu cyfle i ddringo'r ysgol i bob plentyn.

Adran Addysg Cymru

Yn bennaf oherwydd gwaith Lloyd George sefydlodd y Llywodraeth Ryddfrydol adran addysg newydd ar gyfer Cymru yn 1907. Croesawodd y *South Wales Daily News* yr adran newydd gan ddweud ei bod yn rhoi ymreolaeth i Gymru ym myd addysg. Penodwyd O.M. Edwards, Cymro ac ysgolhaig nodedig, yn Brif Arolygwr dros Ysgolion Cymru. Ef oedd y cyntaf. Y gobaith oedd y byddai'r adran newydd yn dangos mwy o gydymdeimlad â'r Gymraeg, ei hiaith a'i llên ac â hanes Cymru fel pynciau i'w haddysgu.

> ***Cwestiwn:*** **'Sut y gall plant Cymru ddiogelu'r iaith Gymraeg?'**
> ***Ateb:*** **'Drwy ei siarad, ei darllen a'i hysgrifennu bob amser – gartref neu ar led, mewn gwaith neu hamdden. Mae gwybodaeth o'r Gymraeg yn rhywbeth i ymfalchïo ynddi a dylai holl blant Cymru glodfori eu mamiaith o'r herwydd.'**

Ffynhonnell A

Dyfyniad o bamffledyn a gynhyrchwyd ar Ddydd Gŵyl Ddewi 1915 gan Adran Gymraeg y Bwrdd Addysg.

Twf Llythrennedd

Oherwydd twf llythrennedd roedd galw am ddeunydd darllen. Cynyddodd gwerthiant papurau newyddion, cylchgronau a llyfrau. Daeth papurau newyddion yn enwedig yn boblogaidd am eu bod yn rhad, yn cyflwyno gwybodaeth ac yn ddifyr. Yn 1910 roedd 28 papur dyddiol a 9 papur min nos. Y rhai mwyaf poblogaidd oedd y *Daily Mail* a sefydlwyd yn 1896 a'r *Daily Mirror* yn 1904. Arwyddair y *Mail* oedd 'egluro, symleiddio, gwneud yn glir'. Roedd cylchgronau wythnosol fel *Punch*, yr *Illustrated London News* a'r *Lloyd's Weekly News* lawn mor boblogaidd er eu bod ychydig yn ddrutach.

Roedd gan Gymru ei phapurau newyddion hefyd, rhai Cymraeg a Saesneg. Y rhai mwyaf poblogaidd yng Nghymru oedd yr wythnosolion *Baner ac Amserau Cymru* a *Y Genedl Gymreig*. Cyfrannodd y Lloyd George ifanc lawer o erthyglau i'r rhain. Yn Ne Cymru roedd dau bapur dyddiol cenedlaethol, y *South Wales Daily News*, a gefnogai'r Rhyddfrydwyr, a'r *Western Mail* a bleidiai'r Ceidwadwyr, y ddau yn ymryson am gyfran o'r farchnad. Y *Western Mail* a enillodd y frwydr. Aeth y *Daily News* i'r gwellt yn 1928. Ceid papurau lleol fel y *Cambrian Daily Leader*, y *Rhondda Leader* a'r *Merthyr Times* yn Ne Cymru a'r *Herald Cymraeg* a'r *Caernarvon and Denbigh Herald* yn y gogledd.

Rhoddai'r papurau gyfle i'r dosbarth gweithiol a gawsai well addysg ehangu eu gorwelion a dysgu am yr hyn oedd yn digwydd y tu hwnt i ffiniau eu tref neu bentref, ac felly ail-ystyried eu hagwedd at eu byd.

Ffynhonnell B

Braslun cyfoes yn dangos adwaith Lloyd George a'r Rhyddfrydwyr Cymreig i Fesur Addysg Balfour yn 1902.

?

1 a) Disgrifiodd Syr Arthur Conan Doyle, a greodd gymeriad Sherlock Holmes, yr ysgolion elfennol a sefydlwyd gan Ddeddf Addysg 1870 fel 'Goleudai'r dyfodol'. Eglurwch beth oedd yn ei olygu, yn eich barn chi.

b) Ym mha fodd y mae ffynhonnell B yn awgrymu mai trechu'r Ceidwadwyr yn hytrach na helpu i hybu addysg plant Cymru oedd prif ddiddordeb Lloyd George?

2 Ym mha fodd y gallai'r papurau newyddion fod wedi helpu i newid agweddau a gwerthoedd pobl rhwng 1906 ac 1919? Eglurwch eich ateb.

UNED 4

NEWID CYMDEITHASOL, DIWYLLIANNOL A CHREFYDDOL

Adloniant Poblogaidd

Y Theatr a'r Neuaddau Cerdd

Roedd mynd i'r theatr yn y West End yn Llundain yn ddigwyddiad cymdeithasol ac roedd pob dosbarth o bobl yn mwynhau'r profiad. Roedd y cyfoethog yn talu am y seddau drutaf a'r gweddill yn tyrru i'r llawr neu'r oriel, yn aml yn gorfod sefyll i wylio'r perfformiad. Yr adloniant mwyaf poblogaidd yn y theatr oedd y gomedi gerddorol. Hoffai cynulleidfaoedd y cyfnod Edwardaidd yn arbennig, *Quaker Girl* a *Our Miss Gibbs*. Cyflwynid hefyd ddramâu Shakespeare a George Bernard Shaw.

Roedd neuaddau cerdd hefyd yn boblogaidd, ymysg y dosbarth gweithiol yn enwedig. Am bob neuadd gerdd a agorid yn Llundain byddai rhyw 50 yn agor ar hyd a lled Prydain. Yn 1902 dywedodd Charles Booth, y diwygiwr cymdeithasol, 'agorir neuaddau newydd bob blwyddyn a chyn bo hir ni bydd un ardal heb un o'r rhain.' Byddai sêr fel Marie Lloyd a Harry Lauder, oedd mor enwog fel y gallent dderbyn £1,000 yr wythnos, yn difyrru'r cynulleidfaoedd. Fodd bynnag, ni fyddai pobl oedd yn byw mewn mannau fel Caerdydd ac Abertawe, neu Bradford a Manceinion wedi cael y pleser o wrando ar brif sêr y cyfnod. Rhaid oedd iddynt fodloni ar dalentau llai a chwmnïau teithiol.

Ffynhonnell A

Agor yr Empire Music Hall yn Nhonypandy yn 1909.

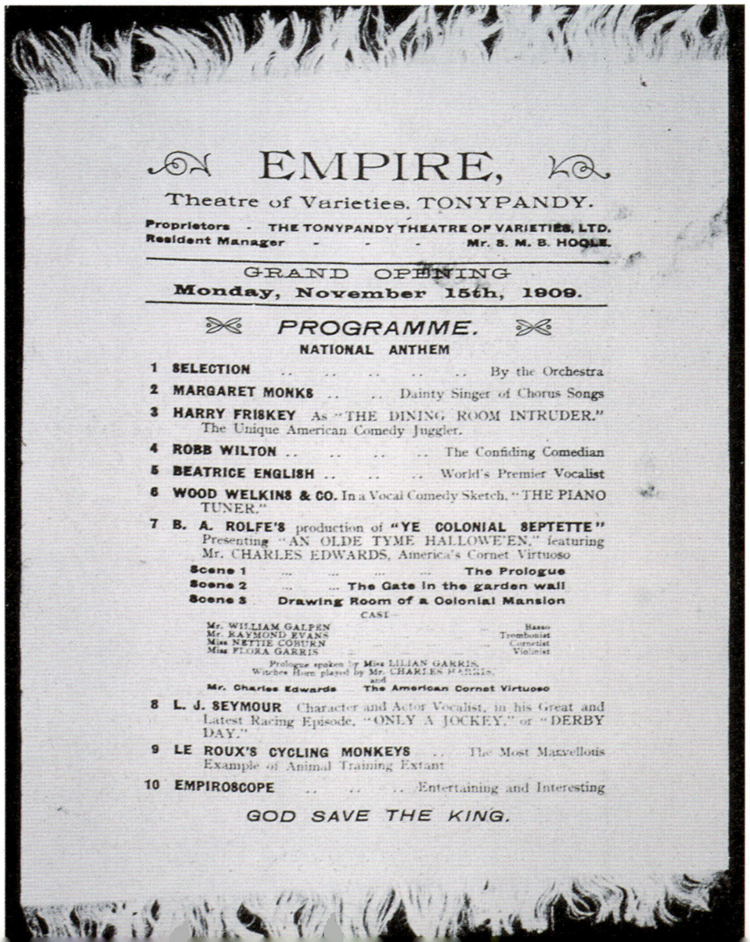

EMPIRE,
Theatre of Varieties. TONYPANDY.
Proprietors - THE TONYPANDY THEATRE OF VARIETIES, LTD.
Resident Manager - - - Mr. S. M. B. HOOLE.

GRAND OPENING
Monday, November 15th, 1909.

PROGRAMME.
NATIONAL ANTHEM

1 SELECTION .. .. By the Orchestra
2 MARGARET MONKS .. .. Dainty Singer of Chorus Songs
3 HARRY FRISKEY As "THE DINING ROOM INTRUDER." The Unique American Comedy Juggler.
4 ROBB WILTON .. .. The Confiding Comedian
5 BEATRICE ENGLISH .. .. .. World's Premier Vocalist
6 WOOD WELKINS & CO. In a Vocal Comedy Sketch, "THE PIANO TUNER."
7 B. A. ROLFE'S production of "YE COLONIAL SEPTETTE" Presenting "AN OLDE TYME HALLOWE'EN," featuring Mr. CHARLES EDWARDS, America's Cornet Virtuoso
Scene 1 ... ... The Prologue
Scene 2 ... ... The Gate in the garden wall
Scene 3 Drawing Room of a Colonial Mansion

CAST

Mr. WILLIAM GALPEN ... Basso
Mr. RAYMOND EVANS ... Trombonist
Miss NETTIE COBURN ... Cornetist
Miss FLORA GARRIS ... Violinist

Prologue spoken by Miss LILIAN GARRIS.
and
Mr. Charles Edwards The American Cornet Virtuoso

8 L. J. SEYMOUR Character and Actor Vocalist, in his Great and Latest Racing Episode, "ONLY A JOCKEY," or "DERBY DAY."
9 LE ROUX'S CYCLING MONKEYS .. The Most Marvellous Example of Animal Training Extant
10 EMPIROSCOPE .. .. .. Entertaining and Interesting

GOD SAVE THE KING.

Y Sinema

Dangoswyd y ffilm gyntaf (neu'r llun symudol mud fel y'i gelwid) yn 1895. Roedd y cynulleidfaoedd wrth eu bodd. Cyn bo hir roedd y gwneuthurwyr ffilmiau yn teithio i'r trefi a'r pentrefi i ddangos eu ffilmiau mewn pebyll a godid dros dro. Erbyn 1900 roedd y neuaddau cerdd yn dangos y ffilmiau hyn fel rhan o'u hadloniant ac ymhen amser cafwyd neuaddau sinema fel y Carlton yn Abertawe yn 1914. Y Carlton oedd y sinema cyntaf a adeiladwyd i'r pwrpas yng Nghymru. Yn ôl un llygad-dyst 'mae'r lluniau hyn wedi gwneud gwahaniaeth eithriadol i oriau hamdden y dosbarth gweithiol ... mae'n ymddangos eu bod yn rhoi pleser di-ben-draw iddynt.' Yn ystod y rhyfel y difyrrwr mwyaf poblogaidd ar y sgrîn oedd y Prydeiniwr, Charlie Chaplin. Dywedid bod ei gomedïau, a gynhyrchid yn America, wedi sefydlu'r sinema fel 'theatr y dyn tlawd'.

Ffynhonnell B

Cynulleidfa yn mwynhau'r *Keystone Cops* yn y ffilm *Made for Laughs* yn 1913.

Chwaraeon

Y chwaraeon mwyaf poblogaidd yng Nghymru oedd rygbi a phêl-droed. Er mai gêm Seisnig a fabwysiadwyd yng Nghymru oedd hi, daeth rygbi yn gêm y gweithiwr yng nghymoedd De Cymru. Mor gynnar ag 1881 cyfarfu cynrychiolwyr clybiau rygbi Abertawe, Caerdydd, Llanelli, Casnewydd, Llanbedr Pont Steffan, Llandeilo, Aberhonddu, Llanymddyfri, Merthyr, Pont-y-pŵl a Bangor i sefydlu Undeb Rygbi Cymru. Cyn bo hir roedd gêmau'n cael eu trefnu rhwng gwledydd y DU ac yn 1893 enillodd Cymru ei Choron Driphlyg gyntaf. Y gêm a daniodd ddychymyg y cyhoedd yng Nghymru oedd gêm Cymru yn erbyn All Blacks Seland Newydd yn 1905. Nid oedd neb wedi trechu'r Crysau Duon yn eu 27 gêm ar eu taith drwy Ynysoedd Prydain, gan gynnwys gêmau yn erbyn Lloegr, yr Alban ac Iwerddon. Tybid y gallent ennill eu gêm yn erbyn Cymru yn rhwydd. Ond mewn gêm wefreiddiol, a thyrfa o 45,000 yn gwylio, enillodd Cymru. Daeth rygbi yn fwy poblogaidd fyth o'r herwydd.

Nid oedd y Cymry mor llwyddiannus yn chwarae pêl-droed. Dim ond ddwywaith y llwyddwyd i guro Lloegr rhwng 1879 ac 1919. Ond ar waethaf eu diffyg llwyddiant yn rhyngwladol tyfodd diddordeb yn lleol a sefydlwyd sawl clwb a allai gystadlu yng nghynghrair Lloegr. Cyhoeddwyd comics a chylchgronau a ddaeth â phoblogrwydd i'r gêm, yn enwedig ymysg yr ifanc. Roedd oes adloniant y tyrfaoedd wedi gwawrio.

Ffynhonnell C

Clawr y cylchgrawn *Boy's Own* (1913).

?

1. **Darllenwch ffynhonnell A. Pa fath o adloniant oedd ar gael i bobl Tonypandy?**
2. **Beth fyddai effaith bosibl: (i) y sinema (ii) chwaraeon ar fywyd bob dydd y Cymry?**
3. **Ym mha fodd y gallai lledaeniad adloniant poblogaidd fod wedi cyfrannu at ddirywiad yn iaith a diwylliant Cymru?**

AROLWG

Ystyriwch y cwestiwn allweddol hwn. Sut a pham y bu i agwedddau a gwerthoedd pobl newid yn y cyfnod 1906–19?

Dirwasgiad, Rhyfel

AC

Adferiad

1930–1951

UNED 1: BYWYD YN YSTOD Y DIRWASGIAD

Y brif ystyriaeth: *Ym mha fodd ac i ba raddau y bu i'r newidiadau yn yr economi effeithio ar fywydau pobl yn yr 1930au?*

UNED 2: PRYDAIN A BYGYTHIAD YR ALMAEN

Y brif ystyriaeth: *Pam y bu i Brydain fynd i ryfel yn erbyn yr Almaen yn 1939?*

UNED 3: RHYFELA GARTREF

Y brif ystyriaeth: *Sut y bu i bobl Cymru a Lloegr ymdopi â phrofiadau'r Ail Ryfel Byd?*

UNED 4: CYMRU A LLOEGR AR ÔL Y RHYFEL

Y brif ystyriaeth: *Ym mha fodd ac i ba raddau y bu i bolisïau economaidd a chymdeithasol y Blaid Lafur newid Cymru a Lloegr yn y cyfnod 1945–1951?*

1930 Diweithdra yn codi yn Ne Cymru. Dechrau ymfudo ar raddfa eang o Gymru.

1931 Argyfwng economaidd a gwleidyddol.
MacDonald yn arwain llywodraeth glymblaid.
Syr Oswald Mosley, Aelod Seneddol Ceidwadol ar un adeg a chyn-weinidog yn y Cabinet Llafur yn ffurfio plaid wleidyddol newydd, y Ffasgiaid.

1932 Dechrau Cynhadledd Ddiarfogi'r Byd.

1933 Diweithdra, cau'r pyllau a ffatrïoedd yn cyrraedd y brig yn Ne Cymru.
Hitler yn dod i rym yn yr Almaen.

1934 Cynhadledd Ddiarfogi'r Byd yn dod i ben heb unrhyw gytundeb.

1935 Stanley Baldwin yn dod yn Brif Weinidog ar lywodraeth Geidwadol.
Streiciau mewn sawl pwll glo yn Ne Cymru.
Marw'r Brenin, Siôr V. Edward VIII yn ei olynu.
Yr Eidal yn ymosod ar Abysinia.

1936 Ymddiorseddiad Edward VIII. Siôr VI yn ei olynu.
Sefydlu'r Undeb Dros Heddwch — y prif fudiad dros heddwch ym Mhrydain.
Milwyr yr Almaen yn ailfeddiannu dyffryn y Rhein.
Cenedlaetholwyr Cymru yn llosgi'r ysgol fomio ym Mhenyberth.
Lloyd George yn cwrdd â Hitler yn yr Almaen.
Dechrau'r Rhyfel Cartref yn Sbaen. Llu o Gymry yn ymuno â'r Frigâd Ryngwladol i ymladd yn Sbaen.
Gorymdaith Jarrow yn protestio yn erbyn diweithdra.

1937 Neville Chamberlain yn dod yn Brif Weinidog.

1938 Yr Almaen yn ymuno ag Awstria.
Argyfwng yn Tsiecoslofacia.
Y Pedwar Pŵer yn cwrdd yn Munich.

1939 Yr Almaen yn meddiannu Tsiecoslofacia.
Agor yr Ysgol Gynradd Gymraeg gyntaf.
Yr Almaen yn ymosod ar Wlad Pwyl/Prydain a Ffrainc yn cyhoeddi rhyfel yn erbyn yr Almaen. Dechrau'r Ail Ryfel Byd.

1940 Chamberlain yn ymddiswyddo fel Prif Weinidog. Winston Churchill yn ei olynu.
Cwymp Ffrainc.

1941 Y Japaneaid yn bomio Pearl Harbour yn Hawaii. Yr Almaen yn ymosod ar Rwsia.
UDA a'r Undeb Sofietaidd (UGSS) yn ymuno â'r rhyfel.
Aneurin Bevan yn beirniadu dull Churchill o gynllunio'r rhyfel yn Nhŷ'r Cyffredin.
Churchill yn ennill pleidlais o ymddiriedaeth yn y Senedd.

1942 Trechu'r Almaenwyr ym mrwydr El Alamein yn yr Aifft, Gogledd Affrica.
Milwyr Prydain ac UDA yn ymosod ar Moroco ac Algeria, Gogledd Affrica.

1943 Y Rwsiaid yn trechu'r Almaenwyr ym mrwydr Stalingrad. Byddinoedd yr Almaen a'r Eidal yn ildio yng Ngogledd Affrica.
Y Cynghreiriaid yn ymosod ar yr Eidal.

1944 Pasio Deddf Addysg.
Glaniad D-Day.
Y Cynghreiriaid yn ymosod ar Ffrainc.

1945 Diwedd yr Ail Ryfel Byd a'r Almaen wedi ei threchu.
Y Blaid Lafur yn ennill buddugoliaeth ysgubol yn yr etholiad cyffredinol.
Clement Attlee yn Brif Weinidog yn lle Churchill.
Marw Lloyd George.

1946 Llafur yn gwladoli Banc Lloegr.
Pasio Deddf Gwasanaeth Iechyd Gwladol.

1947 Gwladoli'r diwydiant glo.
Annibyniaeth i India.

1948 Aneurin Bevan yn sefydlu'r Gwasanaeth Iechyd Gwladol.

1950 Llafur yn ennill yr etholiad cyffredinol o drwch blewyn.
Dechrau Rhyfel Korea.
Milwyr Prydain yn ymladd ochr yn ochr â milwyr y Cenhedloedd Unedig eraill.

1951 Llafur yn colli'r etholiad cyffredinol.
Churchill yn olynu Attlee fel Prif weinidog.

UNED 1

BYWYD YN YSTOD Y DIRWASGIAD

'Dirywiad yr hen, twf y newydd': Newid Diwydiannol ac Economaidd

PRIF YSTYRIAETH:
Ym mha fodd ac i ba raddau y bu i'r newidiadau yn economi Cymru a Lloegr effeithio ar fywydau'r bobl yn yr 1930au?

Yn ôl yr hanesydd Bryn O'Callaghan, 'Roedd dwy Brydain yn yr 1920au a'r 1930au. Roedd yna Brydain oedd yn dibynnu ar yr hen ddiwydiannau fel glo ac adeiladu llongau a Phrydain arall yn dibynnu ar ddiwydiannau newydd oedd yn cynhyrchu defnydd newydd – cerbydau, offer trydanol, ffibrau artiffisial.' Roedd Cymru a'r Cymry yn perthyn i'r Brydain oedd yn dal yn ddibynnol ar y diwydiannau trwm – glo, dur, haearn, tunplat a llechi.

Yr Hen Ddiwydiannau

Ffynhonnell A

Map diwydiannol o Brydain, tua 1930.

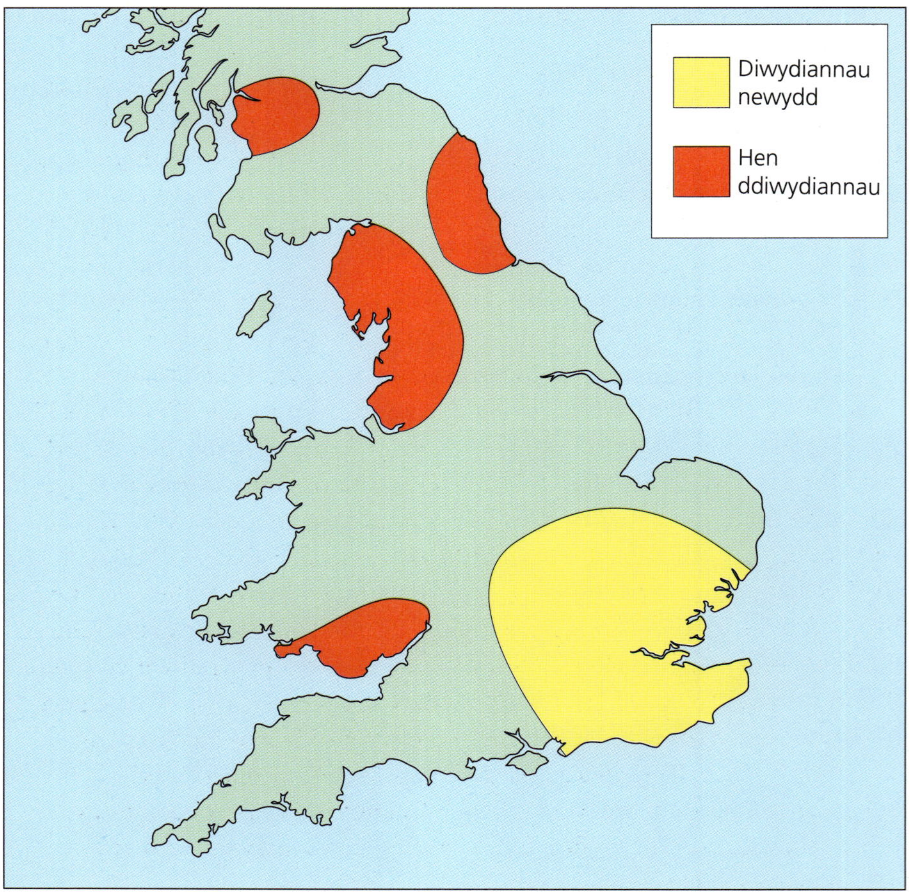

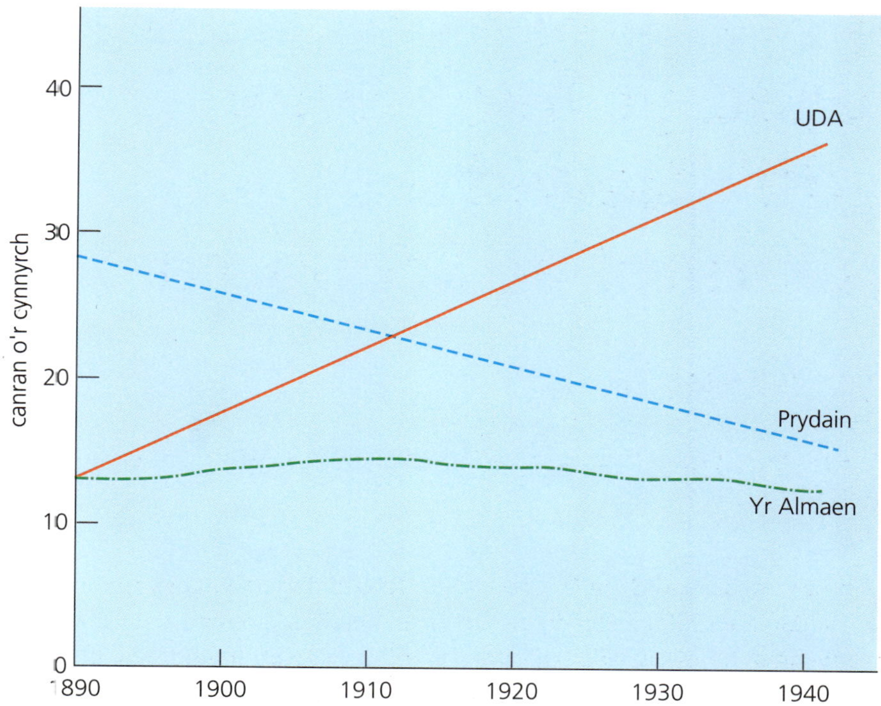

Ffynhonnell B

Graff yn dangos y ganran o allforion o gynnyrch Prydain, UDA a'r Almaen.

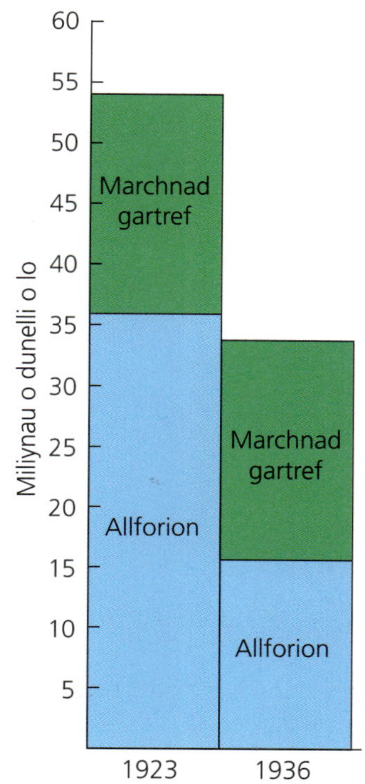

Ffynhonnell C

Cynnyrch glo Prydain yn 1923 ac 1936.

Cyn y Rhyfel Mawr roedd ffyniant Prydain yn dibynnu ar werthu nwyddau diwydiannol trwm fel glo a dur. Ond ar ddiwedd y rhyfel roedd y diwydiannau hŷn yn dechrau ar gyfnod o ddirywiad. Achoswyd problemau oherwydd bod costau'n codi ac iddynt fethu â buddsoddi mewn technoleg newydd a pheiriannau. Nid oedd cymaint o alw am nwyddau o Brydain ac roedd mwy o gystadleuaeth o dramor, yn enwedig UDA a'r Almaen. Ni allai'r nwyddau drutaf o Brydain gystadlu â'r mewnforion rhatach. Gwaeth fyth, nid oedd y gwledydd lle roedd marchnadoedd traddodiadol cyn y rhyfel, gwledydd fel Awstralia, Canada a Seland Newydd, bellach yn barod i brynu nwyddau o Brydain. Yn lle hynny roedden nhw'n prynu dur o America, glo o'r Almaen, llongau o Japan a chotwm o India. O'r herwydd daeth 'oes aur' diwydiannau trwm Prydain i ben.

Oherwydd dirywiad yr hen ddiwydiannau roedd mwy o ddiweithdra. Collwyd tua 800,000 o swyddi oherwydd y gostyngiad yn y galw o dramor yn unig. Enghraifft dda o'r newid a'r gystadleuaeth yw'r dirywiad yn niwydiant cotwm Sir Gaerhirfryn a gogledd-orllewin Lloegr. Cotwm oedd y prif nwydd a gâi ei allforio o Brydain cyn y rhyfel. Rhwng 1909 ac 1911 roedd Prydain wedi mwynhau cyfran o 65 y cant o farchnad gotwm y byd ond erbyn 1938 roedd wedi disgyn i 28 y cant. Disgynnodd y nifer o bobl a gâi eu cyflogi yn y diwydiant o 621,500 yn 1911 i 393,000 yn 1938.

Nid oedd melinau cotwm yng Nghymru, ond roedd yma byllau glo. Yn 1913 roedd 485 o lofeydd yn cyflogi dros 250,000 o lowyr yn cynhyrchu 57 miliwn o dunelli o lo. Roedd mwy na hanner y cyfanswm hwn yn cael ei allforio. Am dair blynedd ar ôl 1918 roedd y diwydiant glo wedi ffynnu'n eithriadol. Roedd mwy o lo'n cael ei gloddio a'i allforio o borthladdoedd Caerdydd, y Barri, Penarth ac Abertawe nag erioed o'r blaen. Ond oherwydd eu bod wedi buddsoddi mewn technoleg fodern roedd glofeydd yn Ffrainc, yr Almaen a Gwlad Pwyl yn cynhyrchu mwy o lo am bris rhatach na glofeydd Cymru.

Ffynhonnell Ch

Llun cyfoes yn dangos masgynhyrchu bisgedi.

Diwydiannau Newydd

Fel roedd yr hen ddiwydiannau trwm yn dirywio daeth diwydiannau newydd i'w disodli. Y duedd oedd ystyried y defnyddiwr a chynhyrchu nwyddau fel ceir, offer trydanol i'r tŷ fel rhewgelloedd, a setiau radio. Câi'r nwyddau eu masgynhyrchu ar gyfer marchnad oedd ar ei chynnydd mewn ffatrïoedd gyda'r dechnoleg ddiweddaraf. Yna, roedd hysbysebion yn annog pobl i brynu'r ceir newydd, beiciau modur, y setiau radio a'r offer dechnegol ar gyfer eu tai, ar gynllun llog. Oherwydd y cynllun newydd hwn o roi credyd, gallai'r cwsmer cyffredin brynu'r eitemau drutaf.

Pan aethpwyd ati i fasgynhyrchu ceir cododd cyfanswm y ceir a werthid ym Mhrydain o 132,000 yn 1913 i tua 2 filiwn yn 1938. Yn 1923 y car mwyaf poblogaidd oedd ar y farchnad oedd yr Austin 7 a werthid am £225. Ond yn 1936 oherwydd bod costau cynhyrchu yn is roedd y pris wedi gostwng i £125.

Defnyddid ffynhonnell gymharol newydd o bŵer, sef trydan, yn y diwydiannau ysgafn. Roedd trydan mor lân, rhad ac effeithlon dechreuodd ddisodli glo fel prif danwydd yn y cartrefi. Yn 1926 sefydlwyd y Bwrdd Trydan Canolog i ddarparu ar gyfer diwydiant ond cafodd cartrefi Prydain y cyfle i dderbyn y cyflenwad hefyd. Rhwng 1920 ac 1938 cynyddodd y nifer o ddefnyddwyr o 730,000 i 9 miliwn.

Roedd y llywodraeth yn hybu'r diwydiannau newydd drwy gynnig grantiau a sefydlu stadau diwydiannol. Y syniad oedd y byddai'r bobl oedd yn ddi-waith oherwydd y dirywiad yn yr hen ddiwydiannau yn cael gwaith yn y diwydiannau newydd. Nid felly y bu er bod 400,000 o bobl wedi gadael De Cymru rhwng 1920 ac 1939 i weithio mewn rhannau eraill o Brydain, yn bennaf yn Llundain, Canolbarth a de-ddwyrain Lloegr. Roedd llawer gormod o bobl yn colli eu gwaith. Roedd angen sgiliau arbennig ar weithwyr y diwydiannau newydd a golygai hyn fod angen eu hail-hyfforddi ond nid oedd y llywodraeth yn fodlon talu'r gost. Ac eithrio'r diwydiant awyrennau a'r diwydiant cemegol roedd ffatrïoedd y diwydiannau ysgafn yn llawer llai a chyflogid miliwn yn llai o bobl. Erbyn diwedd yr 1930au a chyfrif holl allforion Prydain dim ond 15 y cant ohonynt oedd yn nwyddau defnyddwyr.

Ffynhonnell D

ffasnydd sip	radio
camera	defnyddiau synthetig
car	haearn smwddio
bylb trydan	stof goginio
sugnydd llwch	beiros
rhewgell	pâst dannedd
creision	plastig
sychwr gwallt	

Rhestr o'r nwyddau a fasgynhyrchwyd gan y diwydiannau newydd yn yr 1930au.

Ffynhonnell Dd

Hysbyseb i werthu sugnydd llwch trydanol a ymddangosodd ar sgrîn y sinema yn 1938.

?

1 a) Beth yw ystyr 'diwydiannau trwm' neu brif ddiwydiannau'?
b) Pam y bu iddynt ddirywio yn ystod hanner cyntaf y ganrif?
c) Faint o ostyngiad fu yn y cynnyrch glo ym Mhrydain rhwng 1923 ac 1936?

2 a) Gan ddefnyddio ffynonellau Ch, D a Dd rhowch resymau dros y galw cynyddol am drydan yn yr 1920au a'r 1930au.
b) Beth fyddai effaith y nwyddau a restrir yn ffynhonnell D ar y person cyffredin?

FFOCWS

Y Streic Gyffredinol, 1926

Fis Mai nesaf byddwn yn wynebu'r argyfwng mwyaf a'r ymdrech fwyaf a welsom erioed ac rydym yn paratoi ar eu cyfer.

Ffynhonnell A

(uchod) Dyfyniad o araith A.J. Cook, arweinydd Glowyr De Cymru, Awst 1925.

Yn 1925 oherwydd y gystadleuaeth o dramor roedd llai o alw am lo Prydain. Penderfynodd perchnogion y pyllau glo y byddai'n rhaid gostwng y cyflogau yn syth. Roedd y glowyr yn benderfynol eu bod yn mynd i wrthwynebu. Pe bai unrhyw ostyngiad disgwylient i Gyngres yr Undebau Llafur (TUC) eu cefnogi mewn streic. Ceisiodd y Prif Weinidog, Stanley Baldwin, osgoi gwrthdaro drwy sefydlu Comisiwn, o dan Syr Herbert Samuel, i wneud arolwg. Ym Mawrth 1926 cyngor y Comisiwn i Baldwin oedd y dylid cwtogi cyflogau ac ychwanegu at nifer yr oriau gwaith bob dydd. Methodd undeb y glowyr a'r perchnogion â dod i gytundeb ac ar 1 Mai 1926 cyhoeddodd y perchnogion eu bod yn cau'r pyllau. Cafodd y glowyr eu cau allan. Methodd y TUC a'r llywodraeth â dod i gytundeb ac ar 3 Mai galwyd am streic gyffredinol. Parhaodd am 9 diwrnod. Gwrthododd y glowyr fynd yn ôl i'w gwaith a buont ar streic am 7 mis arall cyn ildio.

Sut y dechreuodd y streic?

Ffynhonnell B

(dde) Dyfyniad o ddyddiadur arweinydd y Blaid Lafur, Ramsay MacDonald, 2 Mai 1926.

Mae'n wir yn ymddangos y bydd yna Streic Gyffredinol rhag gwaradwyddo Mr Cook ... Ethol y ffwl hwn yn ysgrifennydd y glowyr, fe ymddengys, yw'r trychineb mwyaf erioed yn hanes yr undebau. Y prif droseddwr, fodd bynnag, yw'r Llywodraeth.

Ffynhonnell C

(dde) Dyfyniad o lythyr a ysgrifennodd y TUC at Stanley Baldwin, 3 Mai, 1926.

Roedd cynrychiolwyr yr undeb yn rhyfeddu o glywed ... bod y trafodaethau wedi eu terfynu gan y Llywodraeth ar fyrder ... Caiff y cyhoedd farnu bwriadau'r Llywodraeth ... a'r modd y bu i'r ymgais ddidwyll i sicrhau telerau anrhydeddus gael ei diystyru.

Ffynhonnell Ch

(dde) Dyfyniad o'r *Daily Herald*, 4 Mai 1926.

Mae'r glowyr wedi eu cau allan er mwyn eu gorfodi i dderbyn cyflogau llai a gweithio oriau ychwanegol. Mae'r Llywodraeth yn cefnogi'r perchnogion. Mae wedi diystyru pob ymgais ar ran yr Undeb i ddod o hyd i heddwch anrhydeddus ... Mae'r Undebau yn ymladd i gynnal safon byw y mwyafrif llethol o bobl.

Ffynhonnell D

(dde) Dyfnyniad o'r *Daily Mail*, 4 Mai 1926.

Nid anghydfod diwydiannol yw Streic Gyffredinol. Mudiad chwyldroadol ydyw i greu dioddefaint ... ac felly ddwyn perswâd ... ar y Llywodraeth.

Y Streicwyr a'r Awdurdodau

Ym Maerdy, lle mae'r blaid Gomiwnyddol yn gryfach nag yn unman arall yn y Rhondda, cyrchodd yr heddlu dŷ dau ddyn adnabyddus. Lledaenodd y newydd am y cyrch a daeth cannoedd o bobl ynghyd. Dim ond pump o blismyn oedd yno a gwrthwynebodd y dyrfa yn ymosodol gan hwtian a chanu'r 'Faner Goch'.

Ffynhonnell Dd

(chwith) Western Mail, 7 Mai 1926.

Rheithgor Pont-y-pŵl yn dedfrydu gwerthwr papurau newydd, Frederick Charles Chapman, i fis o lafur caled am arddangos y cwestiynau a'r atebion a ganlyn ar boster yn ffenestr ei siop.

Plentyn: Beth yw bradwr, dad?
Tad: Bradwr yw un nad yw'n gwybod dim am anrhydedd na chywilydd.
Plentyn: Oes yna fradwyr yn Eastern Valley, dad?
Tad: Nac oes, 'machgen i, dim ond y gorsaf feistr yn Abersychan a dau glerc yng ngorsaf Crane Street.
Plentyn: Rwy'n falch nad ydych chi ddim yn fradwr, dad.

Ffynhonnell E

(uchod) Western Mail, 24 Mai 1926.

UNDER WHICH FLAG?

JOHN BULL. "ONE OF THESE TWO FLAGS HAS GOT TO COME DOWN—AND IT WON'T BE MINE."

Ffynhonnell F

Cartŵn o *Punch* a ailargraffwyd ar orchymyn y Llywodraeth ar dudalen flaen *The British Gazette*, 12 Mai 1926.

Diwedd y Streic

... pan drechwyd y glowyr yn derfynol yn y Streic Gyffredinol yn 1926. Nid oedd tâl streic ar gael a bu'n rhaid i bawb gyd-ymdrechu i godi arian. Trefnwyd ceginau cawl yn neuaddau'r eglwysi lleol, sefydlwyd canolfannau i rannu esgidiau a pherswadiwyd ffermwyr i gyfrannu cig, ffrwythau a llysiau. Teithiai glowyr gyda'i gilydd i siroedd cyfagos yn Lloegr i ganu ac i ofyn am arian ...

Ffynhonnell Ff

(chwith) O HTV: *Guide to Welsh History* (1989).

?

1 a) Pa bapurau newydd oedd: (i) dros (ii) yn erbyn y glowyr a'r TUC? Rhowch resymau dros eich atebion.
b) Yn ôl ffynonellau Dd, E a Ff beth oedd rhai o effeithiau'r streic ar bobl cymoedd de Cymru?

2 a) Dyma rai o'r rhesymau sy'n egluro pam y bu'r streic yn fethiant. Cysylltwch y ffynhonnell a'r rheswm. Defnyddiwch y rhestr fel cynllun ar gyfer eich traethawd yn 2b).

- **Gwrthododd y Llywodraeth drafod sut i ddod â'r streic i ben.**
- **Defnyddiai'r Llywodraeth y radio a'r papurau newydd i ledaenu propaganda yn erbyn y streicwyr.**
- **Nid oedd y Blaid Lafur yn gytûn yn ei chefnogaeth i'r glowyr.**
- **Ofnai pobl fod yr undebau yn ceisio disodli'r Llywodraeth a sefydlu cyfundrefn gomiwnyddol ei naws.**
- **Nid oedd gan yr undebau ddigon o arian i gefnogi'r streic dros amser hir.**
- **Defnyddiodd y Llywodraeth y gyfraith i ddychryn cefnogwyr y glowyr.**

b) Ysgrifennwch draethawd yn egluro pam y bu'r Streic Gyffredinol yn fethiant.

UNED 1

BYWYD YN YSTOD Y DIRWASGIAD

Diweithdra, Tlodi a'r Prawf Modd

Pan ddarfu'r ffyniant economaidd a welwyd ar ôl y rhyfel yn 1921, gyda mwy o gystadleuaeth o dramor, trychineb y Streic Gyffredinol yn 1926 a'r dirywiad yn y diwydiannau glo a dur cloffwyd yr economi Cymreig. Roedd Cymru eisoes yn dioddef o effeithiau'r dirwasgiad pan waethygodd pethau yn 1929.

Y Dirwasgiad Mawr

Oherwydd argyfwng ariannol a adwaenir fel Cwymp Wall Street drylliwyd yr economi mwyaf a chyfoethocaf a mwyaf pwerus yn y byd. Roedd Prydain, Ewrop a llawer o wledydd diwydiannol eraill wedi dod i ddibynnu ar fenthyciadau a masnach America ac felly pan fethodd yr economi yno lledaenodd y trychineb. Dyma ddechrau'r Dirwasgiad Mawr.

Diweithdra

Un o brif effeithiau'r dirwasgiad oedd cynnydd aruthrol mewn diweithdra a thlodi. Erbyn 1933 roedd dros 30 miliwn o bobl allan o waith, rhyw 3 miliwn yn Brydeinwyr, 13 miliwn yn Americanwyr a 6 miliwn yn Almaenwyr. Effeithiwyd yn bennaf ym Mhrydain ar y mannau oedd yn dal i ddibynnu ar yr hen ddiwydiannau trwm. Erbyn 1938 roedd y gyfradd o ddiweithdra ym mhob un o'r diwydiannau trwm sylfaenol – glo, cotwm, adeiladu llongau, haearn a dur ddwywaith yn uwch nag mewn diwydiannau eraill. Yn yr ardaloedd hynny daeth diweithdra yn ffordd o fyw.

Yn ôl y Cyfrifiad ar ôl y rhyfel yn 1921 roedd tua 54 y cant o ddynion Cymru wedi eu cyflogi mewn diwydiant neu'n ddibynnol ar ryw ddiwydiant neu'i gilydd. O'r cyfanswm hwn roedd tua 47 y cant yn gweithio yn y diwydiant glo a bron 14 y cant yn y gweithfeydd haearn a

Ffynhonnell A

Cyfanrif y bobl a gofrestrwyd yn ddi-waith yn Sir Forgannwg, Cymru a Phrydain (1928–38) Addasiad o M.P. Fogarty, *Prospects of the Industrial Areas of Great Britain* (1945).

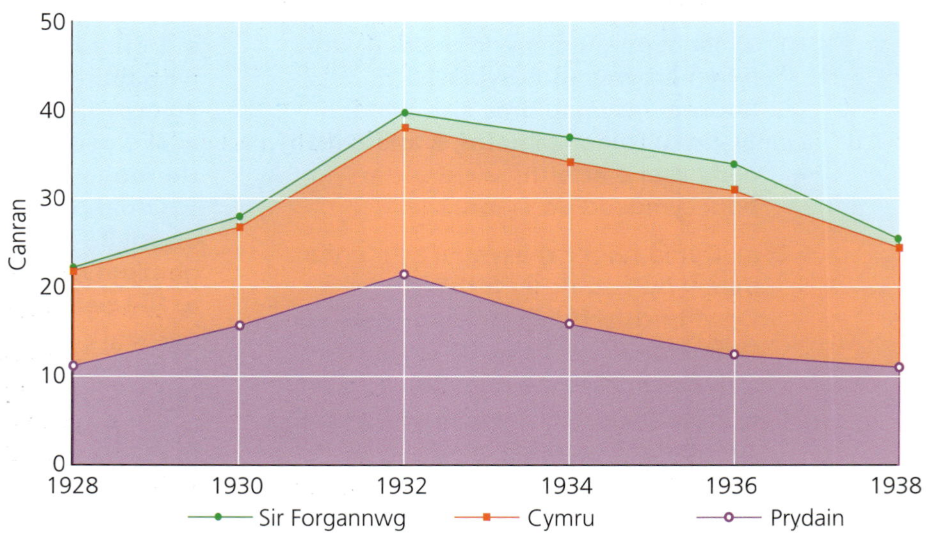

dur. Gweithiai 17 y cant ym myd trafnidiaeth, ar y rheilffyrdd neu'n ymwneud â chludiant. Gyda chanran mor uchel o'r gweithlu yn dibynnu ar y diwydiannau trwm oedd yn dirywio, roedd Cymru'n sicr o ddioddef effeithiau'r dirwasgiad.

Ymateb y Llywodraeth

Ym Mhrydain roedd yr argyfwng mor ddifrifol fel y bu i wahaniaethau gwleidyddol gael eu sgubo o'r neilltu ac yn 1931 sefydlwyd Llywodraeth Genedlaethol. Dan arweiniad Ramsay MacDonald ceisiodd y llywodraeth glymblaid hon, Ceidwadwyr yn bennaf gyda rhai aelodau Llafur a Rhyddfrydol, ymdopi â'r argyfwng. Yn anffodus roedd syniadau yn brin. Galwai rhai Aelodau Seneddol fel Syr Oswald Mosley am i'r llywodraeth wario'n sylweddol i greu swyddi a gosod trethi uchel ar nwyddau a fewnforid i ddiogelu diwydiannau Prydain. Roedd eraill yn meddwl y byddai'r economi yn gwella ohono'i hun ac na ddylai gwleidyddion ymyrryd. Byddai popeth yn dda yn y man. Ceisiodd Lloyd George, arweinydd yr wrth-blaid Ryddfrydol, berswadio'r llywodraeth i dderbyn cynllun Mosley ond ni lwyddodd.

Y Prawf Modd

Ceisiodd y llywodraeth ymateb drwy leihau costau. Yn gyntaf dilewyd y buddiannau a gynigid i'r di-waith. Gallai dyn oedd yn ddi-waith hawlio arian o dan y cynllun yswiriant. Dôl oedd yr enw ar y tâl hwn ac fe'i telid am y chwe mis cyntaf i'r sawl oedd allan o waith. Y swm arferol oedd 15s (75c) yr wythnos ar gyfer gŵr a gwraig a rhyw 5s (25c) ar gyfer pob plentyn. Yn 1931 gostyngwyd y swm 10 y cant a chafwyd **prawf modd** am y tro cyntaf. Roedd yn rhaid i'r di-waith yn awr brofi fod arno angen y dôl.

Ond fel y cynyddai diweithdra ymhellach bu'n rhaid i'r llywodraeth wynebu problem newydd. Beth am y rhai oedd yn ddi-waith am gyfnod hir? Ni allai'r rhai fu'n ddi-waith am fwy na chwe mis hawlio'r dôl. Fel roedd cost y buddiannau yn cynyddu roedd galw am eu gostwng eto. Mewn ymgais i osgoi beirniadaeth pasiodd y llywodraeth Ddeddf Diweithdra 1934 a sefydlai Fyrddau Cynnal y Di-waith (UAB). Y rhain oedd yn trefnu'r Prawf Modd a sicrhau mai dim ond y rhai oedd 'mewn angen difrifol' ac a oedd 'yn amlwg yn chwilio am waith' fyddai'n derbyn arian dôl.

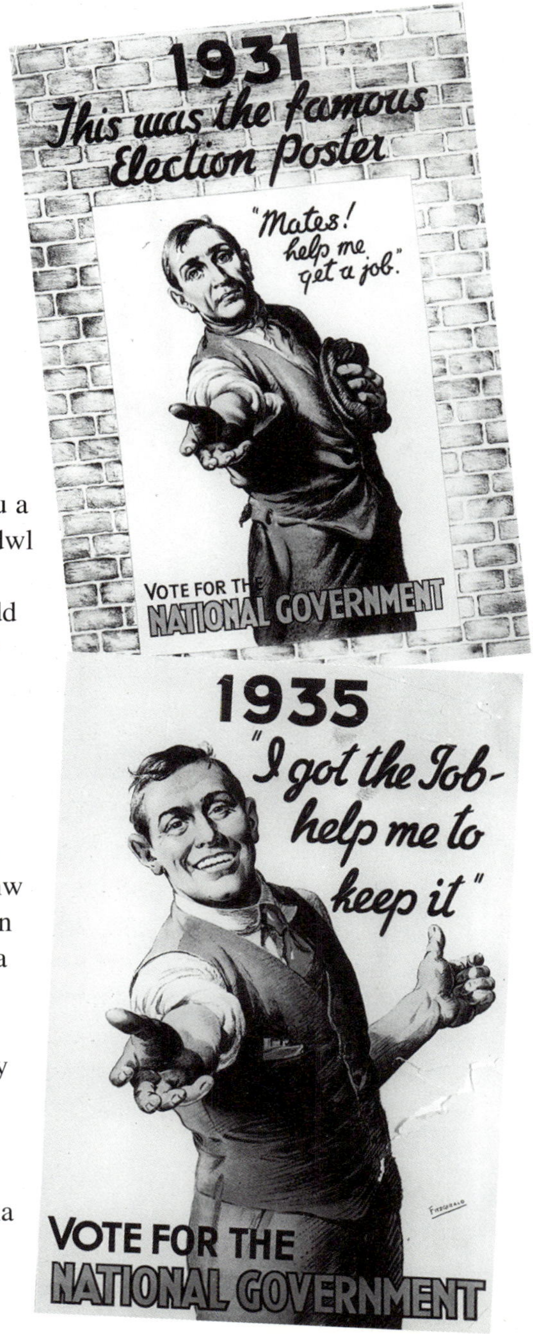

Ffynhonnell B

Posteri etholiad y Llywodraeth Glymblaid.

?

1 **Beth oedd nodweddion y Dirwasgiad Mawr ym Mhrydain?**

2 **a) Ym mha fodd y bu i'r llywodraeth gydnabod difrifoldeb yr argyfwng economaidd?**
b) Beth mae dôl, Prawf Modd a'r Byrddau yn ei ddangos am agwedd y llywodraeth at: (i) y dirwasgiad economaidd a (ii) y di-waith?

3 **Astudiwch ffynhonnell B.**
a) Beth yw neges y posteri?
b) Ar gyfer pwy y'u bwriedwyd?
c) Pa mor lwyddiannus fyddent, dybiwch chi?

FFOCWS

Cymru a'r Dirwasgiad I: Caledi ac Anobaith?

Cafodd Cymru ei llorio gan y dirwasgiad, oedd cynddrwg os nad gwaeth nag mewn unrhyw ardal arall ym Mhrydain. Yn 1932 cyhoeddodd y Weinyddiaeth Lafur nifer y di-waith yng Nghymru. Ar y brig roedd yn 258,000 neu 28.5 y cant o'r gweithlu. Yng Nghwm Rhondda yn 1934 cofrestrwyd 61 y cant o'r boblogaeth yn ddi-waith ac ym Merthyr Tudful 59 y cant. Wrth gwrs, ni all ystadegau ond awgrymu'r caledi a'r anobaith a ddioddefai'r bobl hyn. Roedd Cymru nid yn unig yn dioddef dirwasgiad, roedd yn wlad ddigalon yn ogystal. Roedd un awdur a bardd enwog, Dylan Thomas (1914-53) yn falch o droi ei gefn ar ardal ei blentyndod i fynd i Lundain. 'Gwlad fy nhadau, caiff fy nhadau ei chadw,' meddai am y Gymru a adawodd.

Mrs E.M.W. ... o Bont-y-pŵl
Mae naw yn y teulu, y plant yn 14, 13, 11, 7, 5, 3 a 2 oed. Ceir incwm wythnosol o £2.7s. (£2.35c) ... rhaid coginio'r bwyd i gyd ar dân agored ... dim ond un tegell, un badell ffrïo fach, dwy sosban fach sydd gan y teulu. Un fowlen sydd ganddynt i baratoi bwyd, a ddefnyddir hefyd i wneud pwdin ac i olchi llestri. Dim ond saith cwpan a soser sydd rhwng naw ... dwy gyllell, chwe llwy fechan, chwe fforc ac wyth plat.
Mae'r teulu'n byw mewn tair ystafell, un gegin-fyw a dwy ystafell wely fach. Mae'r dillad gwely wedi gwisgo'n denau ac nid ydynt yn rhoi fawr o gynhesrwydd. Nid nhw sydd biau'r gwely bach; un ar fenthyg ydyw. Mae'r tŷ yn hen, yn llaith ac yn oer.
Mewn cofnod (a ysgrifennwyd gan lygad-dyst) dywedir, 'Rwy wedi adnabod y teulu ers sawl blwyddyn. Mae'r rhieni'n bobl sobr a gweithgar a'r fam yn gwneud ei gorau i gadw'r plant yn lân a pharchus. Ceisiodd y tad gael grant arbennig oddi wrth y Bwrdd Cynnal (UAB) i brynu'r offer angenrheidiol ond fe'i gwrthodwyd. Mae'r fam yn awr yn dioddef o afiechyd y croen a achoswyd, mae'n debyg, gan ddiffyg maeth a thensiwn y nerfau.'

Ffynhonnell A

Dyfyniad o *The Problem of the Depressed Areas*, arolwg o'r diweithdra a'r tlodi yng Nghymru gan Wal Harrington (1937).

Nid oedd bywyd yn drist drwy'r amser, Caem lawer o hwyl. Roedd pawb yn yr un cwch. Roedd rhywun bob amser yn chwibanu neu'n canu. Nid oedd gennym ni radio ond roedd bwrlwm drwy'r amser. Âi llawer o bobl y stryd ar wyliau, i wersylla neu i Ynys y Barri.
Nid oedd unrhyw aelod o'r teulu yn gweithio ar y pryd. Doedd dim gwaith i'w gael. Roedd gwaith mor brin byddai pobl yn edrych yn yr *Echo* (papur newydd) ac os gwelent fod rhywun wedi marw byddent yn mynd i weld y cyflogwr cyn yr angladd!
Roedd gennym ddigon o fwyd bob amser. Byth brinder. Doedden ni ddim yn prynu sbarion. Roedd digon o fwyd yn y siopau os oedd gennych arian i'w brynu. Ni oedd yr unig bobl yn y stryd oedd yn yfed llaeth ffres.

Ffynhonnell B

Mrs Catherine Reason o Gaerdydd (g.1902). Dyfynnwyd yn *The Experiences of Wales in the Depression* (1986).

Er bod dig gwirioneddol yn y cymoedd ... oherwydd y rheolau newydd (Prawf Modd), roedd awyrgylch Cymanfa Ganu neu rali Ysgol Sul yno. Roedd pobl yn gwenu, yn jocian ac yn chwerthin. Gwisgai'r dynion siwtiau da a chotiau mawr, llanciau ifanc, llawer ohonynt yn ddi-waith mewn dillad o doriad da, yn adlewyrchu'r ffasiwn; merched ifanc yn eu hetiau deniadol, cotiau smart ac esgidiau sodlau uchel. Nid oedd fawr o arwyddion allanol o'r tlodi sy'n amlwg yn brofiad i'r di-waith heddiw. Byddai un sy'n cefnogi'r Toriaid yn y Llywodraeth Genedlaethol yn siŵr o fod wedi pwyntio bys cyhuddgar a dweud, 'Twt, ble mae'ch tlodi a'ch caledi?'

Ffynhonnell C

Dyfyniad o bapur newydd lleol, yr *Aberdare Leader,* yn disgrifio gorymdaith brotest (1935).

Bu epidemig o'r dwymyn goch yn barhaol yn yr ardal yn ystod y flwyddyn ac roedd y symptomau yn ddifrifol, yn fy marn i, am fod y plant yn dioddef o ddiffyg bwyd maethlon, o ganlyniad i'r amodau economaidd anffodus ... yn Ne Cymru.

Ffynhonnell Ch

Dyfyniad o adroddiad Dr. Rankin, Prif Swyddog Meddygol Cyngor Dosbarth Gelli-gaer (1933).

Ffynhonnell D

'Gwaith o'r diwedd'. Cartŵn o'r *Daily Express* (1936). Mae'r arlunydd yn dangos 'siâp' militaraidd gwaith posibl y dyfodol.

Ffynhonnell Dd

Llun cyfoes o ddyn di-waith yn chwilio am waith yn yr 1930au.

?

1 a) Eglurwch beth yw ystyr: (i) gweithgar a (ii) UAB yn Ffynhonnell A.
b) Pam na chawn wybod enw llawn y person y sonnir amdano?
c) Beth mae hyn yn ei ddweud wrthym am effeithiau'r dirwasgiad ar fywydau rhai pobl?
ch) Rhowch resymau dros brofiadau gwahanol merched y dirwasgiad fel y'u cyflwynir yn ffynonellau A a B.

2 a) Darllenwch ffynhonnell C. Os oedd y protestwyr mor dlawd, sut y gallent fod wedi eu gwisgo'n dda fel y'u disgrifir yma?
b) Gan fod cymaint o ddiweithdra, tlodi a salwch (ffynhonnell Ch) yn yr 'ardaloedd cyni' sut y byddech yn egluro'r hwyliau da a ddangosid ar yr orymdaith brotest?

Cymru a'r Dirwasgiad II: Protest y Cyhoedd

FFOCWS

Yn 1936 teithiodd y Brenin, Edward VIII, drwy Gymru i weld drosto'i hun y caledi a'r tlodi a achoswyd gan y dirwasgiad. Roedd yn amlwg wedi ei dristáu gan yr hyn a welodd ac wedi ei syfrdanu gan y storïau a glywodd gan rai o'r bobl y cyfarfu â hwy. Dywedir iddo ddweud, 'Rhaid gwneud rhywbeth.' Roedd y mwyafrif o bobl De Cymru yn croesawu'r ymweliad gan ei fod yn tynnu sylw at y sefyllfa. Gwyddent y byddai llawer o ohebwyr o Brydain a thramor yn canlyn y Brenin. Y gobaith oedd y byddai'r llywodraeth yn talu mwy o sylw i'r sefyllfa drallodus ac yn gweithredu. Ond nid felly y bu.

O fewn ychydig fisoedd roedd y Brenin wedi **ymddiorseddu**. Anghofiwyd y tlawd a'r newynog yng nghymoedd De Cymru pan drodd y genedl a'r byd i ystyried yr argyfwng brenhinol. Argyhoeddwyd llawer o bobl nad oedd ganddynt ddewis ond protestio. Efallai y byddai gwrthdystiad gyda chefnogaeth y cyhoedd a hysbysrwydd eang yn gorfodi'r llywodraeth i weithredu'n gadarnhaol. Trefnwyd gorymdaith newyn a daeth miloedd o bobl ynghyd i brotestio yn erbyn y diweithdra parhaol a'r caledi.

Heddiw byddwch yn ymweld â threfi a phentrefi ein cymoedd. Rydym yn gresynu bod eich taith wedi ei threfnu yn y fath fodd fel na fyddwch yn gweld effeithiau trychinebus y tlodi.

Ffynhonnell A

(uchod) Llythyr a gyfeiriwyd at y Brenin Edward VIII oddi wrth rai o bobl Pont-y-pŵl ac a gyhoeddwyd yn y *Western Mail*, Tachwedd 1936.

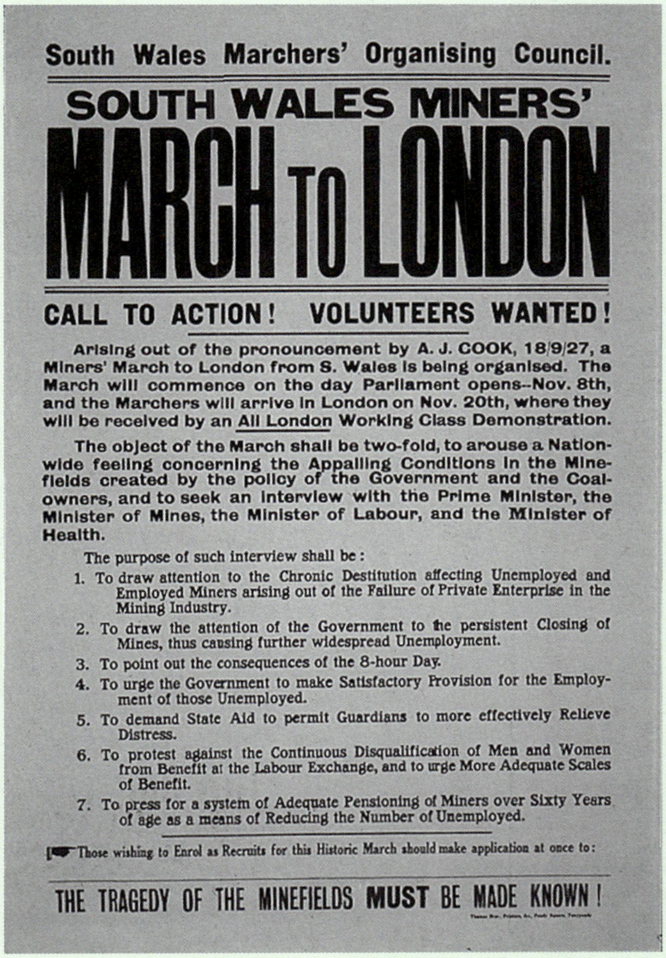

South Wales Marchers' Organising Council.

SOUTH WALES MINERS'

MARCH TO LONDON

CALL TO ACTION! VOLUNTEERS WANTED!

Arising out of the pronouncement by A. J. COOK, 18/9/27, a Miners' March to London from S. Wales is being organised. The March will commence on the day Parliament opens–Nov. 8th, and the Marchers will arrive in London on Nov. 20th, where they will be received by an All London Working Class Demonstration.

The object of the March shall be two-fold, to arouse a Nation-wide feeling concerning the Appalling Conditions in the Mine-fields created by the policy of the Government and the Coal-owners, and to seek an interview with the Prime Minister, the Minister of Mines, the Minister of Labour, and the Minister of Health.

The purpose of such interview shall be:

1. To draw attention to the Chronic Destitution affecting Unemployed and Employed Miners arising out of the Failure of Private Enterprise in the Mining Industry.
2. To draw the attention of the Government to the persistent Closing of Mines, thus causing further widespread Unemployment.
3. To point out the consequences of the 8-hour Day.
4. To urge the Government to make Satisfactory Provision for the Employment of those Unemployed.
5. To demand State Aid to permit Guardians to more effectively Relieve Distress.
6. To protest against the Continuous Disqualification of Men and Women from Benefit at the Labour Exchange, and to urge More Adequate Scales of Benefit.
7. To press for a system of Adequate Pensioning of Miners over Sixty Years of age as a means of Reducing the Number of Unemployed.

Those wishing to Enrol as Recruits for this Historic March should make application at once to:

THE TRAGEDY OF THE MINEFIELDS MUST BE MADE KNOWN!

Ffynhonnell B

(chwith) Poster cyfoes yn hysbysebu gorymdaith newyn 1927 i Lundain.

Ffynhonnell C

(dde) Gorymdaith newyn i Fryste yn 1931.

Rydym yn clywed gormod braidd am y Gymru ddirwasgedig a rhy ychydig am yr hyn y mae ... ysbryd Cymru wedi llwyddo i'w wneud i hybu adferiad drosti ei hun.

Ffynhonnell Ch

(uchod) Dyfyniad o araith Syr Thomas Inskip, y Gweinidog Amddiffyn, fel y'i cyhoeddwyd yn *The Times* (1936).

Ffynhonnell D

Dyfyniad o lythyr a ysgrifennwyd gan yr A.S. W.H. Mainwaring at weinidog yn y llywodraeth (1935).

Efallai y gall y gweinidog ddychmygu dwyster y teimladau (yn y Rhondda) pan ddywedaf wrtho mai 140,000 yw'r boblogaeth yno ac, wythnos i ddoe, roedd 100,00 o bobl yn gwrthdystio. Nid oedd unrhyw berson yn yr ardal nad oedd yn gorymdeithio, ar wahân i'r sawl oedd yn yr ysbyty. Fy nymuniad yw i'r un peth ddigwydd yn Llundain.

Ffynhonnell Dd

Adroddiad yn y *Daily Worker* (1932).

Nid oedd unrhyw sôn ar unrhyw ffilm newyddion ar sgrîn y sinemâu am Orymdeithiau Newyn na'r gwrthdystio brwd yn Llundain. Bûm yn edrych amdanynt yn sinemâu Llundain ond yn ofer. Mae'n debyg fod hynny'n wir hefyd am sinemâu'r rhanbarthau ...

Byddai'n ddiddorol dod i wybod ai'r cwmnïau ffilmio ynteu'r sensor ... neu'r llywodraeth oedd wedi gwahardd dangos y newyddion pwysig hyn.

Fodd bynnag, nid yw gorymdeithiau newyn a gwrthdystio nac ymosodiadau'r heddlu yn newyddion; ond mae ymweliad y Dywysoges Ingrid ... yn newyddion pwysig iawn, yn ogystal ag ymweliad tîm pêl-droed Arsenal â Ffrainc, a gwraig yn crogi gerfydd ei dannedd uwchben Efrog newydd ... ac ati.

Pan es i fyw i Gymru gallwn weld yn llawer cliriach effaith sarhaus a thrychinebus diweithdra ar bobl, yn enwedig yn y cymoedd lle nad oedd dim ond anobaith. Roedd dynion yn sefyll ar gorneli'r strydoedd ... heb wybod beth i'w wneud ... roedd pobl yn wirioneddol newynog. Wel, ni allech beidio â chymryd rhan mewn unrhyw weithgaredd a fyddai'n helpu pobl i deimlo eu bod o leiaf yn brwydro ac yn ogystal roeddech yn teimlo ei bod hi'n gwbl angenrheidiol dangos i eraill mor ddifrifol oedd y sefyllfa.

Ffynhonnell E

Cyfweliad gyda Mrs Dora Cox (yn 1985) a gymerodd ran yng ngorymdaith newyn 1934.

Roedd pobl oedd wedi byw yn y cymoedd ar hyd eu hoes yn siŵr nad oeddent erioed wedi gweld y fath brotest ... Nid oedd yn fudiad a gychwynnwyd gan unrhyw blaid arbennig, ond yn dyrfa unedig o swyddogion Undeb, Comiwnyddion, Gweinidogion Crefydd a gwŷr busnes a phroffesiynol, gydag Aelodau Seneddol, Ynadon a Chynghorwyr ochr yn ochr â phob carfan o'r cyhoedd.

Ffynhonnell F

Dyfyniad o adroddiad yn y *Rhondda Leader*, papur lleol (1935).

Ffynhonnell Ff

Heddlu a anfonwyd i Flaengarw i atal gorymdeithiau protest.

Ceisiwyd yn ofer i ddatrys y problemau. Mae De Cymru'n ddiflas. Mae fel baban yn crio yng ngofal mam anwybodus. Mae'r naill adran o'r llywodraeth yn ceryddu a'r llall yn cusanu. Pam nad aiff i gysgu fel Swydd Dorset?

Ffynhonnell G

Pamffledyn â'r teitl *'What's Wrong with Wales', The New Statesman and Nation* (1935).

?

1 a) **Beth fyddai effeithiau posibl gwybodaeth ffynonellau Ch, Ff a G ar bobl De Cymru?**
b) **Beth mae ffynonellau Ch, D, Dd a Ff yn ei ddweud wrthym am agwedd y di-waith yn Ne Cymru ar ôl chwe blynedd o ddirwasgiad?**
c) **Gyda help a chefnogaeth y llywodraeth aeth y Brenin i ymweld â De Cymru a gweld drosto'i hun y tlodi a'r caledi yn y cymoedd. Yn wyneb hyn, beth sy'n cyfrif am y llythyr yn y *Western Mail* (ffynhonnell A)?**

2 a) **Gan ddefnyddio'r ffynonellau a'r wybodaeth sydd ar dudalennau 88–89 a 92–94 eglurwch pam roedd y bobl yn protestio.**
b) **Darllenwch ffynhonnell D. Pa mor llwyddiannus oedd y gorymdeithiau newyn, yn eich barn chi?**

UNED 1

BYWYD YN YSTOD Y DIRWASGIAD

Cymru a Lloegr yn yr 1930au: Gwrthgyferbyniadau a Chysylltiadau

Roedd de-ddwyrain ffyniannus Lloegr yn fyd arall o'i gymharu â de-ddwyrain dirwasgedig Cymru. Trawsffurfiodd buddsoddiadau newydd, gwell tai, gwell ffyrdd a chynllun rheilffordd effeithlon Lundain a'r ardaloedd cyfagos. Sylweddolodd dynion busnes a diwydianwyr ei bod yn rhatach ac yn haws sefydlu ffatri yn rhywle fel Slough nag ym Merthyr Tudful. Gallai Llundain a'r de-ddwyrain poblog gynnig gweithlu medrus a marchnad barod i'r nwyddau. Sefydlwyd 80 y cant o'r ffatrïoedd newydd a chrëwyd 65 y cant o'r swyddi newydd rhwng 1931 ac 1937 yn Llundain a de-ddwyrain Lloegr. Nid oedd fawr o arwyddion allanol o dlodi yn yr ardaloedd hyn.

Ffynhonnell A

Kenneth Morgan: *Rebirth of a Nation: Wales 1880–1980* (1981).

> Yn ddiweddar tuedda rhai haneswyr i greu darlun llon o'r 30au. Tebyg nad oedd mor ofnadwy i bobl Llundain, y siroedd cyfagos a Chanolbarth Lloegr, y rhai oedd biau eu tai a'u ceir a'u stadau o dai, eu diwydiannau ysgafn yn cynhyrchu nwyddau defnyddwyr ... Ond yn Ne Cymru roedd cymdeithas gyfan wedi ei chroeshoelio oherwydd diweithdra cyffredinol a bygythiad newyn.

Ffynhonnell B

Gorymdeithwyr Jarrow ar eu ffordd i Lundain yn 1936.

Roedd gogledd Lloegr yn debycach i dde Cymru nag i dde Lloegr. Roedd llawer o ddiweithdra a dirwasgiad economaidd yn y ddwy. Pan na cheisiodd y llywodraeth achub yr iardiau llongau yng ngogledd-ddwyrain Lloegr rhag cau, collodd 75 y cant o weithwyr Jarrow eu gwaith. Gan obeithio cwrdd â'r Prif Weinidog gorymdeithiodd 200 ohonynt 300 milltir i Lundain. Aeth dynion camera'r wasg gyda nhw a chofnodi pob diwrnod o'r daith 14 diwrnod i'r de. Ar eu ffordd cafodd y gorymdeithwyr eu bendithio yn Eglwys Gadeiriol Ripon, ymunodd gwleidyddion fel Helen Wilkinson, A.S. Llafur Jarrow â nhw a thrwsiodd Co-op Caerlŷr eu hesgidiau am ddim.

Gorymdeithiodd y dynion i'r de yn sŵn yr organ geg a chawsant eu bwyd a lloches gan gefnogwyr ar y daith.

Dyma'r orymdaith brotestio fwyaf enwog yn ystod y 30au efallai ond ychydig a enillwyd. Yn anffodus i adeiladwyr llongau Jarrow a glowyr y Rhondda, y gwleidyddion oedd â'r pŵer i drechu diweithdra ac roedden nhw yn y Senedd yn Westminster, bwrdeisdref gyfoethog, yn ninas Llundain. Mewn ymgais i ddenu diwydiant a swyddi i Tyneside a Chymru pasiwyd Deddf Ardaloedd Arbennig yn 1934. O ganlyniad cynigid grantiau i ddiwydianwyr i'w denu i'r ardaloedd hyn. Dywedai rhai mai rhy ychydig yn rhy hwyr oedd y cynnig hwn.

% yn ddi-waith yn Lloegr a Chymru, 1934

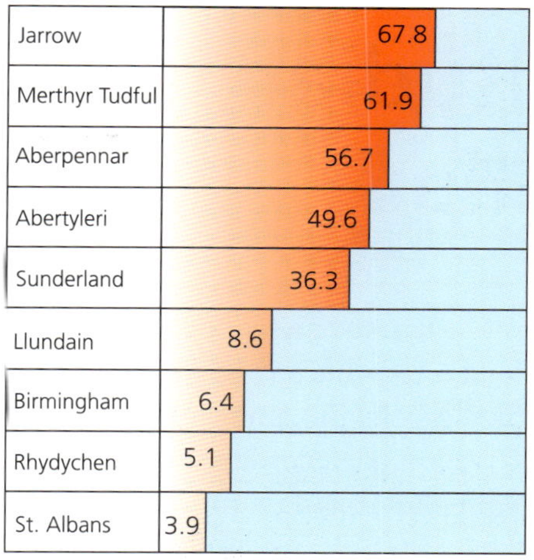

	Nifer o weithwyr ym mhob mil oedd yn ddi-waith am flwyddyn neu fwy, haf 1936
Glowyr	123
Adeiladwyr llongau ac atgyweirwyr	95
Gweithwyr cotwm	67
Adeiladwyr a labrwyr	24
	21
Gweithwyr yn cynhyrchu ceir, beiciau ac ati	10

Ffynhonnell C

Cyfoeth a thlodi ym Mhrydain: rhai ffeithiau a ffigurau. Addaswyd o wahanol ffynonellau.

Lle	Marw babanod ym mhob mil byw-anedig yn 1935
Jarrow	114
Sunderland	92
Yr Alban	77
Y Siroedd Cartref	42

Ffynhonnell Ch

(chwith) Gwahanol raniadau Prydain, y gwrthwyneb: (i) Dagenham yn Essex a (ii) Jarrow yn Tyneside (1931).

Roedd y rhaniad rhwng tlodi a digonedd yn glir o fewn Cymru ei hunan. Dichon bod prinder tai ym Mhontypridd a hofelau ym Merthyr yn ystod y 30au ond yn Uplands, Abertawe; Garden Village, Wrecsam a Chyncoed a'r Rhath yng Nghaerdydd roedd cannoedd o dai preifat ar gyfer y dosbarth canol cyfoethog. Roedd y diweithdra yng nghymoedd y Rhondda a Rhymni bron bedair gwaith yn fwy nag yng Nghaerdydd. Ond agorodd rhai diwydiannau newydd fel y diwydiant cemegol weithfeydd yn Tyneside yn ne-ddwyrain Lloegr ac yng Ngogledd Cymru. O ganlyniad i'r grant ar gyfer ardaloedd arbennig agorodd y diwydiant dur waith newydd yng Nglynebwy a chreu cannoedd o swyddi newydd.

?

1 a) Sut mae ffynhonnell C yn cefnogi'r gred na fu i'r dirwasgiad effeithio rhyw lawer ar dde-ddwyrain Lloegr?
b) Sut y mae cyfradd marwolaeth babanod yn 1935 yn ychwanegu at ein gwybodaeth am effeithiau'r dirwasgiad?
c) Beth oedd: (i) y tebygrwydd rhwng De Cymru a gogledd Lloegr a (ii) y gwahaniaethau rhwng de-ddwyrain Lloegr a De Cymru? (gw. tudalennau 84–87)

Dehongli hanes

2 Beth mae'r wybodaeth yn Ffynhonnell A yn ei ddweud wrthym am y dulliau a ddefnyddiwyd i ddehongli'r 1930au?

UNED 1

BYWYD YN YSTOD Y DIRWASGIAD

Mewnlifiad ac Allfudiad: Profiad y Cymry

Trwy gydol llawer o'r bedwaredd ganrif ar bymtheg a hyd ddechrau'r Rhyfel Mawr yn 1914 dylifodd miloedd o fewnfudwyr i Gymru. Deuent o wahanol rannau o'r Deyrnas Unedig i chwilio am waith yn y pyllau glo a'r gweithfeydd dur yn ne-ddwyrain a gogledd-ddwyrain Cymru. Deuai'r mwyarfrif a ymgartrefodd yng Nghwm Rhondda o Iwerddon a gorllewin Lloegr. I'r gorllewin, yng ngogledd Dyffryn Aman fe ddeuent o rannau eraill o Gymru, o Orllewin Canolbarth Lloegr a Swydd Gaerhirfryn. Daeth llawer o Wyddelod i Ferthyr, i Gwm Cynon, i Abertawe, Caerdydd, Casnewydd a Port Talbot. Ond gyda'r dirwasgiad ar ôl y rhyfel yn yr 1920au a'r Dirwasgiad Mawr yn yr 1930au lleihaodd y mewnlifiad. O fewn ychydig flynyddoedd roedd y mewnlifiad wedi ei wyrdroi a chafwyd allfudiad o Gymru ar raddfa anferthol. Aeth bron i 440,000 o bobl allan o Gymru rhwng 1921 ac 1939 i chwilio am waith a gwell byd.

Ffynhonnell A

Deian Hopkin, *'Social Reactions to Economic Change' yn Wales between the Wars* (1988).

Gwelir y trawsnewid demograffig wrth edrych ar yr ystadegau am yr iaith Gymraeg. Y lleihad yn nifer siaradwyr yr iaith oedd y newid mwyaf difrifol ... Achoswyd llawer o'r dirywiad am fod canran sylweddol o'r boblogaeth yn dianc.

Cofnod y Cyfrifiad yn dangos y nifer o siaradwyr y Gymraeg

1911 – 977,366
1921 – 922,092
1931 – 909,261
1951 – 714,686

Y Dylifiad Dramor

Yn ystod yr 1920au aeth llawer o Gymry allan o Brydain. I lawer ohonynt UDA oedd gwlad yr addewid. Roedd yno ddinasoedd llawn bwrlwm fel Efrog Newydd, Los Angeles a San Francisco ond yn bwysicach fyth roedd yno waith. Llwyddodd nifer o bobl o Dredegar i sefydlu eu cymuned Gymraeg mewn un dref Americanaidd. Aeth mwy fyth o Gymry i Awstralia, Canada a Seland Newydd i chwilio am waith. Ond gyda Dirwasgiad Mawr 1929 daeth yr allfudo i ben.

Symud i Loegr

Y dewis arall i rai nad oeddent yn dymuno gadael y Deyrnas Unedig oedd chwilio am waith yn ardaloedd cyfoethocach Lloegr. Roedd y llywodraeth yn annog miloedd o weithwyr Cymru a'u teuluoedd i adael Cymru. Sefydlodd y Weinyddiaeth Lafur gynllun i helpu'r di-waith oedd yn fodlon symud i ardaloedd poblogaidd fel Llundain, Coventry, Watford, Slough a Rhydychen. Cafodd y rhain eu cyflogi fel peirianwyr neu i adeiladu ceir. Un o brif gyflogwyr gweithwyr o Gymru oedd cwmni ceir Morris yn Cowley, Rhydychen.

Bu canlyniadau'r holl allfudo o Gymru i Loegr yn ddifrifol i rai ardaloedd. Bu gostyngiad o 13 y cant ym mhoblogaeth y Rhondda yn yr 1920au ac o bosibl o gymaint ag 18 y cant yn yr 1930au. Felly erbyn 1951 nid oedd yno ond 111,000 o'i gymharu ag 162,000 ugain mlynedd ynghynt. Bu lleihad ym mhoblogaeth Merthyr Tudful hefyd, gyda tua 26,600 o bobl wedi gadael y dref rhwng 1921 ac 1939.

Gwnaed arolwg yn 1936 o effeithiau allfudo ar y capeli yng Nghwm Rhondda. Gwelwyd bod 8,867 o aelodau'r capeli Anghydffurfiol wedi symud oddi yno rhwng 1925 ac 1935 ... ni all fod cyfanswm yr allfudwyr yn llai na 10,000.

Ffynhonnell B

Brinley Thomas, 'The Changing face of South Wales' yng nghylchgrawn y *Listener* (1938).

Sir Frycheiniog	12,334
Sir Gaerfyrddin	18,562
Sir Forgannwg	262,060
Sir Fynwy	116,444
Sir Fôn	5,050
Sir Gaernarfon	834 gain
Sir Aberteifi	2,433

Sir Ddinbych	7,166
Sir Fflint	9,875 gain
Sir Feirionnydd	1,661
Sir Drefaldwyn	8,470
Sir Benfro	12,922
Sir Faesyfed	3,268

Ffynhonnell C

Amcangyfrif o'r lleihad yn y boblogaeth oherwydd allfudo yn ôl Cyfrifiad 1931 hyd ganol y flwyddyn 1938.

?

1 a) Eglurwch y gwahaniaeth rhwng mewnlifiad ac allfudiad.
b) Pam roedd Cymru wedi newid o fod yn wlad oedd yn denu mewnfudwyr i fod yn wlad o allfudwyr?
c) Pa effaith a gafodd allfudo ar y gymdeithas Gymraeg?

2 Astudiwch yr ystadegau yn ffynhonnell C.
a) Newidiwch y ffigurau yn graff bar. Dangoswch yr enillion uwchben y llinell a'r colledion o dan y llinell.
b) Ym mha ddwy sir y bu'r colledion mwyaf?
c) Pa ddwy sir a gofnododd gynnydd yn eu poblogaeth? Rhowch resymau pam.

UNED 1

BYWYD YN YSTOD Y DIRWASGIAD

Chwaraeon ac Adloniant Poblogaidd

Ar waethaf y dirwasgiad a'r diweithdra roedd digon o gyfle i bobl eu mwynhau eu hunain yn ystod y blynyddoedd rhwng y rhyfeloedd. I'r miloedd oedd â digon o amser i'w wario daeth hamddena yn rhan bwysig o'u bywyd bob dydd. Efallai y byddent yn mynd i'r cae ras a betio ar gi neu geffyl, i gêm bêl-droed neu rygbi, i'r clybiau neu hyd yn oed i'r llyfrgelloedd rhydd i ddarllen llyfrau neu bapurau newyddion. Ar y llaw arall, efallai y byddent yn manteisio ar y dechnoleg fodern a gwrando ar y radio neu'r gramoffon neu fynd i'r sinema leol.

Y Radio

Ymddangosodd y radio, neu'r 'weiarles' fel y'i gelwid, yn gyntaf yn 1922. Ar y dechrau roeddent yn ddrud i'w prynu ond ymhen ychydig flynyddoedd roedd masgynhyrchu wedi lleihau'r pris a gallai'r mwyafrif eu fforddio. Yn 1926 sefydlwyd y Cwmni Darlledu Prydeinig (BBC) i ddarlledu gwasanaeth radio. Ei dasg oedd cyflwyno gwybodaeth a diddanu'r cyhoedd. Gwnaeth hynny drwy gyflwyno theatr fyw, cerddoriaeth glasurol a rhaglenni newyddion. Cyn bo hir roedd y BBC yn darlledu rhaglenni i ysgolion,

Ffynhonnell A

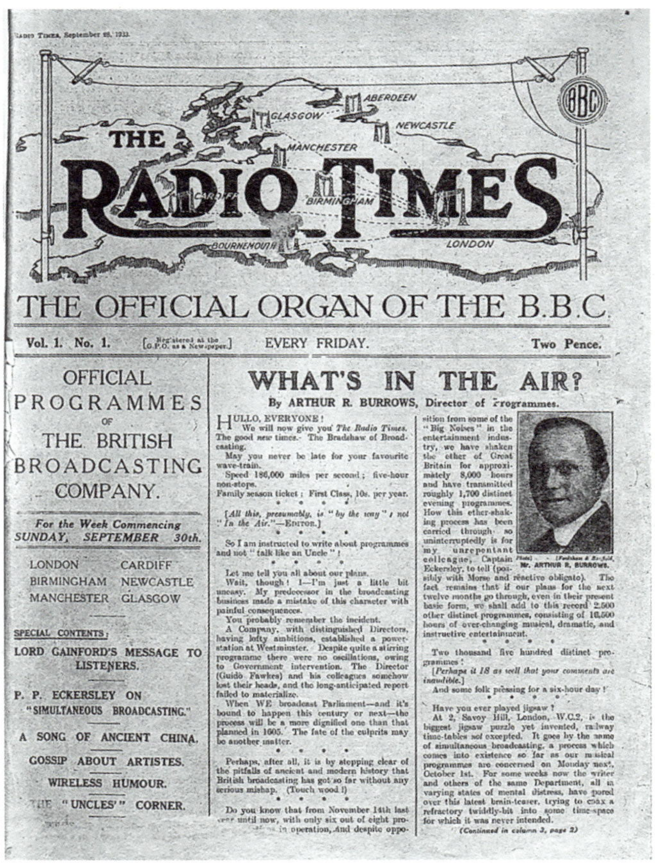

THE RADIO TIMES

THE OFFICIAL ORGAN OF THE B.B.C.

Vol. 1. No. 1. [Registered at the G.P.O. as a Newspaper.] EVERY FRIDAY. Two Pence.

OFFICIAL PROGRAMMES OF THE BRITISH BROADCASTING COMPANY.

For the Week Commencing SUNDAY, SEPTEMBER 30th.

LONDON CARDIFF
BIRMINGHAM NEWCASTLE
MANCHESTER GLASGOW

SPECIAL CONTENTS:

LORD GAINFORD'S MESSAGE TO LISTENERS.

P. P. ECKERSLEY ON "SIMULTANEOUS BROADCASTING."

A SONG OF ANCIENT CHINA.

GOSSIP ABOUT ARTISTES.

WIRELESS HUMOUR.

THE "UNCLES'" CORNER.

WHAT'S IN THE AIR?

By ARTHUR R. BURROWS, Director of Programmes.

HULLO, EVERYONE!

We will now give you *The Radio Times*. The good *new* times. The Bradshaw of Broadcasting.

May you never be late for your favourite wave-train.

Speed 186,000 miles per second; five-hour non-stops.

Family season ticket: First Class, 10s. per year.

[*All this, presumably, is "by the way"; not "In the Air."*—EDITOR.]

So I am instructed to write about programmes and not "talk like an Uncle"!

Let me tell you all about our plans.

Wait, though! I—I'm just a little bit uneasy. My predecessor in the broadcasting business made a mistake of this character with painful consequences.

You probably remember the incident.

A Company, with distinguished Directors, having lofty ambitions, established a power-station at Westminster. Despite quite a stirring programme there were no oscillations, owing to Government intervention. The Director (Guido Fawkes) and his colleagues somehow lost their heads, and the long-anticipated report failed to materialize.

When WE broadcast Parliament—and it's bound to happen this century or next—the process will be a more dignified one than that planned in 1605. The fate of the culprits may be another matter.

Perhaps, after all, it is by stepping clear of the pitfalls of ancient and modern history that British broadcasting has got so far without any serious mishap. (Touch wood!)

Do you know that from November 14th last year until now, with only six out of eight pro-... in operation, and despite opposition from some of the "Big Noises" in the entertainment industry, we have shaken the ether of Great Britain for approximately 8,000 hours and have transmitted roughly 1,700 distinct evening programmes. How this ether-shaking process has been carried through so uninterruptedly is for my unrepentant colleague, Captain Eckersley, to tell (possibly with Morse and reactive obligato). The fact remains that if our plans for the next twelve months go through, even in their present basic form, we shall add to this record 2,500 other distinct programmes, consisting of 10,500 hours of ever-changing musical, dramatic, and instructive entertainment.

MR. ARTHUR R. BURROWS.

Two thousand five hundred distinct programmes!

[*Perhaps it is as well that your comments are inaudible.*]

And some folk pressing for a six-hour day!

Have you ever played jigsaw?

At 2, Savoy Hill, London, W.C.2, is the biggest jigsaw puzzle yet invented, railway time-tables *not* excepted. It goes by the name of simultaneous broadcasting, a process which comes into existence so far as our musical programmes are concerned on Monday next, October 1st. For some weeks now the writer and others of the same Department, all in varying states of mental distress, have pored over this latest brain-teaser, trying to coax a refractory twiddly-bit into some time-space for which it was never intended.

(Continued in column 3, page 2)

Clawr y *Radio Times*, cylchgrawn wythnosol y BBC.

dramâu, cerddoriaeth boblogaidd a chomedi. Disgwylid i'r gwrandawyr brynu trwydded o Swyddfa'r Post i dalu am y gwasanaeth ar gost o 15s (75c) ar gyfartaledd. Rhwng 1929 ac 1933 roedd y ceisiadau am drwyddedau wedi dyblu.

Yn 1937 wedi blynyddoedd o ofyn, cafwyd gwasanaeth penodol i Gymru wedi ei leoli yng Nghaerdydd. Erbyn 1939 roedd gan bron 75 y cant o deuluoedd eu set radio.

Yn hydref 1928 roeddwn yn ymweld am ychydig ddyddiau â phentref Cymraeg yn Sir Benfro. Gan fy mod yn awyddus i glywed rhaglen arbennig oedd yn cael ei darlledu ... yn ystod f'arhosiad yno ... penderfynais geisio gwrando. Roedd gan y gwesty ... a dau neu dri o'm cydnabod yn y pentref eu setiau ond nid oedd yr un ohonynt yn gweithio ac felly roeddent wedi bod ers peth amser. Yr eglurhad a gefais oedd nad oeddent yn gallu 'cael' Caerdydd ac Abertawe ac nad oedd rhaglenni Llundain o fawr ddiddordeb iddynt. Felly, nid oeddent yn ffwdanu cadw'r setiau ar gerdded. Nid yw'r hyn y dylai Cymru ei hawlio gan y BBC yn ddim mwy ... na'r hyn a roddwyd eisoes i'r Alban a Gogledd Iwerddon.

Ffynhonnell B

Addasiad o erthygl yr Athro Hughes, 'Wales and the BBC' o'r misolyn *Welsh Outlook* (1929).

Twf y Sinema

Roedd y sinema yn cystadlu â'r radio. Gyda thocyn 6c (tua 2g) gallech ddianc oddi wrth realaeth creulon bywyd. Ffilmiau o America a wnaed yn Hollywood oedd y rhan fwyaf o'r rhai a ddangosid yn sinemâu Prydain. Daeth sêr y ffilmiau – Clark Gable, Greta Garbo ac Errol Flynn - yn enwog drwy'r byd i gyd. Breuddwydiai pawb a fynychai'r sinema am gael cwrdd â'r arwyr oedd ar y sgrîn neu am fod yn sêr eu hunain. Yn ystod yr 1930au gwireddwyd y freuddwyd i un Cymro. Gadawodd Raymond Truscott-Jones, o Cadoxton yng Nghastell-nedd, Gymru i fynd i Hollywood a daeth yn enwog fel Ray Milland. Fel y cynyddai poblogrwydd y sinema cynyddai'r buddsoddiad mewn ffilmiau ac adeiladau. Erbyn 1939 roedd 4,776 o sinemâu ym Mhrydain yn gwerthu, ar gyfartaledd, bron 23 miliwn o docynnau bob wythnos.

Mewn degawd o ddirwasgiad ... y ddau beth sydd wedi peri'r gwahaniaeth mwyaf yw'r ffilmiau a masgynhyrchu dillad smart rhad. Gall llanc ugain oed brynu siwt iddo'i hun ar log am £2.10s (£2.50) ... gall merch edrych fel model am lai.
Efallai nad oes gennych ond tair hanner ceiniog yn eich poced a dim dyfodol yn y byd ... ond yn eich dillad newydd gellwch sefyll ar gornel stryd yn breuddwydio gefn dydd golau amdanoch eich hun fel Clark Gable neu Greta Garbo ac y mae hynny'n gryn gysur.

Ffynhonnell C

Soniodd George Orwell, y nofelydd enwog, am ddylanwad cryf y sinema yn ei lyfr, *Road to Wigan Pier* (1937).

Ffynhonnell Ch

Poster yn hysbysebu sinema'r Palladium, Pwllheli, Gogledd Cymru (tua 1936).

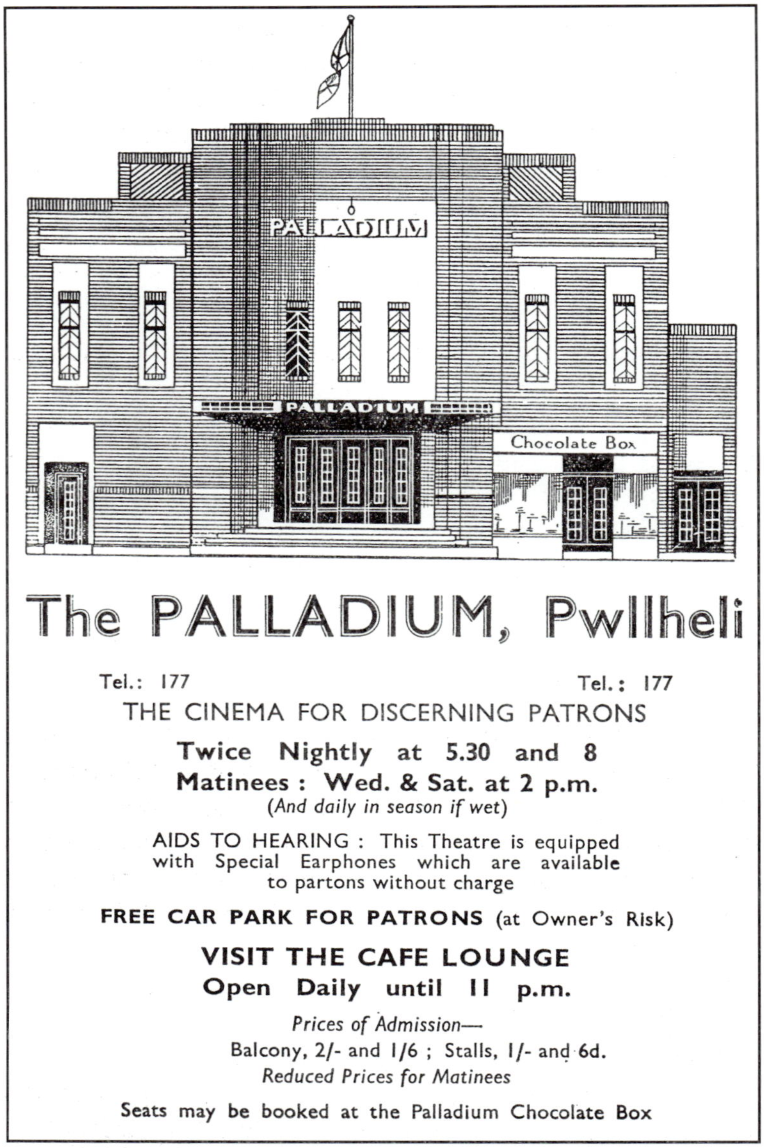

Ofnai'r BBC y byddai'r sinema yn disodli'r radio fel yr adloniant mwyaf poblogaidd. Yn 1936 dechreuodd y BBC gynnig gwasanaeth teledu ond roedd yr adloniant newydd hwn, 'sinema yn y cartref', yn llawer rhy ddrud i'r mwyafrif o bobl. Nid oedd ond 50,000 o wylwyr erbyn 1939.

Chwaraeon

Y chwaraeon mwyaf poblogaidd yng Nghymru oedd rygbi, pêl-droed a bocsio. Bocsio oedd ffefryn y dosbarth gweithiol ac yn ystod dirwasgiad yr 1930au daeth yn hynod boblogaidd. I lawer yr oedd bocsio yn fodd i ddianc oddi wrth y tlodi a'r diweithdra. Trefnai clybiau lleol gyfleoedd i'r bocswyr ymryson am dâl. Y nod oedd dod yn bencampwr ond dim ond ychydig a lwyddai. Efallai mai Tommy Farr, y bocsiwr ffair di-waith o Donypandy, oedd y Cymro mwyaf llwyddiannus. Fe'i cofir fel y bocsiwr y bu bron iddo drechu Joe Louis, pencampwr y byd o America.

Diwedd yr 1920au oedd oes aur pêl-droed Cymru. Yn 1927 enillodd Dinas Caerdydd gwpan yr F.A. ac yn 1928 enillodd Cymru'r

Bencampwriaeth Ryngwladol. Sicrhawyd y bencampwriaeth pan sgoriodd y Parch Hywel Davies, Ficer Dinbych, y gôl fuddugol yn erbyn Iwerddon! O ganlyniad i'r buddugoliaethau hyn dylifai'r tyrfaoedd i'r cae chwarae. Ond pan ddaeth y Dirwasgiad Mawr dioddefodd pêl-droed Cymru. Yn 1927 bu'n rhaid i Aberdâr adael y Cynghrair Pêl-droed am nad oedd ganddynt arian ac yn 1931 roedd Caerdydd ar waelod yr Ail Adran.

Yn 1935 bu'n rhaid i Abertawe lawnsio apêl, 'Achubwch ein Clwb'. Ar waethaf ei fethiannau roedd pêl-droed yn dal i gynnig dihangfa rhag y byd go iawn.

Nid oedd fawr i'r cefnogwyr ei gymeradwyo ar y cae rygbi. Er bod rygbi clwb yn dal yn gryf, dim ond ychydig lwyddiant a gâi'r tîm rhyngwladol. Ni bu iddynt ennill y Gamp Lawn na'r Goron Driphlyg. Fel y dwysâi'r dirwasgiad aeth llawer o chwaraewyr talentog rygbi'r Undeb i ogledd Lloegr i chwarae rygbi'r Cynghrair. Bu dwy funud lachar yn ystod y dirwasgiad – buddugoliaeth dros Loegr yn Twickenham a thros y Crysau Duon yn 1935. Trechodd Cymru Seland Newydd o 13 i 12.

Wedi iddynt ddisgyn i waelod y Drydedd Adran yn 1930, gweithiodd Merthyr yn galed i gael ei ailethol ond yr un ateb ddaeth o bron i bob clwb Seisnig a allai eu hachub ... 'Mae'n ddrwg gennym ond ni allwn fforddio eich cadw i mewn.' Yn aml byddai clybiau oedd yn ymweld â Pharc Penydarren yn cyfrannu llai na £1 fel eu siâr nhw o'r giât, felly, pan bleidleisiwyd, etholwyd Thames United yn eu lle.

Ffynhonnell D

Peter Corrigan, *100 years of Welsh Soccer* (1976).

Ffynhonnell Dd

Y gôl fuddugol i Gymru yn gêm derfynol Cwpan yr F.A. Darllenai'r pennawd yn y *Western Mail*: 'When the Boys Come Marching Home' (25 Ebrill 1927).

?

1. **Awgrymwch resymau pam roedd y sinema yn cyflym ddatblygu i fod y dull mwyaf poblogaidd o fwynhau amser hamdden yn yr 1930au.**
2. **Pa dri math ar chwaraeon oedd fwyaf poblogaidd yng Nghymru rhwng y rhyfeloedd?**
3. **Pam y tybiwch chi roedd adloniant fel y sinema a'r radio mor bwysig yn ystod cyfnod o ddirwasgiad?**

UNED 1

BYWYD YN YSTOD Y DIRWASGIAD

Cymru mewn Llyfrau; Cymru ar Ffilm

Y dull hamddena mwyaf poblogaidd yn yr 1930au oedd mynd i'r sinema. Yn 1934 cyfrifid bod yna un sedd yn y sinema ar gyfer pob 10 o bobl yn Ne Cymru ac un ar gyfer pob 13 yng Ngogledd Cymru. Ond, yn aml, ffilmiau Hollywood neu ffilmiau Prydeinig a wnaed yn Llundain am Loegr neu'r Ymerodraeth a ddangosid. Ychydig o'r cwmnïau ffilmiau oedd yn fodlon cynhyrchu ffilmiau oedd yn ymwneud â Chymru gan na fyddent yn gwneud elw. P'run bynnag roedd gan y llywodraeth yr hawl i sensro ffilmiau oedd yn dangos tlodi a diweithdra.

Tueddai'r ychydig ffilmiau a wnaed am Gymru i anwybyddu problemau cymdeithasol ac economaidd y wlad. Yn y ffilm o Hollywood *How Green Was My Valley* (1941) cyflwynwyd nofel rymus Richard Llewellyn am realaeth gignoeth bywyd mewn pentref glofaol yng Nghymru fel stori sentimental am fywydau cyfforddus a chanu corawl. Nid oes fawr o arwyddion o'r dioddef cyffredinol, y salwch a'r diweithdra. Gwnaed y ffilm yn California lle'r adeiladwyd pentref Cymreig ar set o Hollywood. Bron yn ddieithriad Gwyddelod, Albanwyr neu Americanwyr oedd y sêr. Yr unig Gymry oedd yn y ffilm oedd yr 'extras' oedd yn y corau.

Ond roedd yna rai ffilmiau eithriadol. Ceisiai *The Citadel* ymchwilio i'r cyswllt rhwng cloddio'r mwynfeydd, tlodi ac afiechyd. Ffilm am Americanwr, du ei groen, yn chwilio am waith mewn pwll glo yng Nghymru yw *Proud Valley*. Bygythid cau'r pwll. Gyda help y dieithryn llwyddwyd i'w achub.

Roedd mwy o ryddid gan awduron a beirdd i'w mynegi eu hunain na chyfarwyddwyr ffilmiau. Mae nofelau a barddoniaeth y cyfnod yn darlunio problemau pobl gyffredin.

Ffynhonnell A

Cyfeiria Jack Jones, awdur a chyn-löwr o'r Rhondda, at ei ran yn y gwaith o baratoi *Proud Valley* yn Stiwdio Ealing yn Llundain: *Western Mail* (1939).

Pe bai'n ffilm ar unrhyw bwnc arall byddwn wedi cadw draw, hyd yn oed pe baech chi (Mr Balcon, y cyfarwyddwr) yn talu miloedd. Ond gan eich bod yn ddigon dewr i wneud ffilm am ran o'r wlad a gaiff ei hesgeuluso a'i hanghofio, nes bydd yno ffrwydrad neu drychineb arall i ddeffro diddordeb pobl am ddiwrnod neu ddau, fe arhosaf a gweithio gyda chi ... Yn blentyn fe roddais orchudd dros wynebau dynion marw i lawr y pyllau. Cefais f'anfon i ddweud wrth wragedd fod eu gwŷr wedi marw yn y pwll. Bûm yn storio'r holl brofiadau hyn.

Ffynhonnell B

Adolygiad o'r ffilm *The Stars Look Down* yn *Liberty Magazine* (1941).

Ni allai'r ffilm wych hon a seiliwyd ar nofel bum mlwydd oed Cronin am y maes glo yng Nghymru fod wedi digwydd yn Hollywood. Mae'n hagr, yn ddigymrodedd, yn llawn o arogleuon brwnt llysnafedd pyllau glo ... mae'n dyrnu cyfalafwyr hunanol ... Cafodd stiwdio MGM yn America afael arni, ac yna oedi cyn ei dangos. Dyma hi ddwy flynedd yn ddiweddarach. Ni fydd fyth yn *box-office* ond mae'n orchest eithriadol.

Ffynhonnell C

(chwith) Golygfa o'r ffilm *How Green Was My Valley* (1941).

Ffynhonnell Ch

(uchod) Poster yn hysbysebu'r ffilm *The Proud Valley* (1939).

What will you do with your shovel, Dai,
And your pick and your sledge and your spike,
And what will you do with your leisure, man,
Now that you're out on strike?

What will you do for your butter, Dai,
And your bread and your cheese and your fags,
And how will you pay for a dress for the wife,
And shall your children go in rags?

You have been in your time a hero, Dai,
And they wrote of your pluck [courage] in the press,
And now you have fallen on evil days,
And who will be there to bless?

And how will you stand with your honesty, Dai,
When the land is full of lies,
And how will you curb your anger, man,
When your natural patience dies?

Ffynhonnell D

(chwith) Dyfyniad o'r gerdd 'The Angry Summer' gan Idris Davies (1943).

AROLWG

Ystyriwch y cwestiwn allweddol hwn. Ym mha fodd ac i ba raddau y bu i'r newidiadau yn economi Cymru a Lloegr effeithio ar fywydau'r bobl yn yr 1930au?

?

1 a) Eglurwch beth a olygai Jack Jones (ffynhonnell A) wrth ddweud fod angen 'dewrder' i wneud ffilm am fywyd mewn cymuned lofaol yng Nghymru yn ystod yr 1930au.
b) Beth mae'r gohebydd yn ffynhonnell B yn ei olygu pan ddywed na fydd y ffilm byth yn 'box-office' ?
c) Beth ydych chi'n ei ddysgu o ffynonellau A a B am agwedd gwneuthurwyr ffilmiau ac am wneud ffilmiau yn gyffredinol yn yr 1930au?

2 Beth ddylai haneswyr fod yn ymwybodol ohono os ydynt yn defnyddio ffilmiau fel *How Green Was My Valley* i ymchwilio i hanes bywyd yng Nghymru yn yr 1930au?

3 Pa mor effeithiol yw cerdd Idris Davies fel darlun cynrychioliadol o fywyd Cymro'r cymoedd?

UNED 2

PRYDAIN A BYGYTHIAD YR ALMAEN

Democratiaeth neu Unbennaeth? Ewrop yn Newid

PRIF YSTYRIAETH:
Pam y bu i Brydain fynd i ryfel yn erbyn yr Almaen yn 1939?

Yn 1918 croesawodd y cyhoedd ym Mhrydain y newydd fod y rhyfel ar ben gyda llawenydd di-ben-draw; roedd y blynyddoedd o ryfela, lladd a marw drosodd. Roedd pobl yn gobeithio ac yn disgwyl am well a diogelach byd. Bwriedid i'r cytundebau ar ôl y rhyfel – Versailles gyda'r Almaen, St Germain gydag Awstria, Neuilly gyda Bwlgaria, Sevres gyda Thwrci a Trianon gyda Hwngari – sicrhau heddwch cyfiawn. Gobeithid na fyddai'r cenhedloedd a drechwyd fyth eto mewn sefyllfa i allu bygwth neb. Sefydlwyd Cynghrair y Cenhedloedd i gefnogi'r ddelfryd o **gyd-ddiogelwch**, pe bai ymosodiad ar un o'r cenhedloedd oedd yn aelodau byddai'r gweddill yn ei helpu. Roedd y cynghreiriaid buddugol – Prydain, Ffrainc ac UDA yn hyderus y byddai'r syniad democrataidd yn lledaenu drwy Ewrop. Gobeithient yr ymsefydlai yn y gwledydd newydd a grëwyd gan y cytundebau ac ymysg y cenhedloedd a drechwyd fel yr Almaen.

Ffynhonnell A

Cartŵn o *Punch* – Prydain a Ffrainc (yn Gynghreiriaid) yn rhybuddio'r Eidal.

Twf cenedlaetholdeb

Ar y dechrau roedd popeth yn dda. Roedd ffyniant economaidd ar ôl y rhyfel. Daeth yr Almaen, Awstria, Gwlad Pwyl a Tsiecoslofacia yn wledydd democrataidd rhydd a chafodd yr Almaen ymuno â'r Cynghrair yn 1926.

Gwêl rhai'r cyfnod 1924–29 fel 'oes aur' y berthynas rhwng y gwledydd yn Ewrop. Ond, roedd y cytundebau wedi'r rhyfel yn amhoblogaidd a'r gwledydd a drechwyd yn ddicllon ac eisiau dial. Bu hyn yn gyfrwng, ynghyd â'r newidiadau a fu wrth bennu ffiniau, i feithrin cenedlaetholdeb ac yn ei dro arweiniodd hynny at bolisïau tramor ymosodol. Wedi 1933 un o amcanion polisi tramor yr Almaen o dan Hitler a'r Natsïaid oedd adennill yr holl diroedd a gollwyd drwy Gytundeb Versailles.

Roedd Cynghrair y Cenhedloedd, dan arweiniad Prydain a Ffrainc, yn wan ac anwadal. Methodd gadw'r heddwch. Ciliodd cenhedloedd pwerus fel UDA ac ymynysu gan wrthod ymuno. Ni ellid ymddiried yn yr Undeb Sofietaidd (UGSS) gomiwnyddol ac fe ymunodd yn rhy hwyr i fod o unrhyw ddefnydd i'r sefydliad. Cyn bo hir, roedd hyd yn oed cynghreiriaid fel yr Eidal yn dechrau anwybyddu rheolau'r Cynghrair. Yn 1935 ymosododd yr Eidal ar wladwriaeth Affricanaidd Abysinia (Ethiopia heddiw) ac ar waethaf rhybuddion hallt o Brydain, Ffrainc a'r Cynghrair goresgynnodd yr Eidalwyr y wlad.

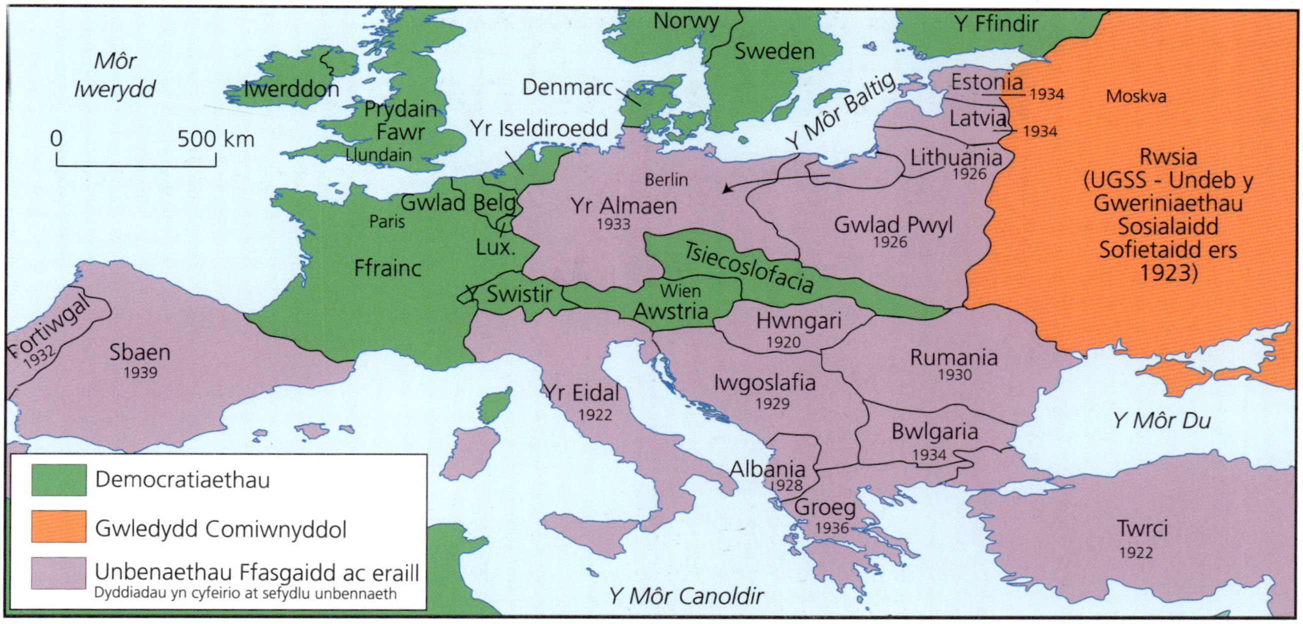

Ffynhonnell B

Gwledydd comiwnyddol, ffasgaidd a democrataidd Ewrop erbyn 1939.

O gyfoeth i ddirwasgiad

Ni pharhaodd y ffyniant, ar ôl y Rhyfel Byd Cyntaf, yn hir. Erbyn 1923 roedd y mwyafrif o wledydd Ewrop, gan gynnwys Prydain, yn dioddef. Methodd llywodraethau gwan a byr eu parhad ag ymdopi â chwyddiant a chynnydd mewn diweithdra. O'r herwydd gwelwyd llawer o bobl yn ymwrthod â'r syniad democrataidd, fel yng Ngwlad Pwyl, Romania a'r Almaen, pobl nad oeddent yn gyfarwydd â democratiaeth. I lawer o Almaenwyr ymddangosai **unbennaeth** y **Kaiser** Wilhelm cyn y rhyfel yn gryf a balch a'r ddemocratiaeth wedi'r rhyfel yn gyfystyr â gwendid, cywilydd y gorchfygedig a sarhad. Fel y gwaethygai'r sefyllfa economaidd anobeithiai'r bobl a throi at ddynion fel Hitler yn yr Almaen, Mussolini yn yr Eidal neu'r Cadfridog Horthy yn Hwngari am eu bod yn cynnig llywodraeth gref ac yn addo dileu diweithdra. Dechreuodd unbenaethau Ffasgaidd a Chomiwnyddol fel y rhai oedd yn yr Eidal a Rwsia ledaenu drwy Ewrop.

?

1 **Beth yw ystyr y termau a ganlyn: (i) democratiaeth (ii) unbennaeth?**

2 **Mae'r rhestr a ganlyn yn cynnwys nodweddion llywodraethau democrataidd a ffasgaidd. Aildrefnwch y gosodiadau o dan y penawdau – 'llywodraeth ddemocrataidd' a 'llywodraeth ffasgaidd':**
- **llawer o bleidiau gwleidyddol**
- **dim heddlu cudd**
- **goddef pob plaid wleidyddol**
- **rhyddid i lefaru a rhyddid i'r cyfryngau**
- **credu mewn trafod â gwledydd eraill i ddatrys problemau**
- **cefnogi cenedlaetholdeb**
- **dim rhyddid i lefaru a'r wladwriaeth yn rheoli'r cyfryngau**
- **heddlu cudd**
- **gwladwriaeth un blaid**
- **gwrth-gomiwnyddol**

3 **Astudiwch ffynhonnell B.**
a) O dan y penawdau rhestrwch y gwledydd oedd: (i) yn ddemocrataidd (ii) yn ffasgaidd (iii) yn gomiwnyddol erbyn 1939.
b) Sut y byddech yn disgrifio Ewrop yn 1939, fel: yn bennaf yn ddemocrataidd neu'n bennaf yn unbenaethol? Rhowch reswm dros eich ateb.

UNED 2

PRYDAIN A BYGYTHIAD YR ALMAEN

Polisi Tramor Prydain rhwng y Rhyfeloedd: Heddychiad

1919–29

Wedi 1919 nod Lloyd George a'i Lywodraeth Glymblaid oedd cadw'r heddwch yn unol â Chytundeb Versailles a'r cytundebau eraill a arwyddwyd ar ôl y rhyfel. Er y gwyddai nad oedd y cytundebau yn berffaith o bell ffordd roedd Lloyd George hefyd yn ymwybodol nad oedd dim ellid ei roi yn eu lle.

Roedd arweinydd Llywodraeth Lafur 1924, Ramsay MacDonald, fel Lloyd George yn dymuno cadw'r heddwch ond nid oedd mor siŵr ynglŷn â diogelu amodau'r cytundebau. Credai fod yr Almaen wedi cael ei thrin yn annheg, felly roedd o blaid **polisi o heddychu**. Y nod oedd osgoi rhyfel drwy chwilio am gymod yn hytrach na gwrthdaro. Credai MacDonald mai'r ffordd orau i gadw'r heddwch oedd i Brydain a Ffrainc gydweithio â'u partneriaid yn Ewrop drwy Gynghrair y Cenhedloedd. Adferodd y berthynas ddiplomyddol â llywodraeth gomiwnyddol yr Undeb Sofietaidd (UGSS) hyd yn oed. Cafodd ei feirniadu am hynny. Er na fu'n arwain y llywodraeth ond am gyfnod byr – Ionawr hyd Hydref 1924 – bu gan MacDonald ran bwysig i'w chwarae. Roedd yn heddychwr cadarn ac fe lwyddodd i leihau'r tensiwn oedd yn bygwth Ewrop.

Yn Nhachwedd 1924 torrodd llywodraeth Geidwadol Stanley Baldwin y cyswllt diplomyddol â'r UGSS ond parhaodd â pholisi MacDonald o geisio cynnig gwell telerau na'r rhai annheg a orfodwyd gan gytundebau diwedd y rhyfel. Roedd y llywodraeth mor hyderus na fyddai yna ryfel Ewropeaidd am o leiaf 10 neu 15 mlynedd, os o gwbl, fel y bu iddi gwtogi'r gwariant ar arfau a lleihau maint y fyddin a'r llu awyr.

1929–35

Erbyn 1929 roedd Prydain, yr Almaen, yr Eidal a Ffrainc ar delerau da iawn, i gyd yn aelodau o Gynghrair y Cenhedloedd ac yn credu mai drwy ddiplomyddiaeth a pherthynas gyfeillgar â gwledydd eraill roedd sicrhau heddwch. Roedd barn y cyhoedd ym Mhrydain yn cefnogi ymdrechion MacDonald i drefnu Cynhadledd Ddiarfogi'r Byd a barhaodd o Chwefror 1932 hyd Ebrill 1934 ond diweddu'n fethiant llwyr. Ar waethaf gobeithion MacDonald methai'r Almaen a Ffrainc gytuno ar unrhyw bwynt. Defnyddiodd Adolf Hitler, arweinydd newydd yr Almaen, fethiant y Gynhadledd fel esgus dros gefnu ar Gynghrair y Cenhedloedd.

Rhwng 1930 ac 1934 gwaethygodd y sefyllfa ryngwladol. Addawodd Mussolini i'r Eidalwyr ymerodraeth fyddai'n ymestyn dros y Môr Canoldir i Ogledd Affrica. Addawodd Hitler i'r Almaenwyr heddwch, ffyniant a balchder ac ymerodraeth Almaenig yn y dwyrain. Yn bwysicaf oll, addawodd ddinistrio Cytundeb Versailles drwy uno'r holl Almaenwyr oedd yn byw yn y tiroedd a gollwyd o dan amodau Cytundeb Versailles, sef:

TIROEDD Y SAAR – ardal gyfoethog ei meysydd glo a gollwyd yn 1919. Ar ddechrau 1935 cafodd pobl y Saar gyfle i bleidleisio ar eu dyfodol. Y dewis oedd uno â Ffrainc, dychwelyd i feddiant yr Almaen, neu aros o dan ofal Cynghrair y Cenhedloedd. Pleidleisiodd 90 y cant dros ddychwelyd i feddiant yr Almaen. Roedd hon yn fuddugoliaeth ysgubol i Hitler o safbwynt propaganda.

TIROEDD Y RHEIN – Roedd Cytundeb Versailles wedi nodi nad oedd caniatâd i anfon byddin i'r rhan helaeth hon o dir yr Almaen.

AWSTRIA – Dymunai Hitler uno Almaenwyr Awstria a'r Almaen, siaradent yr un iaith. Galwyd yr uno yn *Anschluss.*

TIROEDD Y SUDETEN – Roedd rhyw 3 miliwn o Almaenwyr yn byw yn yr ardal hon yn Tsiecoslofacia. Honnai Hitler eu bod yn dymuno uno â'r Almaen.

DANZIG – Roedd y porthladd pwysig hwn a fu yn eiddo i'r Almaen wedi ei ryddhau a'i roi dan ofal Cynghrair y Cenhedloedd a'r Pwyliaid. Honnai Hitler fod pobl Danzig yn cael eu cam-drin gan y Pwyliaid a'u bod yn dymuno ail-uno â'r Almaen.

CORIDOR DRWY WLAD PWYL – Mynnai Hitler y dylai gael meddiannu'r ardal hon er mwyn cael mynedfa i Danzig a Dwyrain Prwsia.

Ffynhonnell A

'Cyflafan yn China'. Cartŵn o'r *Evening Standard* yn 1937 yn dangos Prydain ac UDA yn cuddio tra oedd Japan yn ymosod ar China.

Tybiai nifer o wleidyddion Prydain y gellid ymddiried yn Hitler. Câi ei ddyrchafiad groeso. Roeddent yn credu y gellid ei ddefnyddio i atal twf comiwnyddiaeth. Roedd eraill yn ei weld fel bygythiad i heddwch y byd. Ymosododd un gwleidydd Ceidwadol, Winston Churchill, ar Hitler a galw ar y llywodraeth i newid eu polisi o heddychu. Cafodd ei anwybyddu.

Anogai cynghorwyr miliwrol MacDonald ef i roi'r gorau i'r trafodaethau ar ddiarfogi ac i ailarfogi Prydain yn wyneb ethol Hitler yn Ganghellor yn yr Almaen yn 1933. Gwrthododd MacDonald. Mynnai fod Prydeinwyr yn cofio erchyllterau'r rhyfel diwethaf ac na fyddent am ymladd beth bynnag fyddai'r gost.

Erbyn 1935 roedd hyd yn oed MacDonald yn gorfod cyfaddef fod syniad y Cynghrair o gyd-ddiogelwch wedi methu. Cyhoeddodd ddatganiad ar amddiffyn oedd yn galw am gynnydd ym maint y Llynges Frenhinol a'r Llu Awyr. Daliai Hitler i anwybyddu Cytundeb Versailles drwy orfodi gwasanaeth milwrol ac felly chwyddo byddin yr Almaen. Yng Nghynhadledd Stressa yn Ebrill 1935 perswadiodd MacDonald Ffrainc a'r Eidal i feirniadu Hitler am anwybyddu amodau cytundeb Versailles. Gyda'r llwyddiant hwn gobeithiai MacDonald ynysu'r Almaen ond roedd rhai o'i weinidogion a'i gynghorwyr hŷn yn meddwl y byddai'r polisi hwn yn anorfod yn arwain at ryfel. Yn lle hynny lluniwyd Cytundeb Eingl-Almaenig yn rhoi'r hawl i'r Almaen gynyddu maint ei llynges ar yr amod na fyddai yn fwy na 35 y cant o faint llynges Prydain. Roedd y cytundeb hwn yn groes i bolisi tramor traddodiadol Prydain. Ni bu i Brydain ymgynghori â Ffrainc a'r Eidal a theimlent hwy iddynt gael eu bradychu. Ni fyddent mor barod i ymddiried ym Mhrydain o hyn allan.

Ffynhonnell B

David Hill, *British History Study Guide 1914–51* (1993).

Deisyfai'r wlad heddwch. Roedd 80,000 o aelodau yn perthyn i Undeb dros Heddwch Dick Sheppard yn fuan ar ôl ei sefydlu yn Hydref 1934. Dangosodd Pleidlais Heddwch Cynghrair y Cenhedloedd ym Mehefin 1935 fod pobl yn casáu arfau. Yn is-etholiad East Fulham yn Hydref 1933, trechwyd ymgeisydd y Llywodraeth Genedlaethol, oedd yn galw am arfogi, gan ymgeisydd Llafur oedd yn gwrthwynebu. Defnyddid yr enghraifft hon yn aml fel tystiolaeth o farn y pleidleiswyr.

1935–7

Un o'r problemau cyntaf y bu'n rhaid i'r Prif Weinidog newydd, Stanley Baldwin, ei hwynebu oedd ymosodiad yr Eidal ar Abysinia yng ngogledd-ddwyrain Affrica ym mis Hydref. Yn ôl rheolau Cynghrair y Cenhedloedd gallai gwledydd fel Prydain a Ffrainc naill ai ymosod ar yr Eidal neu osod **sancsiynau** os gwrthodai'r Eidal dynnu'n ôl. Ond, nid oedd Prydain na Ffrainc yn awyddus i gosbi'r Eidal. Ofnent y byddai Mussolini yn ymuno â'r gelyn gynt, sef Hitler. Ceisiwyd cyfaddawdu â Mussolini. Penderfynodd ef eu hanwybyddu. Gosodwyd rhai sancsiynau ar yr Eidal. Roeddent yn aneffeithiol. Dileodd Prydain hwy yn 1936.

Erbyn 1936 roedd Hitler yn credu y gallai anfon byddin i diroedd y Rhein, ardal oedd wedi ei dadfilwroli yng Nghytundeb Versailles. Llwyddodd i oresgyn yr ardal oherwydd ni wnaed unrhyw ymdrech i'w wrthsefyll. Yr un pryd dechreuodd Mussolini drafod cysylltiadau mwy clòs â Hitler. Profwyd y berthynas newydd hon yn ystod Rhyfel Cartref Sbaen (1936–9). Er bod Hitler a Mussolini wedi addo cadw draw fe wnaethont bopeth ond rhyfela i helpu eu cyd-ffasgydd i ennill. Ar ôl tair blynedd o frwydro mewn rhyfel cartref chwerw, enillodd y Cadfridog Franco a daeth Sbaen yn wladwriaeth ffasgaidd.

Erbyn 1937 roedd Baldwin yn ystyried a ddylai droi ei gefn ar heddychiaeth ac ailarfogi Prydain. Gwyddai Baldwin, er bod pobl Prydain yn araf newid eu hagwedd, fod heddychiaeth yn dal yn boblogaidd ond fod arfogi yn amhoblogaidd. Yn wyneb y broblem ymddiswyddodd Baldwin. Ei olynydd oedd Neville Chamberlain a gredai y gallai gadw'r heddwch.

Ffynhonnell C

Cartŵn o'r *Evening Standard* yn 1935 yn dangos Mussolini yn beirniadu Cynghrair y Cenhedloedd.

LLINELL AMSER YN DANGOS Y DIGWYDDIADAU ALLWEDDOL A ARWEINIODD AT DDECHRAU RHYFEL

1931 – Cynghrair y Cenhedloedd yn methu atal ymosodiad y Japaneaid ar Manchuria yn China.

1933 – Hitler a'r Natsïaid yn dod i rym yn yr Almaen.

1934 – Methiant Cynhadledd Ddiarfogi'r Byd.
Yr Almaen yn cefnu ar Gynghrair y Cenhedloedd.
Hitler yn dechrau ailarfogi'r Almaen.

1935 – Mussolini, unben yr Eidal, yn gorchymyn ymosod ar Abysinia (Ethiopia).
Cynghrair y Cenhedloedd yn methu perswadio'r Eidalwyr i dynnu 'nôl.

1936 – Hitler yn gorchymyn i filwyr yr Almaen ailfeddiannu tiroedd y Rhein.
Dechrau'r Rhyfel Cartref yn Sbaen. Hitler a Mussolini yn helpu gwrthryfelwyr ffasgaidd y Cadfridog Franco.
Hitler a Mussolini yn gynghreiriaid – arwyddo'r Axis Rhufain-Berlin.

1937 – Yr Eidal, yr Almaen a Japan yn gynghreiriaid – arwyddo Axis Rhufain-Berlin-Tokyo.

!938 – Hitler yn gorchymyn i filwyr yr Almaen ymosod ar Awstria. Uno Awstria a'r Almaen.
Prydain a Ffrainc yn cytuno i Hitler feddiannu'r Sudeten, rhan o Tsiecoslofacia.

1939 – Hitler yn gorchymyn i filwyr yr Almaen feddiannu gweddill Tsiecoslofacia.
Yr Almaen yn ymosod ar Wlad Pwyl.

?

1 a) Beth yw ystyr: (i) heddychiad (ii) cyd-ddiogelwch?
b) Sut y bu i fethiant cyd-ddiogelwch arwain at bolisi o heddychu?

2 Pam yr oedd: (i) MacDonald a (ii) Baldwin yn amharod i wrthsefyll yr Almaen a'r Eidal?

UNED 2

PRYDAIN A BYGYTHIAD YR ALMAEN

Neville Chamberlain, Munich a'r Araf Lithro i Ryfel

Mae haneswyr y gorffennol wedi beio Chamberlain am ddilyn polisi o heddychu a fu'n fethiant ac a arweiniodd at ryfel byd. Heddiw, fodd bynnag, mae llawer o haneswyr yn tueddu i gydymdeimlo â Chamberlain oherwydd methiant y polisi, un a etifeddodd oddi wrth brif weinidogion blaenorol yn hytrach na'i greu. Dywedant nad ei fai ef oedd nad oedd y polisi yn gweitho erbyn 1938.

Polisi Tramor Chamberlain 1937–8

Gobaith Chamberlain oedd y byddai Hitler, wedi iddo ailfeddiannu tiroedd y Saar yn 1935 a'r Rhein yn 1936, yn ymddwyn yn rhesymol, yn anrhydeddu cytundebau ac yn fodlon trafod mewn cynadleddau unrhyw anghytundebau yn y dyfodol. Roedd yn argyhoeddedig nad oedd Hitler na Mussolini eisiau rhyfel a'u bod mor awyddus ag yntau i gadw'r heddwch.

CEFNOGAETH DROS HEDDYCHIAD

Roedd y cyhoedd ym Mhrydain yn cefnogi polisi Chamberlain gan fod awydd cryf dros gadw'r heddwch. Yn y llywodraeth câi gefnogaeth y Blaid Lafur. Roedd nifer o wleidyddion yn edmygu Hitler am iddo oresgyn problemau diweithdra a'r dirwasgiad economaidd yn yr Almaen. Yn 1936 cyfarfu Lloyd George â Hitler yn yr Almaen a dweud ar goedd fod y Canghellor yn ddyn y gellid ymddiried ynddo. Cytunodd Chamberlain a dweud gan fod cyd-ddiogelwch o dan adain Cynghrair y Cenhedloedd wedi methu, nad oedd dewis ond glynu wrth ei bolisi o heddychu. Daliai rhai o'i gefnogwyr Ceidwadol i feddwl y gellid defnyddio unbenaethiaid i atal twf comiwnyddiaeth o'r UGSS. Roedd peth cydymdeimlad eto â'r farn fod yr Almaen wedi cael ei thrin yn annheg yn Versailles a bod ganddi'r hawl i fod yn wlad unedig o dan un faner. Ystyriaeth bwysig arall yw'r ffaith nad oedd Prydain yn barod i wynebu rhyfel. Dim ond newydd ddechrau ailarfogi roedd hi ac ni allai ei hamddiffyn ei hun rhag ymosodiad. Yn wir, oherwydd y dirwasgiad economaidd, roedd Prydain wedi gorfod cwtogi'r gwariant ar arfau ac ar y fyddin.

AMHEUON

Ond, roedd pryder ar gynnydd, teimlid na ddylai Prydain ymwneud â Hitler a Mussolini. Unbenaethiaid ffasgaidd, nid gwleidyddion democrataidd, oeddent. Roeddent mewn grym am eu bod yn codi ofn ar bobl a'u gormesu. Roedd y Cabinet wedi ymrannu; roedd Iarll Halifax yn cefnogi polisi Chamberlain o gadw'r heddwch ond roedd yr Ysgrifennydd Tramor, Syr Anthony Eden, yn credu y dylid gwrthsefyll Hitler a Mussolini yn gadarn. Y prif lefarydd yn erbyn heddychiad oedd Winston Churchill oedd ar y pryd yn Aelod Seneddol Ceidwadol ar y **fainc gefn**. Ni wrandawodd fawr neb yn y llywodraeth arno ond roedd yn graddol ennill cefnogaeth y cyhoedd i'w gred fod rhyfel yn anochel os na ellid atal Hitler.

AWSTRIA. Ar waethaf holl ymdrechion Chamberlain daliodd Hitler i weithredu ei bolisi tramor ymosodol. Yn 1938 aeth milwyr yr Almaen i Awstria. Honnai Hitler fod ei gydwladwyr a siaradai Almaeneg yn dymuno ymuno â'r Almaen. Protestiodd Chamberlain ond ni weithredodd.

TSIECOSLOFACIA. Rhoddodd hyn hwb i Hitler i fwrw ymlaen a dechreuodd alw am roi'r hawl i benderfynu drostynt eu hunain i Almaenwyr oedd yn byw yn ardal y Sudeten a Tsiecoslofacia. Gorchmynnodd i Heinlein, arweinydd Almaenwyr Tsiecoslofacia, drefnu gorymdeithiau a phrotestiadau yn mynnu'r hawl i uno â'r Almaen. Roedd Benes, Prif Weinidog Tsiecoslofacia, yn benderfynol o wrthwynebu Hitler a gofynnodd i'r gorllewin ei gefnogi.

Hedfanodd Chamberlain yn llawn pryder i'r Almaen, dair gwaith, i gwrdd â Hitler. Hedfanodd i gartref gwyliau Hitler yn Berchtesgaden yn Bafaria i drafod gofynion cyffredinol Hitler. Y diwedd fu i Brydain a Ffrainc gydnabod hawl Almaenwyr y Sudeten i ddewis drostynt eu hunain. Ar 22 Medi hedfanodd Chamberlain i Godesberg ar y Rhein i drafod sut i ddatrys yr anghydfod yn heddychlon a heb gythruddo pobl Tsiecoslofacia. Ond nawr, mynnodd Hitler y dylai gael y cyfan o Tsiecoslofacia. Daeth y cyfarfod i ben heb unrhyw gytundeb. Cyfarfu Chamberlain ag arweinydd Ffrainc ac addo cefnogi ei gynllun i helpu pobl Tsiecoslofacia pe bai rhyfel. Galwyd Llynges Prydain ynghyd, cloddiwyd ffosydd, dosbarthwyd sachau tywod, trefnwyd i ddiogelu pobl pe bai cyrchoedd awyr. Yn ôl pob golwg roedd rhyfel yn anochel. Yna, ar 29 Medi 1938, mewn ymgais funud olaf i osgoi rhyfel, aeth Chamberlain i Munich.

CYNHADLEDD MUNICH, 1938

Chwaraeodd Chamberlain ei gerdyn olaf – gofynnodd i Mussolini am help. Gobeithiai, er bod yr unben Eidalaidd wedi arwyddo cytundeb â Hitler, nad oedd yn barod i wynebu rhyfel. Roedd Chamberlain yn iawn. Trwy berswâd Mussolini cytunodd Hitler i gwrdd â Phrif Weinidog Prydain mewn cynhadledd o'r Pedwar Pŵer (yr Eidal, yr Almaen, Ffrainc a Phrydain) ym Munich. Llwyddodd Chamberlain a Phrif Weinidog Ffrainc, Daladier, i berswadio Hitler i arwyddo cytundeb na fyddai'n meddiannu

Llun dyn camera'r wasg yn dangos dychweliad buddugoliaethus Chamberlain o Munich.

dim mwy na thir y Sudeten. Diogelwyd annibyniaeth y gweddill o Tsiecoslofacia. Llofnododd Hitler a Chamberlain ddatganiad na fyddent yn mynd i ryfel yn erbyn ei gilydd. Dychwelodd Chamberlain i Brydain yn fuddugoliaethus gan ddatgan, 'Heddwch yn ein dydd'. Roedd ymdeimlad o ryddhad cyffredinol ledled Prydain a chyfrifid Chamberlain yn arwr cenedlaethol. Ond roedd pobl Tsiecoslofacia yn teimlo eu bod wedi eu bradychu.

Araf Lithro i Ryfel: Tsiecoslofacia a Gwlad Pwyl

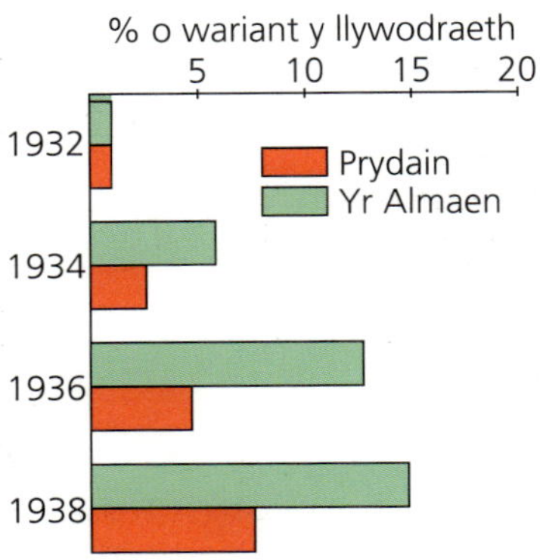

Ffynhonnell A

Gwariant milwrol 1932–8 (fel canran o wariant y llywodraeth).

Ym Mawrth 1939 ymosododd milwyr yr Almaen a meddiannu gweddill Tsiecoslofacia. Roedd cytundeb Munich wedi para am ryw chwe mis. Roedd Chamberlain yn syfrdan ac nid oedd fawr o angen ei berswadio i fabwysiadu polisi mwy milwriaethus o'r diwedd. Fel MacDonald a Baldwin o'i flaen roedd yn rhaid iddo ddewis: heddychu neu ailarfogi. Aeth Chamberlain rhagddo i ailarfogi ac erbyn 1939 roedd bron i 20 y cant o wariant y llywodraeth ar arfau a'r lluoedd arfog. Roedd rhai o gyd-wleidyddion Chamberlain yn y Cabinet yn dal i gredu'n gryf y gellid ymresymu â Hitler ac osgoi rhyfel. Anghytunai Chamberlain yn anfoddog.

Addawodd Prydain a Ffrainc gefnogi Gwlad Pwyl pe bai Hitler yn hawlio'r coridor. Rhoesant addewid y byddent yn cyhoeddi rhyfel os byddai milwyr yr Almaen yn ymosod. Pwysai Lloyd George, Churchill a'r Blaid Lafur am i'r llywodraeth gynghreirio â'r UGSS. Ond, ni allai'r Ceidwadwyr anghofio mor ddwfn oedd eu diffyg ymddiriedaeth mewn comiwnyddion. Er bod trafodaethau ar y gweill â Stalin nid oedd fawr o obaith am lwyddiant. Roedd Stalin yn ofni ymosodiad o'r Almaen ond sylweddolai na allai ymddiried ym Mhrydain a Ffrainc. Felly, yn Awst, daeth i gytundeb â Hitler. Syfrdanwyd y byd gan y cytundeb – Cytundeb Gwrth-drais Natsi-Sofietaidd. Ni allai pobl gredu bod y gelynion chwerw nawr yn gyfeillion. Roedd ymosodiad ar Wlad Pwyl yn anochel gan y gallai Hitler nawr fod yn sicr na fyddai'r UGSS yn ei hamddiffyn. Hyd y funud olaf credai Hitler y byddai llywodraeth Chamberlain a llywodraeth Ffrainc yn barotach i siarad nag i ymladd a phe bai'n ymosod ar Wlad Pwyl na fyddent yn cyhoeddi rhyfel. Roedd wedi dyfalu'n gywir sawl gwaith o'r blaen ond nid felly'r tro hwn.

Ffynhonnell B

Addasiad o A.J.P. Taylor, *English History* 1914–1945 (1965).

> Penderfyniad Hitler i fynd i ryfel. Nid yw'n amlwg pam y bu iddo benderfynu hyn. Wrth gwrs, nid oes unrhyw broblem gan y sawl sy'n credu bod Hitler yn wallgof neu wedi bwriadu mynd i ryfel o'r dechrau. Ond nid yw'r ddamcaniaeth hon yn ystyried ei ymddygiad blaenorol. Roedd Hitler wedi bod yn ddeheuig, er yn ddiegwyddor, yn ei drafodaethau ac wedi arwain yr Almaen i safle pwerus yn Ewrop drwy fygwth a herio. Awgrymai ei baratoadau milwrol ei fod yn paratoi i herio eto neu, fan bellaf, ymladd rhyfeloedd byr yn erbyn mân wrthwynebwyr. Mae'n anodd credu ei fod eisiau ymladd rhyfel go iawn yn erbyn Prydain Fawr a Ffrainc. Efallai felly (a dyma'r farn fyddwn i'n ei hategu) iddo gamddehongli'r sefyllfa.

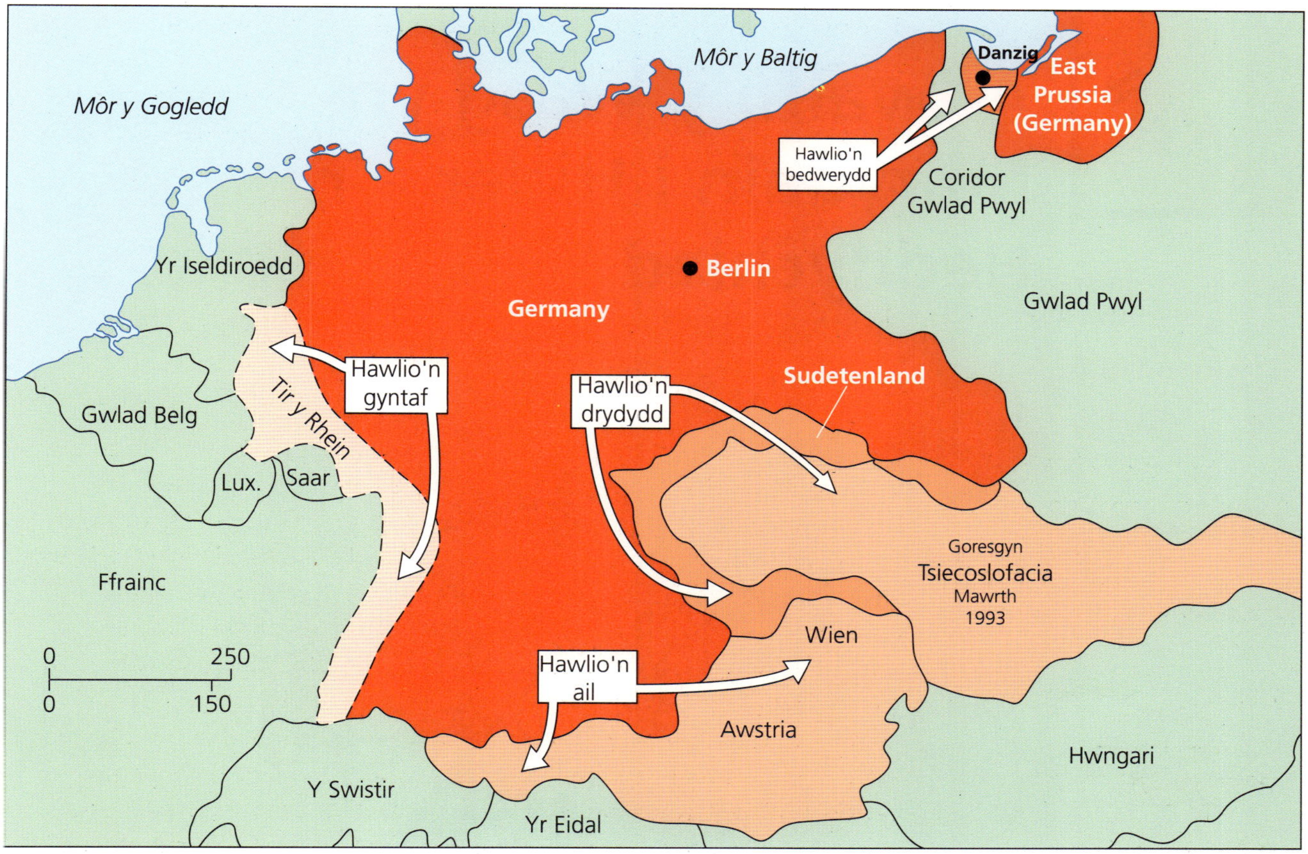

Ffynhonnell C

Y tir a hawliai Hitler a'r llwyddiannau 1936–9.

Rhoddodd Hitler ei air y byddai yn parchu Cytundeb Locarno; fe'i torrodd. Rhoddodd ei air nad oedd yn dymuno nac yn bwriadu meddiannu Awstria; fe'i torrodd. Cyhoeddodd na fyddai'n cynnwys Tsiecoslofacia o fewn y Reich; fe wnaeth hynny. Rhoddodd ei air ar ôl Munich na fyddai'n hawlio dim mwy o dir yn Ewrop; fe'i torrodd. Rhoddodd ei air nad oedd arno eisiau dim o ranbarthau Gwlad Pwyl; fe'i torrodd. Mae wedi tyngu wrthych chi ers blynyddoedd ei fod yn elyn marwol i Rwsia Gomiwnyddol; nawr maent yn gynghreiriaid.

Ffynhonnell Ch

Chamberlain, y Prif Weinidog, yn egluro mewn darllediad radio i bobl yr Almaen pam ei fod wedi cyhoeddi rhyfel, 4 Medi, 1939.

?

1 a) Lluniwch restr o'r pum rheswm pwysicaf a roddwyd dros gymodi â Hitler, yn eich barn chi.
b) Ar ôl dod yn ôl o Munich dywedodd Chamberlain, 'Does neb yn ennill mewn rhyfel, mae pawb yn colli.' Beth fyddai Hitler wedi ei feddwl o bolisi tramor Chamberlain o'r herwydd?

2 Astudiwch y testun a ffynonellau A, B, C a Ch. Ydych chi'n meddwl bod Hitler yn bwriadu mynd i ryfel â Phrydain a Ffrainc?

3 Pam roedd Chamberlain yn cael ei ystyried:
a) yn arwr cenedlaethol ym Medi 1938
b) yn fethiant ym Medi 1939?
Eglurwch eich atebion.

4 Ydych chi'n meddwl y dylid beio Chamberlain i raddau am fod yr Ail Ryfel Byd wedi torri allan? Rhowch resymau dros eich ateb.

FFOCWS

Adwaith y Wasg ym Mhrydain i Hitler a'r Heddychiad

Ffynhonnell A

Cartŵn o 1936.

THE GOOSE-STEP.

"GOOSEY GOOSEY GANDER,
WHITHER DOST THOU WANDER?"
"ONLY THROUGH THE RHINELAND—
PRAY EXCUSE MY BLUNDER!"

Ffynhonnell B

'Cynyddu'r Pwysau'/*'Increasing Pressure'*. Cartŵn gan David Low, 18 Chwefror 1938.

Ffynhonnell C

'Camu i'r Gogoniant'/*'Stepping Stones to Glory'*. Cartŵn gan David Low, 8 Gorff. 1936

Ffynhonnell Ch

'Hunllef y Llinell Aros'/*'Nightmare Waiting List'*. Cartŵn gan David Low, 9 Medi 1938.

Ffynhonnell D

Mae'r cartŵn hwn (Medi 1938) yn dangos Neville Chamberlain yn ceisio llywio'r byd i gyfeiriad

Ffynhonnell Dd

Un olwg ar Gytundeb Munich. Cartŵn o'r *Daily Worker*, papur newydd comiwnyddol. 1 Hydref 1938.

?

1. **Beth yw cryfderau a gwendidau cartwnau fel ffynonellau hanesyddol?**
2. **Yn eich barn chi, pam y byddai'r cartwnau hyn wedi bod yn boblogaidd ymysg y cyhoedd ym Mhrydain?**
3. **Edrychwch ar ffynhonnell A. Pa wybodaeth sy'n awgrymu na ellid ymddiried yn Hitler?**
4. **Beth oedd y cartwnydd David Low yn ei ragfynegi yn ffynhonnell C?**
5. **At ba ddigwyddiadau mae'r cartwnau a gyhoeddwyd yn 1938 yn cyfeirio?**
6. **Eglurwch adwaith y wasg ym Mhrydain i bolisi heddychu Chamberlain.**

UNED 2

PRYDAIN A BYGYTHIAD YR ALMAEN

Ffasgaeth a Phobl Prydain

Yn ystod yr 1920au nid oedd y mwyafrif o bobl Prydain yn malio fawr am ddigwyddiadau yn Ewrop nag yng ngweddill y byd. Ni chymerodd fawr neb sylw o ddyrchafiad Mussolini i rym yn yr Eidal yn 1922 – roeddent yn pryderu mwy am y dirwasgiad economaidd a'r cynnydd mewn diweithdra gartref. Yn ôl un sylwebydd cyfoes, Charles Masterman, 'Nid oes gan Loegr ddiddordeb mewn dim. Mae fel dyn gwael yn gorffwys ar ôl colli gwaed. Mae'r system nerfau'n farw.' Nid oedd y bobl eisiau rhyfel arall ond ni falient ychwaith a fyddai Cynghrair y Cenhedloedd yn llwyddo ai peidio.

Dechreuodd agwedd pobl newid erbyn dechrau'r 1930au. Roedd dyrchafiad Hitler yn yr Almaen yn ddychryn i lawer o bobl ac roedd yr atgofion am y Rhyfel Byd Cyntaf yn fyw iawn. Ond roedd yna Brydeinwyr oedd yn credu'n gryf nad oedd **ffasgaeth** na chomiwnyddiaeth yn fygythiad.

Sefydlwyd Undeb Ffasgaidd Prydain yn 1930 gan Aelod Seneddol Llafur, Syr Oswald Mosley, ar batrwm *Fascisti* Mussolini yn yr Eidal. Dim ond 18 mis a gymerodd i ennill aelodaeth o 20,000. Erbyn 1934 roedd Mosley yn cefnogi Hitler ac roedd ffasgiaid Prydain cyn hir yn mabwysiadu saliwt Hitler, yn wrth-Iddewig ac yn gwisgo iwnifform ddu. Sefydlwyd adrannau ledled y wlad gyda phedair yng Nghymru – yng Nghaerdydd, Abertawe, Casnewydd a Merthyr Tudful. Ym Mehefin 1934 bu ymrafael rhwng

Ffynhonnell A

Syr Oswald Mosley (canol y rhes flaen) yn arolygu gwarchodlu'r Undeb Ffasgaidd mewn rali yn 1935.

ffasgiaid a chomiwnyddion yn Llundain a arweiniodd at derfysg difrifol. Roedd terfysgoedd yng Nglynebwy, Aberdâr a Phontypridd ond yn Nhonypandy y bu'r mwyaf difrifol a 2,000 o bobl yn protestio yn erbyn cynnal rali arfaethedig yr Undeb Ffasgaidd. Oherwydd y cyfuniad o ddiweithdra, dirwasgiad economaidd, cenedlaetholdeb, hiliaeth, diflastod a hoffter o ymrafael roedd syniadau eithafol yn denu dilynwyr. Dan yr amodau hyn roedd nifer o bobl yn barod i ddilyn arweinwyr medrus a chyfareddol fel Mosley.

Ond, ar y brig yn 1937 nid oedd aelodaeth yr Undeb yn fwy na 30,000. Roedd y mwyafrif o etholwyr Cymru a'r Alban yn glynu wrth y Blaid Lafur. Yn ystod yr 1930au y Ceidwadwyr a'r Llywodraeth Glymblaid oedd mewn bri. Tueddid i gefnogi polisi o heddychu, er bod newid wedi digwydd ar ôl 1938 pan sylweddolodd y cyhoedd, ym Mhrydain hyd yn oed, na ellid atal Hitler heb ddefnyddio grym. Pan gyhoeddwyd rhyfel restiwyd Mosley ac arweinwyr yr Undeb Ffasgaidd. Datganwyd bod aelodaeth o'r mudiad yn anghyfreithlon.

Ffynhonnell B

Pamffled gwrth-ffasgaidd a gyhoeddwyd yn 1934.

Adwaith Cenedlaetholwyr Cymru

Er mai ychydig o Gymry a ymunodd â'r mudiad ffasgaidd ym Mhrydain roedd rhai o aelodau Plaid Cymru, fel Ambrose Bebb, yn edmygu Mussolini. Roedd eraill yn agored eu gwrthwynebiad i Loegr. Roedd pob un o aelodau'r Blaid yn credu mewn heddychiaeth. Yn ôl yr Athro Kenneth Morgan, 'Roedd yna Gymry oedd yn cyhuddo Plaid Cymru o'r un math o hiliaeth a ... chenedlaetholdeb ag a gysylltir â phleidiau Natsïaidd a Ffasgaidd yr Almaen neu'r Eidal.' Tybid bod gwasanaeth cudd yr Almaen wedi ystyried cysylltu â rhai o aelodau Plaid Cymru i ennill eu cefnogaeth pe baent yn cynllunio i ymosod! Ond ni ddaeth ymosodiad ac ni roddwyd prawf ar deyrngarwch rhai o aelodau Plaid Cymru. Erbyn 1945 roedd y Blaid wedi ymsefydlu a daeth i chwarae rhan fwy sylweddol ym mywyd gwleidyddol a diwylliannol Cymru ar ôl y rhyfel.

... ymrafael rhwng gwledydd ymerodraethol (yw'r rhyfel). Nid oes gan Gymru, mwy na gwledydd bychan eraill Ewrop ddim i'w ennill ond popeth i'w golli ... Nid yw (Cymru'n) derbyn yr agwedd boblogaidd Seisnig bod hon yn grwsâd – y goleuni yn erbyn y tywyllwch. Nid yw'n cydnabod hawl Lloegr i orfodi Cymry i'w byddin nac yn ei ystyried yn ddyletswydd ar Gymru i helpu Llundain i drechu Berlin.

Ffynhonnell C

Yr Athro J.E. Daniel, llywydd Plaid Cymru – dyfyniad o'r *Western Mail* yn Awst 1940.

?

1 Pam y gallai rhai pobl fod wedi ystyried erthygl yr Athro Daniel (ffynhonnell C) yn: (i) ddewr (ii) yn ffôl?

2 Pam y bu i aelodaeth Undeb Ffasgaidd Prydain: (i) gynyddu mor gyflym yn ystod blynyddoedd cyntaf yr 1930au (ii) ostwng mor gyflym ar ôl 1939?

AROLWG

Ystyriwch y cwestiwn allweddol hwn: Pam y bu i Brydain fynd i ryfel yn erbyn yr Almaen yn 1939?

FFOCWS

Penyberth a Chenedlaetholdeb Cymreig

Ni chyfyngwyd twf cenedlaetholdeb, oedd yn nodwedd mor amlwg o'r cyfnod rhwng y rhyfeloedd, i gyfandir Ewrop. Roedd cenedlaetholwyr yng Nghymru hefyd. Cefnogai beirdd, awduron, darlithwyr ac athrawon fudiadau cenedlaethol a diwylliannol. Yn 1922 sefydlwyd Urdd Gobaith Cymru, mudiad ieuenctid oedd â'r nod o achub iaith a diwylliant Cymru. Roedd y mudiad yn llwyddiant mawr gyda rhyw 5,000 o aelodau yn 1927 yn codi, fe amcangyfrifir, i 50,000 erbyn 1934.

Cyn bo hir penderfynodd deallusion fel Saunders Lewis, W. Ambrose Bebb a J.E. Daniel mai'r unig ffordd i achub diwylliant Cymru a'r ffordd Gymreig o fyw oedd drwy ennill annibyniaeth i Gymru. Sylweddolent hefyd y byddai arnynt angen llais a grym gwleidyddol i gyrraedd y nod. Felly, yn Eisteddfod Pwllheli yn 1925 sefydlwyd plaid wleidyddol, Plaid Genedlaethol Cymru, neu Blaid Cymru. Yn araf iawn y tyfodd cefnogaeth i'r Blaid. Roedd 500 o aelodau yn 1930, yn codi i 2,000 erbyn 1939.

Beirniadai'r cenedlaetholwyr bobl fel Lloyd George a D.A. Thomas (gw. tud. 40–41 a 66–69). Teimlent mai bradwyr oeddent am nad oeddent wedi cefnogi annibyniaeth i Gymru. Rhoddwyd cryn hysbysrwydd i'w beirniadaeth ond ym marn Saunders Lewis nid oedd hynny'n ddigon. Yn 1936 cynlluniodd i daro dwrn yn erbyn llywodraeth Loegr a fyddai'n syfrdanu Cymru gyfan. Llosgodd Saunders Lewis, y Parch Lewis Valentine a D.J. Williams ran o'r ysgol fomio ym Mhenyberth ger Pwllheli. Y bwriad oedd ennill yr hysbysrwydd eithaf a chydymdeimlad y cyhoedd. Ar ôl y tân aeth y tri i Swyddfa'r Heddlu i gyfaddef. Fe'u rhoddwyd ar brawf yng Nghaernarfon ond methodd y rheithgor â chytuno ar ddedfryd. Yna, fe'u hanfonwyd i lys barn yn Llundain. Fe'u cafwyd yn euog o gynnau tân yn fwriadol a'u dedfrydu i flwyddyn o garchar.

Ffynhonnell A

Saunders Lewis yn siarad yn 1936.

Fy marn gadarn yw hon – ei bod hi'n angenrheidiol torri pob cysylltiad â'r llywodraeth yn Lloegr. Mae hynny'n hanfodol i lwyddiant ein hamcanion. Rhaid i'r Blaid Genedlaethol weithio yng Nghymru drwy'r awdurdodau lleol, gan wneud Cymru'n Gymreig drwyddyn nhw, a gadael llonydd i lywodraeth Loegr, gan ddiystyru Lloegr ac felly wneud Cymru Gymreig yn ffaith. ... Ni ddaw dim byth i Gymru drwy lywodraeth Loegr ... Rhaid i genedl y Cymry ennill ei rhyddid gwleidyddol heb ddefnyddio trais. Ac rwy'n awgrymu i chi bod ein gweithred ni yn llosgi ysgol fomio Penyberth yn profi didwylledd y datganiad hwn.

Ffynhonnell B

Llun y Parch Lewis Valentine, darlithydd ym Mhrifysgol Abertawe, a'r athro ysgol D.J. Williams yn 1936.

Nid wyf yn fy nghyfrif fy hun bellach yn aelod o Blaid Cymru ... Ni wn am unrhyw un a wnaeth fwy dros Gymru na Mr David Lloyd George. Yn wir ni fyddai'r byd eang yn gwybod dim am Gymru oni bai am Mr Lloyd George. Nid oes arweinydd mwy diogel i Gymru na Mr Lloyd George a daeth buddiannau mawr i Gymru drwyddo. Mae wedi gwasanaethu ei genedl ei hun drwy wasanaethu'r byd fel y dylai pob gwir wladgarwr. Mae'n hen bryd i ni'r Cymry fod yn driw i'n gilydd ac i'n dynion gorau yn lle ymladd yn ein mysg ein hunain.

Ffynhonnell C

Dyfyniad o lythyr preifat (heb ddyddiad), oddi wrth Mr J. R. Jones, at Mr H. R. Jones, un o'r swyddogion, yn cwyno bod y blaid yn ymladd ei hetholiad cyntaf yn Sir Gaernarfon, a oedd yn deyrngar i Lloyd George.

Amcan Plaid Cymru yn wreiddiol oedd nid cael hunanlywodraeth i Gymru ond statws **dominiwn** ... ar yr un telerau â Canada neu Awstralia. Y nod cyntaf oedd diogelu dyfodol yr iaith Gymraeg. Ni chafodd Plaid Cymru lawer o ddylanwad yn y dyddiau cynnar. Yna, yn 1936 digwyddodd Penyberth a dynnodd lawer o sylw ond ni bu cynnydd tymor hir yn aelodaeth y Blaid ...

Ffynhonnell Ch

Gareth E. Jones, *People, Protest and Politics: Case Studies in Twentieth Century Wales* (1987).

Ffynhonnell D

Map o Gymru yn dangos canlyniadau ymgyrchoedd etholiadol Plaid Cymru, 1925–45. (gw. hefyd ffynhonnell Dd ar dud. 125).

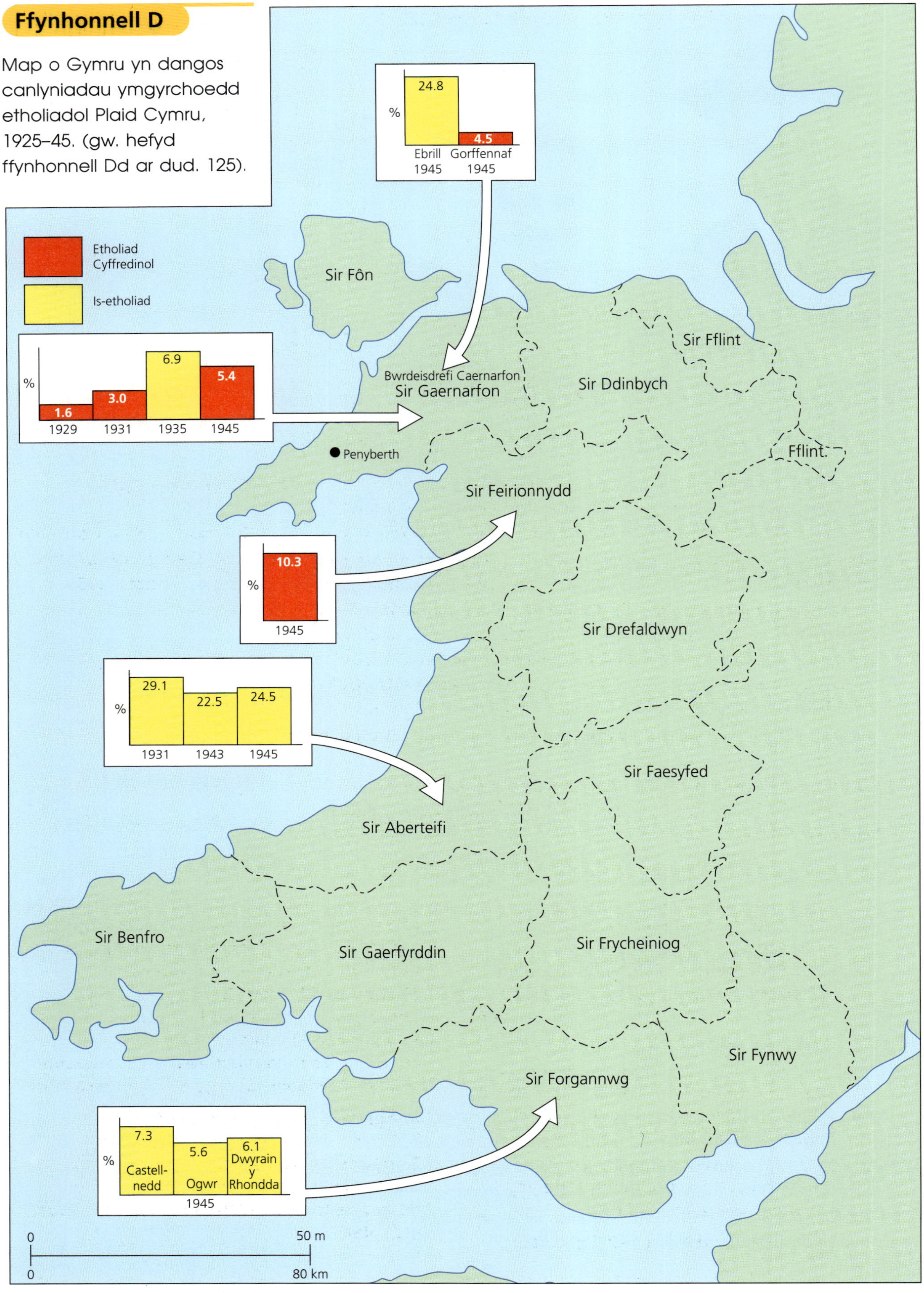

Ymgyrchoedd etholiadol Plaid Genedlaethol Cymru 1925-45				
Etholaeth	*Dyddiad*	*Ymgeisydd*	*Pleidlais*	*%*
Sir Gaernarfon	Mai 1929	L. E. Valentine	609	1.6
Sir Gaernarfon Prifysgol Cymru	Hydref 1931	J.E. Daniel Saunders Lewis	1,136 914	3.0 29.1
Sir Gaernarfon	Tachwedd 1935	J.E. Daniel	2,534	6.9
Prifysgol Cymru	Ionawr 1943	Saunders Lewis	1,330	22.5
Bwrdeisdrefi Caernarfon Castell-nedd	Ebrill 1945 Mai	J.E. Daniel Wynne Samuel	6,844 6,290	24.8 16.2
Sir Gaernarfon Bwrdeisdrefi Caernarfon Sir Feirionnydd Castell-nedd Ogwr Dwyrain y Rhondda Prifysgol Cymru	Gorffennaf 1945	W. Ambrose Bebb J.E. Daniel Gwynfor Evans Wynne Samuel Trefor Morgan J. Kitchener Davis Dr Gwenan Jones	2,152 1,560 2,448 3,659 2,379 2,123 1,696	5.4 4.5 10.3 7.3 5.6 6.1 24.5

Ffynhonnell Dd

Canlyniadau Plaid Cymru yn etholiadau'r Senedd, 1925–45, o D.H. Davies, *The Welsh Nationalist Party, 1925–45* (1983).

Fe'm syfrdanwyd yn fawr gan eich telegram yn sôn am ymateb y llywodraeth i'r digwyddiad yn yr ysgol fomio. Rwy'n meddwl ei fod yn sarhad ond yn nodweddiadol o'r llywodraeth. Maen nhw'n ildio pan fydd Mussolini a Hitler yn bygwth ond yn cosbi'r wlad leiaf yn y deyrnas, un y maent yn ei chamlywodraethu. Dyna sut mae'r llwfr yn ceisio dangos eu bod yn gryf, trwy fwlian. Maent yn cilio oddi wrth unrhyw un sy'n ddigon pwerus i'w gwrthsefyll ac yn dyrnu'r gwan.

Dyma'r llywodraeth gyntaf i roi Cymru ar brawf yn yr Old Bailey (Llundain). Hoffwn fod yno, ac rwy'n sicr yn gresynu na fyddwn 40 mlynedd yn ieuengach. Byddwn yn barod i fentro protest a fyddai'n herfeiddiol.

Mae'n warth sy'n peri i'm gwaed ferwi. Nid oes ganddo ddim i'w wneud â theilyngdod yr achos. Bydd yn atgyfnerthu'r mudiad heddwch yn Lloegr.

Ffynhonnell E

Dyfyniad o lythyr oddi wrth Lloyd George at ei ferch Megan, Rhagfyr 1936.

?

1 a) Beth oedd amcanion Plaid Genedlaethol Cymru?
b) Pam roedd y blaid yn ymosod yn bersonol ar Gymry enwog fel Lloyd George a D.A. Thomas, Iarll Rhondda?

2 Astudiwch ffynonellau C a Dd.
a) Gan ddefnyddio'r wybodaeth sydd yn ffynhonnell D awgrymwch ddyddiad i'r llythyr (ffynhonnell C).
b) Pam, dybiwch chi, y bu i Blaid Cymru ddewis ymgyrchu yn Sir Gaernarfon i geisio ennill sedd yn y Senedd am y tro cyntaf?

3 Darllenwch ffynhonnell E yn ofalus.
a) Beth, dybiech chi, oedd Lloyd George yn ei feddwl pan ddywedodd fod Cymru ar brawf yn yr Old Bailey yn Llundain?
b) Pam roedd Lloyd George mor ddig oherwydd yr achos oedd yn wynebu Lewis, Valentine a Williams?
c) Beth mae'r dyfyniad hwn yn ei ddweud wrthym am Lloyd George a'i 'Gymreictod'?

4 a) Eglurwch ystyr y gair 'merthyr'.
b) Ydych chi'n credu y dylid ystyried Saunders Lewis, Lewis Valentine a D.J. Williams yn ferthyron neu'n ddrwgweithredwyr? Rhowch resymau dros eich ateb.

UNED 3

RHYFELA GARTREF

Prydain yn Mynd i Ryfel, 1939

PRIF YSTYRIAETH:
Sut y bu i bobl Cymru a Lloegr ymdopi â phrofiadau'r Ail Ryfel Byd?

Ar 1 Medi 1939 ymosododd Hitler ar Wlad Pwyl. Ddau ddiwrnod yn ddiweddarach ac am yr ail dro mewn llai na 30 mlynedd, cyhoeddodd Prydain (a Ffrainc) ryfel yn erbyn yr Almaen. Bu gan dechnoleg ran bwysig i'w chwarae yn yr ymladd. Fel y datblygai'r rhyfel adeiladodd y ddwy ochr awyrennau newydd gwell, rhai i ymladd a rhai i fomio; tanciau cyflymach a mwy angeuol; llongau mwy a gwell a llongau tanfor; arfau tafl; rocedi; awyrennau jet. Cynlluniodd Prydain ac UDA y bom atomig ac fe'i datblygwyd yn UDA. Collwyd mwy o fywydau yn yr Ail Ryfel Byd nag mewn unrhyw ryfel.

Ffynhonnell A

Cafodd y bobl a ganlyn eu cyf-weld ar raglen deledu. Gofynnwyd iddynt adrodd eu hatgofion. O *The Day War Broke Out* (1989).

(i) Mrs Buckland o Lundain
Roedden nhw wedi dweud bod rhyfel wedi dechrau, ac yna aeth y seiren (rhybudd fod cyrch awyr). Cawsom fraw. Yna, ar ôl peth amser, disgwyliem glywed y gynnau, ond chlywsom ni ddim byd, felly dyna ddiwrnod cyntaf y rhyfel. Roedd yn fore eitha' cyffrous wir, ond roedd yn drist meddwl ein bod yn wynebu rhyfel.

(ii) Mr Barsley o Rydychen
Wel, Medi 3, 1939, edrychais ar fy nyddiaduron a gweld fy mod i'n dal i fod yn heddychwr bryd hynny, ar ddechrau'r rhyfel, ac roeddwn wedi nodi pan glywais lais Chamberlain yn dweud ein bod yn mynd i ryfel, fe feddyliais, dyma ni, dyma ddiwedd siwrnai hir, sydd wedi cymryd y tro anghywir, ac rwy'n bendant yn ei erbyn.

(iii) Mrs Barnicott o Plymouth
Roedden ni wedi cynllunio parti i'r teulu ... ond wrth gwrs cafodd ei ganslo, ... treuliodd fy narpar ŵr a 'nhad y ... diwrnod yn cloddio twll i roi lloches Anderson ynddo. Roedd yn fwy chwith gan fy rhieni na ni, achos roedden nhw wedi byw drwy'r rhyfel arall, felly roedden nhw'n gwybod mwy, doedden nhw ddim mor anwybodus â ni.

(i) Mrs Reason o Gaerdydd
Pan ddechreuodd yr Ail Ryfel Byd dywedodd y dyn glo fod y cymoedd wedi adfywhau. Golygai'r rhyfel y byddai yna waith, roedd pawb yno'n llawenhau achos fe gaent arian yn rheolaidd.

(ii) Mr Jones o Rydaman
Rwy'n cofio ein bod ni i gyd yn gweiddi "Hwre!", ni'r llanciau ifanc, yn ein harddegau, roedd y cyfan yn antur fawr. Allem ni ddim aros i gael ymrestru. Pe baem ni ond yn gwybod beth oedd o'n blaenau.

Ffynhonnell B

Dyfyniad o '*The Experiences of Wales in the Depression*' (1986)

Rhyfel Arall i roi Terfyn ar bob Rhyfel?

Yn wahanol i'r Rhyfel Byd Cyntaf gwyddai pobl na fyddai'r rhyfel hwn drosodd erbyn y Nadolig. Gwirfoddolodd niferoedd mawr o ddynion a merched, ond gorfodwyd mwy fyth i ymuno â'r lluoedd arfog neu i weithio mewn diwydiant.

Ond, yn y rhyfel hwn byddai gan y boblogaeth sifil fwy o ran i'w chwarae nag erioed o'r blaen, ffaith a ddaeth yn amlwg iddynt pan ddadlennwyd y cynlluniau i'w diogelu rhag cyrchoedd awyr ac i symud **noddedigion** o'r dinasoedd. Ychydig iawn o bobl a feiddiai obeithio y byddai hwn yn rhyfel a roddai derfyn ar bob rhyfel.

Ffynhonnell C

Y' heddychwyr yn lledaenu neges heddwch.

Ffynhonnell Ch

Pobl yn gorymdeithio mewn protest.

?

1 Pam roedd: (i) gwerthu papurau newydd (ffynhonnell C) a (ii) gorymdeithiau protest (ffynhonnell Ch) wedi eu datgan yn anghyfreithlon ymhen ychydig wythnosau ar ôl dechrau'r rhyfel?

2 a) Ar ôl clywed bod rhyfel wedi ei gyhoeddi dywedodd Mr Barsley, 'Dyma ni, dyma ddiwedd siwrnai hir, sydd wedi cymryd y tro anghywir.' Beth, dybiwch chi, oedd yn ei olygu? (Edrychwch ar yr uned flaenorol i'ch helpu.)
b) Pam roedd rhieni Mrs Barnicott yn teimlo mwy o chwithdod na hi pan glywsant fod rhyfel wedi ei gyhoeddi?
c) Ydych chi'n meddwl fod pobl Cymru yn 'llawenhau', 'yn gweiddi "Hwre!", ac yn dymuno ymrestru i ymladd pan glywsant fod rhyfel ar gychwyn?

3 a) Beth oedd agwedd pobl i'r newydd fod rhyfel wedi ei gyhoeddi?
b) Ydych chi'n meddwl bod y sylwadau a'r agweddau a gofnodir ar y tudalennau hyn yn cynrychioli agweddau pobl ledled Prydain? Eglurwch eich ateb.

UNED 3

RHYFELA GARTREF

Yr Ail Ryfel Byd yn Ewrop, 1939–45

Ar y tir cyfeirid at yr amser o ddiwedd Medi 1939 hyd Ebrill 1940 fel cyfnod y 'Rhyfel Ffug' am nad oedd gan unrhyw ochr yr hyder i ymosod. Ildiodd Gwlad Pwyl ar ôl pedair wythnos o frwydro ar ei phen ei hun yn erbyn yr Almaen. Cyfraniad Prydain i ymgyrch Gwlad Pwyl fu 'bomio'r' Almaen gyda phamffledi propaganda. Ond ar y môr roedd y sefyllfa'n gwbl wahanol. Ymosododd llongau tanfor yr Almaen ar longau masnach Prydain a suddodd y Llynges Brydeinig y llong ryfel *Graf Spee* yn Rhagfyr 1939.

Daeth y Rhyfel Ffug i ben yn sydyn yn Ebrill 1940 pan ymosododd Hitler ar Ddenmarc a Norwy. Anfonwyd milwyr o Brydain a Ffrainc i helpu pobl Norwy ond fe'u trechwyd ar ôl naw wythnos. Yn y cyfamser roedd yr Almaen wedi trefnu cyrch anferth yn y gorllewin yn erbyn yr Iseldiroedd, Gwlad Belg a Ffrainc. Defnyddiwyd llawer o danciau cyflym ac awyrennau. Bu'r *Blitzkrieg* hwn neu'r 'rhyfel sydyn' yn fuddugoliaeth bendant i'r Almaen. Ildiodd yr Iseldiroedd mewn pedwar diwrnod a gwlad Belg ar ôl 18 diwrnod. Gofynnodd y Ffrancwyr am gael trafod telerau heddwch ar ôl 6 wythnos. Erbyn 22 Mehefin 1940 roedd y cyfan drosodd. Roedd byddinoedd Prydain a Ffrainc wedi eu trechu ond llwyddodd nifer i osgoi cael eu dal. 'Gwyrth Dunkirk', fel y'i galwyd, fu achub tua 338,000 o filwyr y Cynghreiriaid oddi ar draethau Normandie.

Prydain ar ei phen ei hun, 1940

Cynlluniai Hitler i oresgyn Prydain ond roedd yn rhaid iddo reoli'r awyr cyn y gallai ddiogelu'r llongau fyddai'n cludo milwyr dros y Sianel. Ymladdwyd Brwydr Prydain, brwydr yr awyr, rhwng Gorffennaf a

Ffynhonnell A

Prif lwyddiannau milwrol Hitler, 1939–42.

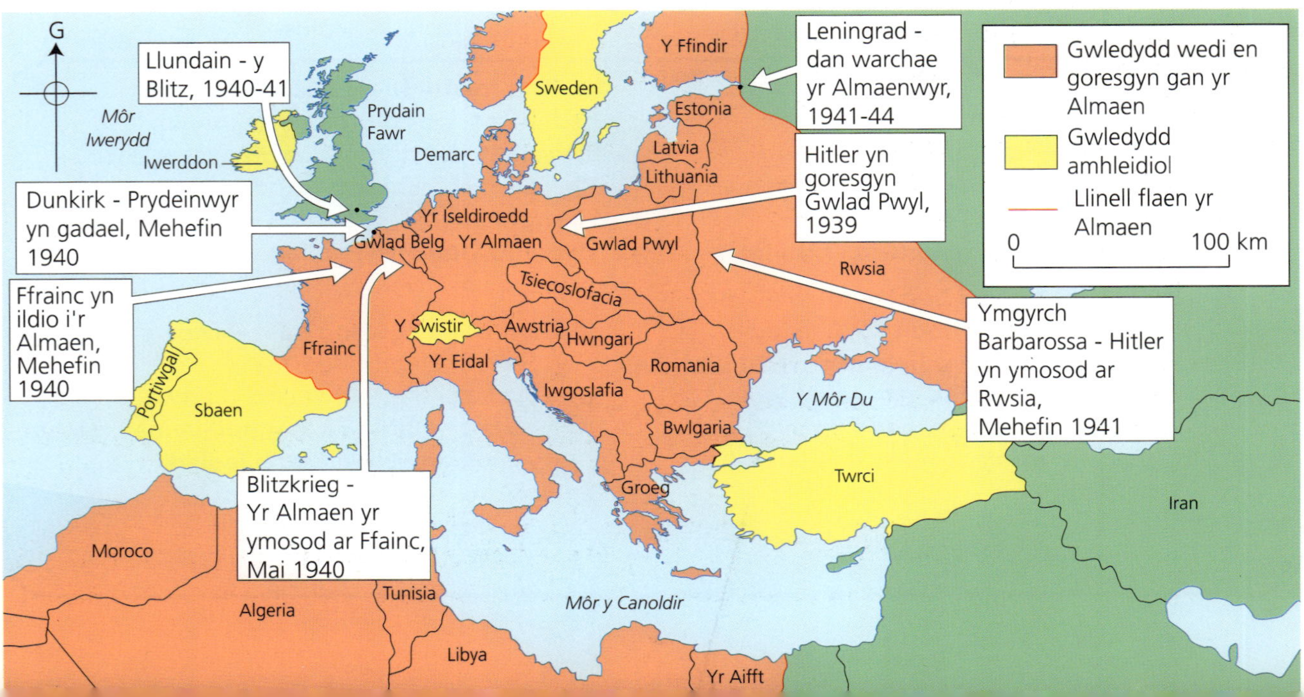

Hydref 1940 a dyna fuddugoliaeth gyntaf Prydain. Er bod gan y gelyn lawer mwy o awyrennau llwyddodd y Llu Awyr i drechu'r *Luftwaffe* ac felly rwystro goresgyniad. Ond ni ellid atal y cyrchoedd bomio didrugaredd ar nifer o ddinasoeddd Prydain – y **Blitz** – a achosodd lawer o ddifrod.

O 1939 hyd 1942 enillodd byddinoedd yr Almaen sawl buddugoliaeth. Roedd yn ymddangos na ellid fyth eu trechu. Roedd y Prydeinwyr wedi trechu byddinoedd Eidalaidd Mussolini yng Ngogledd Affrica yn rhwydd yn ystod 1940 ond trowyd y fantol yn rhyfel yr anialwch pan gyrhaeddodd byddinoedd yr Almaen a'r Cadfridog Rommel i helpu'r Eidalwyr. Yn gynnar yn 1941 trechodd yr Almaen Iwgoslafia a Gwlad Groeg mewn ychydig wythnosau. Roedd help eu cynghreiriad, Prydain, yn rhy ychydig ac yn rhy hwyr.

Yr Undeb Sofietaidd yn Rhyfela, 1941

Dechreuodd y llanw droi o blaid Prydain o Fehefin 1941 pan ymosododd Hitler ar yr UGSS. Nawr roedd gan Brydain gynghreiriad yn erbyn yr Almaen. Ar y dechrau aeth popeth yn dda i'r Almaenwyr. Edrychai fel pe bai eu tacteg *Blitzkrieg* yn mynd i lwyddo eto. O fewn 6 mis roedd yr Almaenwyr wedi trechu, lladd neu ddal dros 5 miliwn o Rwsiaid. Roeddent yn gwarchae ail ddinas fwyaf y wlad, Leningrad, ac o fewn 19 milltir i'r brifddinas, Moskva. Ond, oherwydd cyfuniad o dywydd gaeafol rhewllyd, maint aruthrol y wlad a phenderfyniad cadarn y Rwsiaid i'w gwrthsefyll dechreuodd yr Almaenwyr, oedd yn amharod ac yn y lleiafrif, golli'r dydd.

Y Cynghrair Mawr 1941–45

Penderfynwyd tynged yr Almaen yn Rhagfyr 1941 pan ymunodd UDA â'r rhyfel ar ochr y Cynghreiriaid. Roedd Cynghrair Mawr Prydain, UDA a'r UGSS yn rhy bwerus i'r Almaen. Gelwid UDA yn 'arfdy democratiaeth' ac roedd ganddi'r cyfoeth, y dynion a'r gallu diwydiannol i ennill y rhyfel. Yn fuan roedd llongau America yn cefnogi'r Llynges Brydeinig yn rhyfel yr Iwerydd, y rhyfel roedd yn rhaid i Brydain ei ennill os oedd i oroesi. Roedd llongau tanfor yr Almaen bron wedi atal y cyflenwad o fwyd, olew a defnyddiau crai a ddeuai i Brydain o America a gwledydd yr ymerodraeth.

Erbyn 1944 roedd y cynghreiriaid wedi ennill sawl buddugoliaeth sylweddol. Yn Hydref 1942 trechodd y Prydeinwyr, dan y Cadfridog Montgomery, yr Almaenwyr yn El Alamein gan ddechrau ennill rhyfel yr anialwch yng Ngogledd Affrica. Dinistriodd y Rwsiaid fyddin yr Almaenwyr, y 6ed, yn Stalingrad yn Ionawr 1943 a difrodi eu harfau yn y frwydr danciau fwyaf mewn hanes yn Kursk yng Ngorffennaf 1943. Yr un mis ymosododd byddinoedd Prydain ac UDA ar yr Eidal ac ildiodd cynghreiriad yr Almaen ym Medi 1943. Ym Mehefin 1944 cynlluniodd y Cynghreiriaid y goresgyniad mwyaf mewn hanes pan laniwyd yn Normandie yn Ffrainc. Gwrthgiliodd byddinoedd yr Almaen o Ffrainc, yr Eidal a Rwsia. Erbyn Mai 1945 roedd Hitler yn farw a'r rhyfel yn Ewrop wedi dod i ben.

El Alamein	Hyd.	1942
Stalingrad	Ion.	1943
Byddin Gogledd Affrica yn ildio	Mai	1943
Kursk	Gorff.	1943
Normandie	Gorff-Awst.	1944
'Battle of the Bulge'	Ion.	1945
Brwydr Berlin	Ebrill–Mai	1945

Ffynhonnell B

Trechu Hitler, 1942–45.

?

1 Beth oedd y 'Cynghrair Mawr'?

2 Pam y trechwyd yr Almaen yn y pen draw?

UNED 3

RHYFELA GARTREF

Y Blitz

Ar ôl cwymp Ffrainc ym Medi 1940 rhybuddiodd llywodraeth Prydain y bobl i ddisgwyl y gwaethaf: cyrch bomio dinistriol ar borthladdoedd a dinasoedd. Roedd yn anghywir. Er bod Hitler wedi gorchymyn cyrch awyr dwys ar Brydain ar 31 Gorffennaf i'w ddilyn gan oresgyniad ym Medi, prif dargedau'r *Luftwaffe* oedd meysydd awyrennau'r Llu Awyr a llongau Prydain yn y Sianel. Pe gallai glirio'r llongau rhyfel o'r Sianel ac ennill goruchafiaeth yn yr awyr uwchben gallai byddin yr Almaen ymosod. Roedd Brwydr Prydain wedi dechrau.

Brwydr Prydain

Ymladdwyd Brwydr Prydain yn uchel yn yr awyr uwchben de Lloegr a'r bobl leol yn gwylio. Roedd y Llu Awyr yn y lleiafrif gydag ychydig dros 1,200 o awyrennau ymladd i wrthsefyll 4,550 o awyrennau'r *Luftwaffe*. Yn ystod 5 wythnos gyntaf y frwydr collodd y Llu Awyr bron 20 y cant o'u hawyrennau. O fewn un wythnos yn unig dinistriwyd 185 o *Spitfires* a *Hurricanes*. Roedd colledion yr Almaen cyn drymed ond roeddent yn bwrw 'mlaen gan gredu na allai'r Llu Awyr ddal ati fawr hwy. Roeddent yn iawn ond achubwyd y Llu Awyr pan newidiodd yr Almaenwyr eu tacteg a dechrau bomio dinasoedd yn hytrach na meysydd awyrennau. Ar 7 Medi gorchmynnodd Hitler dig i'r *Luftwaffe* fomio Llundain. Roedd yn dial am fod y Llu Awyr wedi bomio Berlin. Roedd y Blitz wedi dechrau.

Targedau'r Blitz

Gorchmynnodd Hitler fod angen canolbwyntio ar ddinistrio diwydiant Prydain a'i threfi a'i dinasoedd. Y prif darged oedd Llundain. Gobeithiai orfodi llywodraeth Prydain i ildio drwy fomio'r boblogaeth sifil yn ddiarbed

Ffynhonnell A

Prif dargedau trefol a diwydiannol y Blitz.

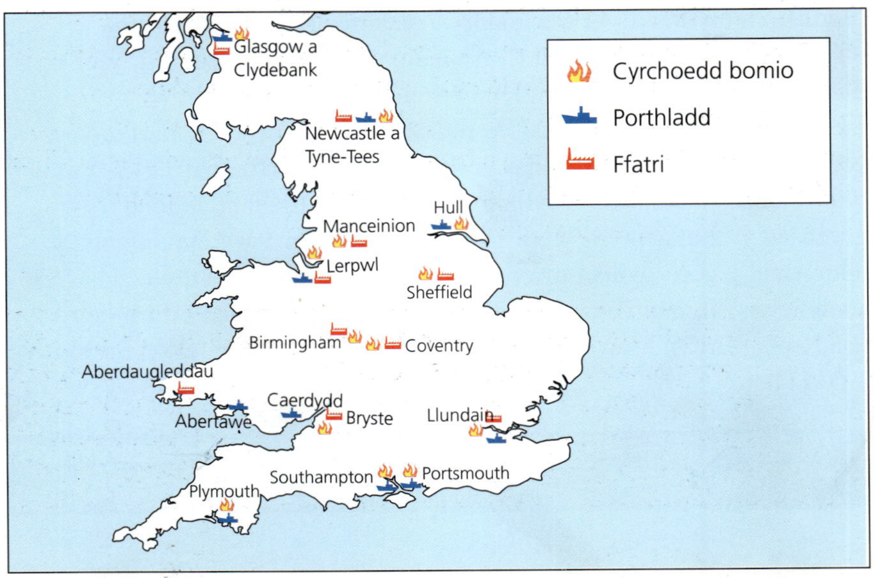

a lladd eu hysbryd. Bomiwyd Llundain bob nos o'r 7 Medi hyd 2 Tachwedd. Gollyngwyd 13,561 tunnell o fomiau ffrwydryn ffyrnig mewn 57 o gyrchoedd. Yn fuan roedd dinasoedd eraill yn dioddef cyrchoedd bomio difrifol. Ar 14 Tachwedd bu cyrch ar Coventry am y tro cyntaf. Ar yr un noson honno lladdwyd 554 o bobl, dinistriwyd 50,000 o dai a channoedd o siopau. Dros y ddeuddydd nesaf dychwelodd awyrennau'r Almaen i fomio'r hyn oedd yn weddill o'r ddinas.

Oherwydd eu bod yn colli mwy a mwy o awyrennau penderfynodd yr Almaen newid i gyrchoedd nos a defnyddio bomiau tân oedd yn achosi tanau anferth. Ar 29 Rhagfyr 1940 cyneuodd y bomiau 1,300 o danau yng nghanol Llundain. Yn 1941 dechreuodd yr Almaen ymgyrchu ymhellach gan fomio Belfast, Glasgow, Abertawe, Caerdydd a Lerpwl. Bomiwyd Lerpwl am wyth noson ym Mai gan ladd 2,000 o sifilwyr. Ar 31 Mai bomiwyd Dulyn ar ddamwain, prif ddinas gwlad niwtral.

Parhaodd y Blitz o Fedi 1940 hyd Fai 1941. Yn ystod yr amser hwnnw lladdwyd 45,000 o sifilwyr, a dinistriwyd neu led-ddinistrio 3.5 miliwn o dai. Am bob person a laddwyd roedd 35 yn ddigartref.

Ffynhonnell B

Adroddiad yn y *Daily Mail* ar y bomio a fu ar dŷ ar gyrion Llundain.

Ymdopi â'r Blitz

O ddiwrnod cyntaf y rhyfel cynlluniodd y llywodraeth ar gyfer y bomio. I ddiogelu'r boblogaeth sifil, roedd wedi darparu wardeniaid (ARP), a fyddai'n rhybuddio pobl a'u harwain i ddiogelwch pan fyddai cyrchoedd awyr, Gwasanaeth Tân Atodol, canolfannau Cymorth Cyntaf a'r Gwasanaeth Ambiwlans. Roedd y boblogaeth sifil hefyd wedi cael cyfarwyddiadau sut i ofalu amdanynt eu hunain drwy ddefnyddio llochesau. Roedd yna lochesau Anderson wedi eu hadeiladu o lenni o fetel, eu claddu yn y ddaear a'u gorchuddio â phridd. Bocs dur mawr oedd lloches Morrison, un y gellid ei osod yn y cartref, gan amlaf o dan y grisiau. Roedd yna lochesau cymunedol hefyd ar gyfer nifer o deuluoedd, a phobl Llundain yn ffodus eu bod yn gallu defnyddio twnelau'r trenau tanddaearol.

Ar y dechrau roedd pobl yn ddigalon oherwydd y bomio parhaol yn ystod y nos ar ddinasoedd Prydain a'r colledion trwm. Ceisiodd Churchill godi ysbryd y bobl drwy ddarlledu negeseuon brwd a gwladgar a thrwy deithio i'r ardaloedd oedd wedi eu difrodi. Yn y cyfamser roedd sensoriaeth y llywodraeth yn sicrhau na allai'r papurau newydd ddangos lluniau o dai oedd wedi eu dinistrio na chyrff y meirwon. Dywedwyd wrth gyflwynwyr rhaglenni radio a ffilmiau sinema am ganolbwyntio ar storïau am arwriaeth y gwasanaethau achub. Llwyddodd cyfuniad o ofn, casineb, dinistr a phropaganda'r llywodraeth i gynyddu ymdeimlad o gyd-berthyn ac ysbryd cymunedol. Roedd pobl Prydain yn benderfynol eu bod am ddangos i Hitler na ellid eu trechu. Eu hymateb oedd byw bywyd bob dydd mewn modd mor debyg i'r arfer ag oedd yn bosibl.

Ffynhonnell C

Ar ôl y cyrch – 'Ydy e'n iawn nawr, Henry?' 'Ydy, does dim crafiad hyd yn oed.' Cartŵn o'r *Daily Express* yn dangos lloches Anderson (1940).

?

1 a) Beth oedd amcanion yr Almaen wrth gynllunio'r Blitz ar Brydain?
b) A fu'r Blitz yn llwyddiant? Eglurwch eich ateb.

2 a) Beth oedd pwrpas yr adroddiad yn y *Daily Mail* (ffynhonnell B)?
b) Beth ydych yn ei ddysgu o'r cartŵn (ffynhonnell C) am ymateb pobl Prydain i'r Blitz?

FFOCWS

Abertawe a'r Blitz Tair Noson

Am dair noson yn Chwefror 1941 bu cyrch awyr ar Abertawe. Gollyngodd 250 o awyrennau'r Almaen 1,320 o fomiau ffrwydryn ffyrnig a thua 56,000 o fomiau tân. Nod y cyrch oedd dinistrio dociau'r dref a chanolfannau'r diwydiannau trwm, ond methodd yr Almaenwyr eu targedau a bomio canol Abertawe. Achosodd y bomiau tân danau oedd i'w gweld o Sir Benfro a gogledd Dyfnaint. Lladdwyd bron 400 o bobl a dinistrio llawer o adeiladau'r dref. Roedd Caerdydd hefyd wedi dioddef ac mewn un cyrch yn unig, ar 2 Ionawr 1941, lladdwyd 151 o ddynion, 147 o ferched a 47 o blant a dinistrio rhyw 600 o dai. Roedd y rhyfel wedi dod i Gymru.

Ffynhonnell A

Drwy lygaid peilot o awyren Almaenig.

Ffynhonnell B

Llun a dynnwyd gan y *South Wales Evening Post* yn dangos difrod bomio yng nghanol Abertawe yn 1941.

(i) Mr Fifield
Roeddem ni'n byw yn Stryd Greenfield drwy gydol y rhyfel ac yn ei chanol hi. Treuliodd fy nheulu nos ar ôl nos yn y lloches goncrid oedd gyferbyn â'n tŷ ni. Rwy'n cofio mynd i fyny i'r Santes Fair i nôl y canwyllbrennau a phethau eraill o'r eglwys. Fe ddaethom ni drwy'r cyfan heb ffenestr wedi ei chracio hyd yn oed yn y tŷ. Buom yn chwerthin am ben rhai pethau a ddigwyddodd ... un noson cawsom rybudd a gwaeddodd y warden, 'Ewch i ymochel'. Aeth un dyn ar ei ben o dan fan yn Stryd Wassall. Pan oedd y cyfan drosodd, gwelem y fan ar ochr arall y sgwâr a'r dyn yn dal i fod ar y ffordd yn berffaith ddiogel. Rwy'n 80 oed nawr a dydw i ddim yn meddwl y cawn ni brofiad tebyg eto. Roedd popeth yn wastad â'r llawr, ddim ond gwaith pum munud o gerdded o'n tŷ ni.

(ii) Mr Mansell
Roeddwn i'n un o'r 20 cyntaf o wardeniaid yr ARP yn Abertawe. Roedd fy nghanolfan yn Stryd y Crochennydd a gafodd ei bomio, ac yna yn Stryd Powell. Daeth un cyrch pan oedd negesydd a finna' ar wyliadwriaeth, a disgynnodd y bomiau ... a tharo tŷ yn Cwm Terrace a Philiparts Lodging House. Anfonais fy negesydd i'r ganolfan a dechrau tynnu rhai o'r dynion allan. Daeth fy negesydd yn ôl a helpu nes daeth y tîm achub. Llwyddasom i gael 42 o'r 48 allan yn fyw. Cafodd y llanc o negesydd, Jack Evans, wobr uchaf y Sgowtiaid am ei ddwewrder.

(iii) Mrs Jenkins
Collodd gwraig fy mrawd dri aelod o'i theulu pan drawyd eu lloches yn Nheras Bryn-Teifi, trawiad uniongyrchol, yn y Blitz yn Chwefror. Ar ôl yr angladd aethom i weld y bedd yn y fynwent. Roeddwn yn synnu gweld tua phump neu chwech o feddau agored, a milwyr yn palu beddau eraill. Gofynnais i un o'r milwyr ar gyfer pwy roedd yr holl feddau. Atebodd, 'Yn barod i'r Blitz nesa'.'

(iv) Mr Pelzer
Roeddwn i yn y Cartreflu ac yn gofalu am Swyddfa Bost Llansamlet pan ddechreuodd y Blitz. Roedd pobl yn dod i mewn o'r stryd i ddianc rhag y *shrapnel* o'r gynnau gwrth-awyrennau. Daeth un wraig i'm gofal felly. Priodais hi yn 1945 ar ôl i ni ein dau fod yn y lluoedd arfog ... ac y mae'n rhaid i mi ddiolch i'r Blitz am dair merch hyfryd a chwech o wyrion. Cefais fendith fawr, 42 o flynyddoedd hapus yn eu cwmni.

Ffynhonnell C

Cyhoeddwyd y dyfyniadau hyn gan y *South Wales Evening Post* yn 1988 – *'Memories of Swansea at War'*.

Ffynhonnell Ch

Tynnwyd y llun hwn yn y bore ar ôl cyrch.

Ffynhonnell D

Llun o Eglwys y Santes Fair, Abertawe a dynnwyd ar 28 Chwefror 1941, wythnos ar ôl i'r Blitz ddod i ben.

?

1 a) Pam y bu i'r Almaenwyr fomio Abertawe?
b) Pa effaith gafodd y bomio ar fywyd y boblogaeth sifil yn y ddinas?

2 Pam y bu i sensor y llywodraeth ganiatáu cyhoeddi'r lluniau sydd yn ffynonellau Ch a D ond nid y llun sydd yn ffynhonnell B?

UNED 3

RHYFELA GARTREF

Bywyd ym Mhrydain yng Nghyfnod y Rhyfel

Yn 1939 roedd y rhan fwyaf o'r Prydeinwyr oedd dros 35 oed yn cofio'r rhyfel blaenorol, felly roedd ganddynt syniad eitha' o beth i'w ddisgwyl: prinder, sensoriaeth, dogni ac aberth. Ond er eu bod yn gwybod am beryglon bomiau o'r awyr, ychydig oedd yn barod am y Blitz a ddinistriodd drefi, dinasoedd, ffatrïoedd a chartrefi. Roedd llai fyth o bobl yn barod am farwolaeth miloedd o'r boblogaeth sifil, pobl gyffredin, yn ddynion, merched a phlant o bob oed a dosbarth. Ni fu cyrchoedd bomio a dargedai'r boblogaeth sifil yn ystod y Rhyfel Byd Cyntaf ac ar waethaf defnyddio gynnau gwrth-awyrennau nid oedd unrhyw amddiffyniad rhagddynt ar wahân i ymgilio. Sylweddolodd pobl o bob oed yn fuan fod hwn yn fath newydd ar ryfela a hwythau mewn cymaint perygl ag unrhyw filwr a ymladdai ar y llinell flaen.

Ymgilio

Ffynhonnell A

Posteri a gyhoeddwyd gan y llywodraeth yn 1940.

MORE CHILDREN GO—"STILL MORE SHOULD GO"

BANK HOLIDAYS ARE CANCELLED

Arms Factories Must Not Slow Down

THERE will be no August Bank Holiday this year. Britain's arms factories will work on without interruption, transport will be left free in case of need.

Mr. Ralph Assheton, Parliamentary Secretary to the Ministry of Labour, said this yesterday when he outlined the Government's attitude towards holidays.

Arms production, said Mr. Assheton, had been greatly speeded up, but there must be no slackening in momentum.

As far as was humanly possible, we must continue for some time to come at the same high pressure of production.

The cancellation, or suspension, of complete stoppages for holidays would hold good.

This would apply not only to holidays extending over several days, but also to one-day holidays such as August Bank Holiday.

This it was proposed to cancel, together with other one-day holidays.

Altering the Law

Mr. Assheton also gave a ruling on holidays taken in rotation by individual workers.

Where they interfered with urgent war requirements or essential transport they should not be taken now. Where they did not, it was better that they should be taken as arranged.

In some trades there is a legal obligation to give an annual holiday.

Mr. Assheton said steps would be taken to extend the period within which such holidays must be given, or otherwise to adjust the legal obligation to war-time needs; also that it must be recognised, however, that seven-day working without adequate periods of rest was not an efficient method of production if continued for any length of time.

Arrangements should be made to provide rest periods.

They should include the building up as quickly as possible of a staff which would periodically allow one day's rest for the workers.

If the Men of Dunkirk Told ...

"I wish men back from Dunkirk would stand at each street corner telling people of things they have seen," said Sir Miles Mitchell, a member of the Lancashire and Cheshire Conscientious Objectors' Tribunal at Liverpool yesterday.

"I had a talk with one returned soldier," added Sir Miles. "He told me he saw things done by the Germans which he did not believe any human being could do—the butchery of little children and old men and women. You cannot say to a man who is spraying bullets from the air, 'I love you.'"

ARREST HITLER'S FRIENDS

—Says Peer

KEEP people with Fascist tendencies away from secret sessions of Parliament, Lord Marley urged in the House of Lords yesterday.

"I am glad," he said, "that the Government have placed under lock and key temporarily until trial that mountebank—perhaps rather more dangerous than that—who has been nominated Gauleiter of England and also the M.P. who has been nominated as Gauleiter of Scotland.

"There are one or two members of the House of Lords who should be similarly treated, not-

Youths Not to Go Abroad

MR. Ralph Assheton, Parliamentary Secretary to the Ministry of Labour, was asked in the House of Commons yesterday whether British citizens of military age, such as Mr. Christopher Isherwood, who have gone to the United States and expressed their determination not to return until the war is over, would be summoned back for registration and calling up.

He replied: "I have no information with regard to Mr. Isherwood."

Major Sir Jocelyn Lucas (Cons., Portsmouth, S.): "Is the Minister aware of the indignation caused by young men leaving the

THE advance guard of the 120,000 London schoolchildren registered for evacuation left for the country yesterday. "Daily Mail" pictures at Paddington show that they were making it just one big summer holiday. Above: Settling down for the new adventure. Left: Mr. Ramsbotham, President of the Board of Education, learns that salute. Thirty special trains left London stations, each carrying about 800 children and teachers. The evacuation will be carried on daily until Tuesday. London's other children—those too young for school—are not being forgotten. Centre picture shows the Duchess of Kent making friends with one at Bedford College yesterday, where she visited children under five who are to be evacuated under the auspices of the Women's Volunteer Service.

Evacuation: No Child will be Compelled to Go

From PERCY CATER, Daily Mail Parliamentary Correspondent

WESTMINSTER, Thursday.

A DANGER line has been drawn from the Tweed, along the east coast, round the corner and along the south coast, and a number of miles inland.

Into this area no children will in future be evacuated.

The facts were revealed in the House of Commons to-night by Mr. Malcolm MacDonald, Minister of Health, in a review of the Government's whole evacuation policy.

He said there is to be no compulsory evacuation except where an entire area had to be emptied for military reasons, that is, before actual invasion or mass raids on industrial targets.

There are, Mr. MacDonald said, large numbers of parents in the evacuation areas in this country who, rightly or wrongly, would not be separated from their children in this time of emergency, anxiety, and danger.

The evidence of that came from every region in the country. It was emphatic and absolutely decisive.

They Refuse

If the Government were to order the compulsory evacuation ... number of parents did not obey the order.

The Government would have to impose penalties upon these people, and that is the central issue of this question of compulsory evacuation.

It was no good M.P.s advocating compulsory evacuation unless they were prepared to face up to that issue.

"I would like to hear from every single member who advocates compulsory evacuation in this House exactly what penalty he is going to impose on parents who do not obey."

Compulsory evacuation, Mr. MacDonald said, meant the compulsory separation of families and children.

"It cannot be done."

The people are ready to go a long way in following the Government, but there are exceptions. The devotion of a father, the love of a mother, are sentiments that cannot be tampered with by Government action.

Mr. MacDonald drew a picture ... tenderly, compassionately," confided Dr. Edith. They want to hear over the radio from women who have been in the reception areas.

"They want to hear teachers who have been faced with this problem saying, 'Look here, mother, this is what you are being asked to do, and we promise that when we get there we will keep an eye on Bertie and Freddie.' Some mothers are thinking, 'Freddie has only one decent pair of trousers. How can I send him away to strangers.'"

Dr. Edith said that business men never ignored the woman aspect of the matter. "Yet," she fired, "the Government, faced with one of the biggest social problems ever presented to any Government, have the sheer effrontery to put on before this huge audience of women every night one male Statesman after another.

"Night after night a man's voice comes over the ether to all these women with the same stereotyped speech. Honestly, I cannot understand it."

Then Dr. Edith blushed and said: "I feel slightly embarrassed. After I had decided that this was the point I would make, and as I was sitting here, a message came in, only five minutes before I rose, asking me to broadcast to-morrow.

"This is National Savings Week, and the B.B.C. have awakened to the fact that millions and millions of women have not yet been approached over the radio."

Ffynhonnell B

Adroddiad y *Daily Mail* ar y ddadl yn y Senedd – a ddylid gorfodi pobl i ymgilio? Mehefin 1940.

Pan gyhoeddwyd y rhyfel dechreuodd y llywodraeth weithredu ei chynllun ymgilio. Nid oedd yn orfodol oherwydd ofnid y byddai pobl yn gwrthwynebu cael eu gorfodi i adael eu cartrefi neu eu plant. Felly, o ddechrau'r rhyfel gweithred wirfoddol oedd ymgilio, ond dyna a anogai'r llywodraeth. Roedd y llywodraeth yn awyddus i ofalu na châi merched a phlant eu lladd gan y byddai hynny'n effeithio ar ysbryd y bobl. Y cynllun oedd i'r holl ferched a phlant ymgilio o ddinasoedd fel Llundain i ardaloedd diogel fel Cymru. Tybid bod Cymru yn ddiogel am ei bod yn wledig ac roedd llai o dargedau milwrol yno nag yn Lloegr. Er bod y mwyafrif o'r noddedigion a ddaeth i Gymru yn dod o Lundain neu Birmingham, ymgiliodd llawer o ferched a phlant Cymru o Abertawe a Chaerdydd hefyd i drefi a phentrefi gwledig.

Anfonwyd rhai plant dramor, i Ganada ac UDA. Anfonwyd nifer o blant oddi wrth eu rhieni am fod gan eu rhieni swyddi pwysig yn y dinasoedd, swyddi oedd yn hanfodol i hyrwyddo'r rhyfel. Tueddai eraill, oedd yn gwrthod ymgilio, i adael y ddinas fin nos cyn y bomio ac yna ddychwelyd yn y bore pan fyddai'r awyrennau wedi cilio. Yn ystod y Blitz ar Plymouth yn 1940 gadawai 50,000 o bobl y ddinas dros nos.

Roedd cymaint â 1.5 miliwn o bobl yn symud o gwmpas yn chwilio am ddiogelwch. Yng Nghwm Rhondda yn unig cafodd rhyw 33,500 o noddedigion loches dros dro yng nghartrefi'r bobl leol. Roedd bywyd y noddedigion yn amrywio. Dibynnai llawer ar y berthynas rhyngddynt a'r teuluoedd oedd yn eu llochesu a'r gymuned leol. Ceisiai swyddogion lletya ddatrys unrhyw broblemau. Roedd yn ddigon cyffredin gweld teuluoedd nad oedd modd eu lletya mewn cartrefi lleol yn aros mewn ysgolion. Gan fod y mwyafrif o'r noddedigion yn dod o'r trefi mawr a'r dinasoedd nid oeddent wedi arfer â bywyd gwledig. Ond roedd llawr o blant y dinasoedd, yn enwedig y rhai a ddaeth o ardaloedd difreintiedig rhan ddwyreiniol Llundain, yn hoffi'r bywyd iachach.

Ffynhonnell C

(uchod) Y Brenin Siôr VI a'r Frenhines Elizabeth yn ymweld â Llundeinwyr oedd yn llochesu yn y twnel tanddaearol, Tachwedd 1940.

Dogni

Gwyddai llywodraeth Prydain y byddai'r Almaen yn defnyddio'r un tactegau ag a ddefnyddiwyd yn y Rhyfel Byd Cyntaf i geisio llwgu Prydain i'w gorfodi i ildio. Gwyddai'r Almaen fod yn rhaid i Brydain fewnforio bron 40 y cant o'i bwyd o dramor felly casglodd Hitler lynges o longau tanfor a ddefnyddiodd i suddo llongau masnach Prydain. Am dair blynedd

SUNDAY MONDAY TUESDAY WEDNESDAY THURSDAY FRIDAY SATURDAY

HAM, TOO

Half a coupon for a ham sandwich

But none for butter in a restaurant

WHEN BUTTER AND BACON ARE RATIONED, HAM WILL BE RATIONED, TOO.

The rations announced last night will probably begin on December 16. They will be a quarter of a pound each of butter and bacon for every individual. That means a pound of bacon and a pound of butter for a family of four.

Ham will be treated as part of the bacon ration; bacon coupons will have to be given up from your ration book when you buy ham.

Margarine will not be rationed. Nor will pork, sausages, meat, or any other food—yet.

There will be three kinds of ration books—a general one for men, women and children over six years old; a child's book for children under six; and a traveller's book for people who do not permanently live at home.

TRAVEL COUPONS

A traveller who is away from home for most of the week will have to carry a special ration book, and the coupons used will be deducted from his or her family's allowances.

If you eat meals in a restaurant every day you will get more than your ration in butter.

No coupon will be required for any butter provided at a meal in a café, hotel or restaurant, as a fairly normal supply of butter will be allowed to catering establishments.

Housewives will have to register with grocers to obtain butter, bacon and ham.

Officially a ham sandwich will be a meal. You will have to give up half a coupon for it, whether you eat it at a railway station buffet or a West End snack bar.

FACING REVOLT

If you buy a meal away from home which includes bacon or ham you must produce your ration book and allow the caterer to tear out part or the whole of a coupon, according to the size of the meal.

Mr. W. S. Morrison, the Food Minister, faces a revolt over his rationing plan, and he may yet have to postpone it until after Christmas.

Broadcasting last night he admitted that there was no great urgency for the rationing of butter and bacon.

He said there was no need for general food rationing at present: "I see no reason to expect any shortage of meat, and I do not see any reason why we should at present impose rationing.

"There are many unrationed things to take the place of bacon on our breakfast table," he declared. "To replace any deficiency of butter we must turn to margarine. There is no scarcity of fats. The margarine now on sale has the same vitamin qualities as butter. You may call them 'sunshine' qualities."

M.P.s are sharply criticising his statement in the Commons yesterday that there were no Government

BACK PAGE, COLUMN SIX

RATIONS The answers to your questions

? How big a ham sandwich can I get for half a bacon coupon?—A sandwich containing two ounces of ham.

? Can I order bread and butter or a roll and butter in a restaurant without giving up a coupon?—Yes.

? Can I get butter without a coupon at a staff canteen?—Yes, at all catering establishments.

? Are fried eggs and bacon or fried eggs and ham exempt?—No, you must give up a coupon for them if you order them in a restaurant.

? If bacon and ham are rationed, what about pork?—Pork is not rationed. Nor are pork sausages, pigs' trotters, liver, kidneys, chitterlings, and other offals.

? If I live in London, my wife and family (evacuated) in, say, Exeter, do we register with two grocers, and what amounts of butter and bacon do we get individually?—Yes, you register in London, your wife in Exeter, and the ration is four ounces of butter and four ounces of bacon a person a week.

? If butter is rationed what about margarine and lard?—You can buy as much margarine, lard and cooking fats as you require, without coupons.

? What was the British butter ration in the great war? — Rationing began on February 25, 1918. Each person was allowed four ounces of butter OR margarine a week.

? What is the German butter ration now?—Between three and four ounces a person a week—when they can get it.

Rooms to let to view raids

"PEOPLE in South Queensferry are letting rooms for weekends at high premiums to visitors who take them in the hope of seeing air raids over the Forth," said Major Monteith Carstairs at Lanark County Council's education committee meeting yesterday.

And this is how far it goes—

Butter ration is a quarter of a pound weekly. That is enough, each day, to spread thinly five slices of bread—each four by three inches.

Here's your week's BACON

Bacon ration is a quarter of a pound a week. Four slices—each a tenth of an inch thick. Four-sevenths of a rasher a day. In the picture, *left*, is a side view of a ration rasher "life-size."

Treasure, 'spy' girl, found gassed

Daily Express Staff Reporter

A GIRL known as "Treasure," who is alleged to have said she was a German spy, was found dead yesterday in a flat in Alexandra-road, Kilburn, N.W.

She was to have given evidence today in a blackmail case at Birmingham. Her real name was Mrs. Mabel Muffett.

Lying by her side on a made-up bed on the floor was another dead girl named Williams, whose name was mentioned when the case openedp in Birmingham last week. Both girls were about twenty-two.

Both "Treasure" and Miss Williams were in their dressing-gowns. They had been dead several days, apparently from gas poisoning.

Police believe that as soon as "Treasure" returned from Birmingham, they decided to commit suicide together.

Constables forced their way into the flat after the landlady had noticed milk bottles accumulating outside.

A number of letters found in the flat have been handed to the coroner.

"Treasure" gave evidence in a

BACK PAGE COL. FOUR

DANGER-ZONE SCHOOLS AGAIN

SOME schools in evacuation areas are to be reopened. Mr. Kenneth Lindsay, Parliamentary Secretary to the Board of Education, said in the House of Commons yesterday that in many cases it may be necessary to work a double-shift system.—*Details on Page Seven.*

Staff chief is to leave War Office

Lieutenant-General Sir Ronald Adam, deputy-chief of the Imperial General Staff, is leaving the War Office to take up a command.

With Lord Gort and Lieutenant-General H. R. Pownall, Director of Military Operations and Intelligence, this means that the three most important General Staff officers—the Cabinet's chief advisers on military matters—have gone away within two months of the declaration of war.

Exit the infantry

A notice "We want a bicycle" was pinned outside a warden's post at Ilford, Essex. Soon afterwards two people each provided a machine. They will be used on patrol.

Finland shouts back at Stalin

'World will hear our reply today'

FINLAND answered back over the radio late last night to the "malicious attacks made on the Finnish State in Soviet broadcasts."

Speaking in Russian from a station near the frontier, the announcer said Finland could never agree to a pact such as Stalin has forced on smaller Baltic nations.

Finland's Foreign Minister, Dr. Erkko, also broadcast to the Finnish people and to the 100,000 Finnish Army on the frontier that Finland's independence was not for sale.

"Stalin's demands," he declared, "may be a small thing to a great nation like Russia, but to us they are very big indeed.

"A way can and must be found for Finland and Russia to live together, but no pressure can change our resolution. The country is determined to defend itself."

Neutrals bark

"When our answer to Russia is published tomorrow the world will know how far we have gone for peace."

[M. Paasikivi, Finnish Special Envoy, arrives with the reply in Moscow this morning.]

Sweden, Finland's closest neighbour, and other neutral States come out strongly this morning against the Russian demands.

After last night's meeting of the Swedish Foreign Affairs Committee it was stated in Stockholm at 1.30 a.m. that a Soviet naval base on the Finnish coast would be a grave threat to the Scandinavian countries.

Norway's Government newspaper Arbejder Bladet sees the Soviet claims as an ultimatum which renders further talk practically useless, and continues:—

"It is not the spirit of Lenin that marks Russian foreign policy but the spirit of Peter the Great."

A New York message early today says President Roosevelt has officially published the text of messages which passed between himself and the Kremlin as long ago as April. These messages indicate that Soviet Russia assured America she would not attack any smaller nation.

Russia buys rubber in U.S. for Nazis

Daily Express Staff Reporter

NEW YORK, Wednesday.—Despite warnings by President Roosevelt, Acting-Navy Secretary Edison and Assistant War Secretary Louis Johnson, the Soviet Union, through Amtorg, the Russian trading company, have bought up several thousand tons of rubber believed to be intended for Germany. Amtorg are said to be seeking 10,000 tons or more through New York jobbers.

That Man has "decided" again 'A QUIET WINTER'

MESSAGES from Berlin last night indicated that there will be no German attack on the Maginot Line until the Spring.

Hitler, it was said, has reluctantly abandoned his plan for a smashing frontal attack to restore German prestige.

The decision followed a day of anxiety for German army chiefs. Hitler, who has hardly left the Chancellery during the past two weeks, locked himself in his study and refused to see any one.

The Fuehrer broke his solitude only when he summoned his military chiefs suddenly for a one-hour conference at which huge-scale maps of the Western Front were inspected.

He studied detailed reports of the small-scale trial attacks on the French lines in the Moselle sector—attacks carefully staged by forces ranging from sixty to 1,000 men during the past few days under differing weather conditions.

Results of these trial attacks have convinced the German General Staff that a big-scale attack would be terribly costly.

It is expected that Hitler will now lay plans for a quiet winter on the war front and concentrate on new diplomatic moves to strengthen his position before the spring.

Tailpiece

While Hitler was planning a quiet winter for the troops, his own Nazi newspaper, Voelkischer Beobachter, was pressing on the nerve war—"Blitzkrieg for Britain."

The newspaper said yesterday:—

"Our proud young manhood are burning to deal those blows against Britain which are necessary finally to cure her of her presumptuousness, to put her back within the limits set for her by nature and her actual achievements."

*** Hitler turns hate on France, Page Two.

Ffynhonnell Ch

(dde) Y *Daily Express* yn egluro'r cynllun dogni yn Nhachwedd 1939.

ar ddechrau'r rhyfel roedd y llongau tanfor yn llwyddiannus iawn. Yn Ebrill 1941 yn unig suddwyd dros 700,000 tunnell o longau Prydain.

Ym Mhrydain disgwylid i bobl aberthu er mwyn helpu i leihau bygythiad y llongau tanfor. Yn Ionawr 1940 cyflwynodd y llywodraeth gynllun dogni bwyd ac yn fuan wedyn dillad, petrol a glo. Erbyn 1942 roedd dŵr hyd yn oed wedi ei ddogni ac ni châi pobl fwy na 13 cm o ddŵr yn y bath wythnosol! Rhoddwyd llyfr dogni i bawb. Caent gyfnewid y cwponau am nwyddau fel cig, wyau, menyn a siwgr ond dim ond yn y siopau lle roeddent wedi cofrestru yn unig. Nid oedd dogni ar rai bwydydd fel bara, y rhan fwyaf o lysiau a thatws. Ond roedd bron yn amhosibl dod o hyd i ffrwythau fel bananas, orenau a lemonau ac eithro ar y farchnad ddu, lle gellid prynu y rhan fwyaf o'r eitemau oedd wedi eu dogni am bris uchel.

Rhedodd y ci allan o siop y cigydd gyda darn mawr o siwed yn ei geg. Es ar ei ôl ar gefn fy meic a gweld y ci yn claddu'r siwed. Pan oedd y ci wedi mynd yn ddigon pell, es yno a chymryd y trysor cudd. Es â'r siwed hwnnw adref, torri a thaflu'r darn oedd wedi ei gnoi a gwneud pwdin siwed.

Ffynhonnell D

Un wraig yn cofio sut y bu i'r prinder bwyd beri iddi weithredu, yn N. Longmate, *How We Lived Then* (1971).

Sensoriaeth a Phropaganda

Ffynhonnell Dd

(uchod) Poster a gyhoeddwyd gan y Weinyddiaeth Hysbysrwydd yn 1940.

Ffynhonnell E

(chwith) Poster y Weinyddiaeth Hysbysrwydd, 1940.

Yn ystod amser rhyfel bydd pob llywodraeth yn ceisio rheoli'r newyddion er mwyn celu'r gwir. Gelwir hyn yn sensoriaeth. Ym Mhrydain fel yn yr Almaen sensorwyd y radio, papurau newyddion, cylchgronau, ffilmiau sinema a newyddion y sgrîn. Sefydlwyd y Weinyddiaeth Hysbysrwydd i lunio'r rheolau ar sensoriaeth a phropaganda. Y nod oedd sicrhau na fyddai'r cyhoedd yn dod i wybod am ddim ond yr hyn y dymunai'r llywodraeth iddynt ei wybod neu'r hyn y tybiai'r llywodraeth ei bod am iddynt ei wybod, gan gelu'r newyddion gwaethaf am drychinebau milwrol a cholledion. Tybid y byddai newyddion drwg yn torri ysbryd y bobl.

Honnai'r llywodraeth mai pwrpas y deddfau sensoriaeth oedd diogelu'r bobl rhag celwyddau a storïau maleisus propaganda'r Almaen. Yn ystod y rhyfel roedd William Joyce, a lysenwyd yn Lord Haw-Haw oherwydd bod ganddo lais crand, Gwyddel-Americanwr pleidiol i'r Natsïaid, yn darlledu'n rheolaidd i bobl Prydain o orsaf radio yn yr Almaen. Ei nod oedd dinistrio ysbryd y Prydeinwyr ac ystyriai'r llywodraeth sensro'i raglenni nes iddynt sylweddoli mai jôc oedd i'r rhan fwyaf o bobl. Ond, gwaharddwyd y *Daily Worker*, papur newydd pleidiol i'r comiwnyddion, am ei fod yn beirniadu'r llywodraeth a'r ymdrechion i hyrwyddo'r rhyfel. Wrth gwrs, nid oedd sensro ar newyddion da fel buddugoliaethau milwrol a llwyddiannau eraill ond yn aml byddent wedi eu gorliwio i roi'r argraff eu bod yn fwy canmoladwy. Dyna oedd propaganda. Defnyddiodd y ddwy ochr bropaganda'n helaeth a daeth 'y rhyfel geiriau' yn arf pwysig yn ystod y rhyfel.

Ffynhonnell F

Am y tro cyntaf cafodd llawer o ferched eu hyfforddi, gan ddysgu sgiliau technegwyr a pheirianwyr. Mae'r ferch hon yn weldio i wneud rhannau ar gyfer peiriannau.

Merched a'r Rhyfel

Dywedodd hanesydd, 'Bu angen rhyfel byd i roi rhyddid i ferched a dau ryfel byd i roi iddynt gyfartaledd.' Yn ystod y Rhyfel Byd Cyntaf cafodd merched gyfle i brofi eu gwerth fel gweithwyr diwydiannol ac amaethyddol a chanmolwyd eu cyfraniad. Ond, pan ddaeth y rhyfel i ben dyna ddiwedd hefyd ar eu cyfraniad i ffyniant diwydiannol Prydain. Pan ddaeth y milwyr yn ôl cawsant hwy'r swyddi a wnâi'r merched. Ar ddechrau'r Ail Ryfel Byd gwyddai'r gwleidyddion y byddai angen y merched eto. Recriwtiwyd neu ymrestrodd miloedd o ferched i hyrwyddo'r rhyfel. Gweithient mewn ffatrïoedd yn paratoi arfau, ar y tir yn tyfu bwyd i fwydo'r cyhoedd ac mewn ysbytai yn gweini ar y gwael a'r clwyfedig. Mewn un ffatri arfau ym Mhen-y-bont cyflogid 7,000, dros 65 y cant ohonynt yn ferched.

Ffynhonnell FF

Datganiad gan Clement Attlee, y Dirprwy Brif Weinidog yn 1942.

Rhaid gweld y gwaith mae merched yn ei wneud yn y ffatrïoedd arfau i fedru ei gredu. Gwneir gwaith peirianyddol manwl a fyddai ychydig flynyddoedd yn ôl wedi bod yn her i dechnegydd medrus a hynny gyda chywirdeb eithriadol gan ferched na chawsant unrhyw brofiad diwydiannol.

Ni ddisgwylid i ferched priod â phlant gymryd swyddi. Roedd merched oedd dros eu 40au cynnar wedi eu cofrestru ond ni ddisgwylid iddynt gymryd gwaith. Ystyrid merched oedd dros 40 yn rhy hen a gwrthwynebid eu cofrestru. Ond dewiswyd y rhan fwyaf o'r gweithwyr i'r ffatrïoedd arfau o blith y gwirfoddolwyr hyn. Roeddent wrth eu bodd yn meddwl am fod â rhan mewn diwydiant, wedi eu rhyddfreinio, wedi dianc o dlodi anobeithiol yr 1930au, rhag sinc y gegin; roedd ganddynt eu bywyd a'u harian eu hunain.

Ffynhonnell G

Dyfyniad o gyfweliad yn yr 1980au gyda gwraig a fu'n glerc mewn swyddfa gyflogi yng Nghymru yn ystod y rhyfel.

Mae miloedd o ferched sy'n dymuno gwirfoddoli yn ei chael hi'n anodd neu'n amhosibl i dderbyn eu cyflogi. Y rhesymau pwysicaf yw: cyflogau isel, diffyg gofal plant yn ystod y dydd, oriau gwaith hir sy'n golygu ei bod hi'n anodd siopa a phrinder trafnidiaeth.

Ffynhonnell Ng

Adroddiad a anfonwyd i Churchill gan Adran Ymchwil i Lafur y llywodraeth yn 1942.

Mewn un ffatri mae'r merched yn gweithio o 8 y bore hyd 5 yr hwyr. Mae rhestr aros o bron 300 ac o fewn 10 wythnos mae'r tâl ychwanegol wedi codi, absenoldeb wedi gostwng ac nid oes unrhyw broblemau blinder, siopa na thrafnidiaeth er bod y cyflogau (£2.20 yr wythnos) yn chwerthinllyd o isel.

Ffynhonnell H

'Merched yng ngwaith y rhyfel.' Adroddiad a gyhoeddwyd gan y llywodraeth yn 1943, ar gael i'r papurau a'r cyhoedd.

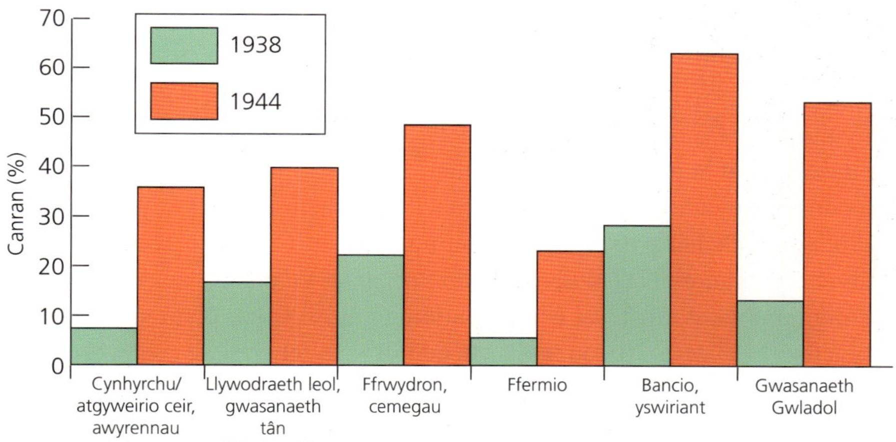

Ffynhonnell I

Graff yn darlunio'r ganran o ferched oedd mewn gwaith yn 1938 ac yn 1944.

?

1 a) Pa broblemau allai fod yn wynebu:
(i) y noddedigion?
(ii) y rhai a roddai loches iddynt?
b) Beth oedd manteision ymgilio?

2 a) Pam, dybiwch chi, roedd y posteri yn ffynhonnell A wedi eu hanelu at famau ac nid tadau?
b) Pa mor llwyddiannus oedd y posteri propaganda hyn? (Defnyddiwch ffynhonnell B i'ch helpu.)

3 a) Pam roedd angen dogni?
b) Beth oedd effaith dogni?

4 Pam y mae adroddiad y llywodraeth yn ffynhonnell H yn dehongli gwaith y merched yn wahanol i'r Adran Ymchwil i Lafur (ffynhonnell Ng)?

5 Yn 1917 dywedodd gwleidydd Americanaidd, 'Y cyntaf i ddioddef yn amser rhyfel yw'r gwirionedd.' Beth yw ystyr y gosodiad hwn? Rhowch enghreifftiau o Brydain cyfnod yr Ail Ryfel Byd.

Winston Churchill

Ei fywyd cynnar

Ganwyd Winston Churchill i fywyd o gyfoeth a braint yn 1874. Yn 1902 fe'i hetholwyd yn Aelod Seneddol Ceidwadol ond yn ddiweddarach ymunodd â'r Rhyddfrydwyr. Daeth yn gyfaill i Lloyd George a llywiodd y ddau nifer o welliannau cymdeithasol drwy'r Senedd.

Llun o Winston Churchill.

Y Rhyfel Byd Cyntaf

Pan ddechreuodd y rhyfel ef, fel Prif Arglwydd y Morlys, oedd yng ngofal y Llynges Frenhinol. Roedd yn frwd ac yn effeithlon ond diwedd trychinebus fu i'w gynlluniau i ymosod ar Twrci yn Gallipoli. Churchill gafodd y bai ac fe'i gorfodwyd i ymddiswyddo. Ddwy flynedd yn ddiweddarach daeth Lloyd George, y Prif Weinidog newydd, â Churchill yn ôl i'r Cabinet fel Gweinidog Arfau yn 1917. Eto, profodd ei werth gan weithio'n galed i sicrhau cyflenwad cyflym o arfau i'r ffrynt.

Blynyddoedd yn yr Anialwch

Wedi cwymp Lloyd George yn 1922 arhosodd Churchill yn y llywodraeth gan ymuno â'r Ceidwadwyr. Erbyn 1929 roedd wedi cweryla â llawer o aelodau ei blaid ei hun. Beirniadai bolisi'r llywodraeth yn llym.

Roedd yn awyddus iawn i berswadio'r llywodraeth a phobl Prydain i beidio ag ymddiried yn Stalin, Mussolini na Hitler. Credai fod polisi o heddychu yn gamgymeriad ac y byddai yn y man yn arwain at ryfel. Ond ychydig o bobl a wrandawai ar ei rybuddion am beryglon comiwnyddiaeth, ffasgaeth a Natsïaeth. Roedd ar y cyhoedd ofn rhyfel arall ac roedd yn well ganddynt gredu yn y polisi tramor a gadwai'r heddwch – polisi MacDonald, Baldwin a Chamberlain. Iddyn nhw roedd dull Churchill o ymdrin â phobl fel Hitler yn ymosodol ac felly'n sicr o arwain at ryfel.

Rhyfel ac Anrhydedd

Erbyn 1939 pan ddechreuodd y rhyfel roedd dros ddeng mlynedd er pan fu Churchill yn y llywodraeth. Nid oedd Chamberlain yn hapus fod ofnau Churchill wedi eu gwireddu ac roedd yn benderfynol na fyddai yn croesawu Churchill i'r Cabinet. Ond roedd agwedd y wlad a'r Senedd wedi newid a chytunodd Chamberlain yn anfoddog i Churchill lanw'r swydd, Prif Arglwydd y Morlys.

Fel y datblygai'r rhyfel cynyddai hyder a bri Churchill. Pan ymosodwyd ar Ffrainc ym Mai 1940, ar ôl i Lloyd George roi araith rymus yn ei feirniadu, ymddiswyddodd Chamberlain. Roedd rhai Aelodau Seneddol o blaid dyrchafu'r dirprwy, yr Arglwydd Halifax, yn Brif Weinidog ond cytunwyd yn y diwedd mai Churchill ddylai arwain y llywodraeth glymblaid newydd.

Bu Churchill yn arweinydd rhyfel eithriadol. Adnewyddodd ysbryd toredig y cyhoedd ym Mhrydain â'i areithiau ymfflamychol a thrwy deithio'n bersonol i wahanol rannau o Brydain i gynnig cefnogaeth pan oedd y Blitz ar ei waethaf. Hyd yn oed pan wynebai Prydain gyfnodau o anobaith llwyr – Dunkirk ym Mai 1940, eu trechu yn rhyfel yr anialwch yn Ionawr 1941 a chwymp Singapore yn Chwefror 1942 – roedd Churchill yn annog 'ei bobl' i ddal ati gan ategu ei gred gadarn yn eu gallu i ennill y rhyfel.

Dechreuodd ei ymgyrch i ennill y rhyfel ('Drive to Victory') gyda brwydr El Alamein yn Hydref 1942. Dewisodd Churchill y Cadfridog Montgomery i arwain byddin Prydain yng Ngogledd Affrica a bu'n ddewis doeth. Trechwyd yr Almaenwyr yn llwyr yn Alamein ac yn Tunisia a Sicilia. Anogodd Churchill gadfridogion y Cynghreiriaid i ymosod ar yr Eidal yng Ngorffennaf 1943 a Ffrainc (D-Day) ym Mehefin 1944. Sicrhaodd ei waith caled fod arweinwyr rhyfel y Cynghreiriaid, Roosevelt UDA a Stalin UGSS, yn barod i gyd-dynnu er mwyn gorchfygu'r Almaen.

I'r mwyafrif o bobl Prydain arweinyddiaeth ysbrydoledig Churchill oedd yn gyfrifol am fuddugoliaeth y Cynghreiriaid yn 1945 ond roedd ganddo ei elynion. Beirniadai Aneurin Bevan, y gwleidydd Llafur, arweinyddiaeth Churchill drwy gydol y rhyfel. Yng Ngorffennaf 1942 ymosododd yn ffyrnig ar fethiant Churchill i sicrhau buddugoliaeth a galw am ddadlau cynigiad o ddiffyg ymddiriedaeth *('No confidence')*. Gwnaeth Churchill yntau gamgymeriadau. Gan feddwl elwa o'i boblogrwydd galwodd etholiad yng Ngorffennaf 1945. Collodd. Roedd wedi camfarnu wrth roi ei ffydd yn ymateb y bobl. Wedi cyfnod byr fel Prif Weinidog o 1951 hyd 1955 ymddeolodd. Bu farw yn 1965.

AROLWG

Ystyriwch y cwestiwn allweddol a ganlyn: Sut y bu i bobl yng Nghymru a Lloegr ymdopi â phrofiadau'r Ail Ryfel Byd?

Gofynnwch, beth yw ein nod? Atebaf mewn un gair: Buddugoliaeth. Buddugoliaeth waeth beth fo'r gost, ar waethaf pob dychryn, pa mor hir bynnag yw'r ffordd, oherwydd heb fuddugoliaeth ni allwn oroesi.

Ffynhonnell A

Dyfyniad o araith gyntaf Churchill fel Prif Weinidog, 13 Mai, 1940.

Ffynhonnell B

'Pawb yn eich cefnogi, Winston' Cartŵn gan David Low (1940).

?

1. **Oedd cefndir a gyrfa gynnar Winston Churchill wedi ei baratoi i fod yn Brif Weinidog amser rhyfel?**
2. **Pam roedd Churchill yn llwyddiannus fel Prif Weinidog amser rhyfel?**
3. **Ydych chi'n cytuno neu'n anghytuno â'r gosodiad na fyddai Churchill wedi dod mor enwog oni bai am yr Ail Ryfel Byd? Eglurwch eich ateb yn llawn.**

UNED 4

CYMRU A LLOEGR AR ÔL Y RHYFEL

Diwedd y rhyfel, Diwedd yr Ymerodraeth: Prydain yn 1945

PRIF YSTYRIAETH:
Ym mha fodd ac i ba raddau y bu i bolisïau economaidd a chymdeithasol y llywodraeth Lafur newid Cymru a Lloegr yn y cyfnod 1945–51?

Ar 8 Mai 1945 ildiodd yr Almaen. Roedd y rhyfel 6 mlynedd yn Ewrop wedi dod i ben. Ar 2 Medi arwyddodd Japan y ddogfen ildio a dyna ddiwedd y rhyfel 4 blynedd yn y Dwyrain Pell. Ar ddiwedd yr Ail Ryfel Byd roedd y Cynghreiriaid – Prydain, UDA a'r UGSS yn fuddugol. Ond, roedd y Prydeinwyr i dalu pris uchel am fuddugoliaeth filwrol. Roedd 6 blynedd o ryfel byd wedi dod â dirywiad economaidd. Cyfrannodd hefyd at gwymp yr ymerodraeth.

Yr Economi ar ôl y Rhyfel

Dinistriodd y rhyfel economi Prydain. Roedd y llywodraeth wedi gwario bron i £7,000 miliwn neu chwarter y cyfoeth gwladol ar y rhyfel. Roedd ffatrïoedd fu'n cynhyrchu nwyddau fel ceir a rhewgelloedd wedi eu defnyddio i gynhyrchu tanciau, gynnau, bwledi a bomiau. Erbyn diwedd y rhyfel roedd Prydain mewn dyled o dros £3,000 miliwn. Yn 1945 efallai bod Llynges Prydain yn dal i fod y fwyaf yn y byd ond ni elllid fforddio ei hanfon i'r môr!

Yr unig wlad nad oedd mewn dyled a'i heconomi'n gryf oedd UDA. Cynted ag y daeth y rhyfel i ben llwyddodd ffatrïoedd America i newid eu cynnyrch yn gyflym o offer rhyfel i nwyddau defnyddwyr. Yn anffodus, ni allai Prydain, oedd wedi dioddef difrod rhyfel, gystadlu. Ni allai ei diwydiannau newid eu cynnyrch mor gyflym na chynhyrchu cymaint o nwyddau defnyddwyr â'r Americanwyr.

Ni allai Ewrop a ddioddefai o ddinistr rhyfel na'r marchnadoedd tramor traddodiadol brynu nwyddau o Brydain. Bu'n rhaid i'r Americanwyr o dan gynllun Marshall helpu i adfer economïau Ewrop. Ond daeth cymorth America i Brydain i ben yn Awst 1945.

O ymerodraeth i gymanwlad

Roedd UDA a'r UGSS wedi goddiweddyd Prydain a dod yn brif bwerau'r byd. Erbyn 1945 roedd cyfraniad America – arfau, dynion ac offer – yn llawer mwy na chyfraniad Prydain i ymdrech y Cynghreiriaid. Yn ystod dyddiau olaf y rhyfel yn erbyn Japan, rhwng Mehefin a Medi 1945, nid oedd gan filwyr Prydain unrhyw ddewis ond ufuddhau i orchmynion America. Gwyddonwyr America, nid gwyddonwyr Prydain, a ddatblygodd y bomiau atomig cyntaf. Gollyngwyd y rhain ar ddinasoedd Hiroshima a Nagasaki gan orfodi i Japan ildio.

Roedd Prydain wedi ei gwanhau yn filwrol ac yn economaidd. Yn 1947 cafodd India, prif drysor Prydain, ei hannibyniaeth. Cyn bo hir dilynwyd hi gan wledydd eraill a daeth yr Ymerodraeth Brydeinig i ben. Yn lle'r Ymerodraeth roedd llywodraeth Prydain yn annog ffurfio Cymanwlad o Genhedloedd a fyddai'n cynnwys y trefedigaethau blaenorol. Arhosodd y rhan fwyaf o'r gwledydd fel India yn rhan o'r Gymanwlad ond gadawodd eraill, fel Burma.

Eto, ar waethaf y problemau economaidd nid oedd popeth yn dywyll ac yn drist ym Mhrydain ar ôl y rhyfel. Roedd Prydain wedi ennill y rhyfel ac roedd gwaith i bawb. Roedd yr iardiau adeiladu llongau a'r pyllau glo yn cynhyrchu cymaint ag oedd modd eto ac roedd pobl yn edrych ymlaen at well dyfodol. Roedd agweddau yn newid. Nid oedd y mwyafrif o bobl Prydain eisiau dychwelyd i ddirwasgiad a diweithdra'r cyfnod cyn y rhyfel ac nid oeddent yn malio cymaint erbyn hyn am yr Ymerodraeth.

Ffynhonnell A

Y byd yn camu i'r oes niwclear, *Daily Express*, 7 Awst 1945.

DAILY EXPRESS

No. 14,094 — Lighting-up: 9.39 pm to 4.33 am — TUESDAY AUGUST 7 1945 — Weather: Cool, showers — One Penny

Smoke hides city 16 hours after greatest secret weapon strikes

THE BOMB THAT HAS CHANGED THE WORLD

Japs told 'Now quit'

THE Allies disclosed last night that they have used against Japan the most fearful device of war yet produced—an atomic bomb.

It was dropped at 20 minutes past midnight, London time, yesterday on the Japanese port and army base of Hiroshima, 190 miles west of Kobe.

The city was blotted out by a cloud of dust and smoke. Sixteen hours later reconnaissance pilots were still waiting for the cloud to lift to let them see what had happened.

The bomb was a last warning. Now leaflets will tell the Japanese what to expect unless their Government surrenders.

So great will be the devastation if they do not surrender that Allied land forces may be able to invade without opposition.

20,000 tons in golf ball

ONE atomic bomb has a destructive force equal to that of 20,000 tons of T.N.T., or five 1,000-plane raids. This terrific power is packed in a space of little more than golf ball size.

Experts estimate that the bomb can destroy anything on the surface in an area of at least two square miles—twice the size of the City of London.

When it was tested after being assembled in a farmhouse in the remote desert of New Mexico, a steel tower used for the experiment vaporised; two men standing nearly six miles away were blown down; blast effect was felt 300 miles away.

And, at Albuquerque, 120 miles away, a blind girl cried "What is that?" when the flash lighted the sky before the explosion could be heard.

In God's mercy we outran Germany

This statement was prepared by Mr. Churchill before he resigned, and was issued from Downing-street last night.

By WINSTON S. CHURCHILL

BY THE YEAR 1939 IT HAD BECOME WIDELY RECOGNISED AMONG SCIENTISTS OF MANY NATIONS THAT THE RELEASE OF ENERGY BY ATOMIC FISSION WAS A POSSIBILITY.

The problems which remained to be solved before this possibility could be turned into practical achievement were, however, manifold and immense; and few scientists would at that time have ventured to predict that an atomic bomb could be ready for use by 1945. Nevertheless, the potentialities of the project were so great that his Majesty's Government thought it right that research should be carried on in spite of the many competing claims on our scientific manpower.

At this stage the research was carried out mainly in our universities, principally Oxford,

The men who knew

SIR JOHN ANDERSON — *He supervised the work*

SIR CHARLES DARWIN — *He was called in*

BLAST FELT 300 MILES FROM BOMB TEST

Steel tower turned to vapour

From C. V. R. THOMPSON: New York, Monday

THERE is reason to believe that the vital part of the atomic bomb with its almost incredible power of devastation is not much bigger than a golf ball.

We have not seen it; all that is given officially—and this from the War Department—is that it is "a revolutionary weapon destined to change war, or which may even be the instrumentality to end all wars."

But something is known about the first test, made in heavy rain at 5.30 a.m. on July 16 in a remote area of New Mexico.

We know that the blast was felt nearly 300 miles away. Imagine feeling in Piccadilly-circus the effect of a bomb dropped in Penzance.

And there is this account, given by the U.S. War Department, of what happened in New Mexico:

"At the appointed time there was a blinding flash, lighting up the whole area brighter than the

PLANE KIDNAPS SCIENTIST

Snatched from Nazis to help us

A DANE who was smuggled into Britain and two

THANKS, BRITAIN

Says Professor

From GUY AUSTIN

LOS ANGELES, Monday.—Professor R. Robert Oppenheimer, director of the work on the atomic bomb, told me

4.30 a.m. LATEST

1 Sut le oedd ym Mhrydain yn 1945?

2 Pam y gallai rhai pobl honni nad oedd gan Brydain fawr i'w ddathlu ar ddiwedd yr Ail Ryfel Byd?

UNED 4

CYMRU A LLOEGR AR ÔL Y RHYFEL

'Prydain wahanol': Etholiad Cyffredinol 1945

Ymhen pythefnos ar ôl i'r Almaen ildio yn Ewrop daeth llywodraeth glymblaid Winston Churchill i ben. Nid dyna ddewis Churchill ond gwrthododd Clement Attlee, arweinydd y Blaid Lafur, ei gefnogi'n hwy. Dadleuai Attlee mai trefniant ar gyfer cyfnod o ryfel oedd y llywodraeth glymblaid a bod ei gwaith wedi dod i ben. Roedd y rhyfel wedi ei ennill. Nawr roedd angen ennill yr heddwch. Ymddiswyddodd Churchill a galw etholiad cyffredinol ar 5 Gorffennaf, 1945.

Ffynhonnell A

Canlyniadau'r etholiad.

Llafur	393 sedd
Ceidwadwyr	213 sedd
Rhyddfrydwyr	12 sedd
Annibynnol	22 sedd

Yr Etholiad

Y ddwy brif blaid oedd y Ceidwadwyr dan eu harweinydd, Churchill, a'r Llafur dan arweinyddiaeth Attlee. Credai'r Ceidwadwyr y byddai enwogrwydd a phoblogrwydd Churchill, y dyn a enillodd y rhyfel, yn ddigon. Nid oedd Attlee mor hyderus ond roedd yn credu y byddai llawer yn dewis cefnogi ei blaid am ei bod yn addo gwelliannau cymdeithasol ac economaidd. Roedd yn iawn. Er mwyn caniatáu i'r 5 miliwn o ddynion a merched oedd yn y lluoedd arfog ac yn dal i fod dramor bleidleisio ni chyhoeddwyd canlyniadau'r etholiad hyd 26 Gorffennaf. Enillodd Llafur fuddugoliaeth ysgubol gyda'r mwyafrif pleidleisiau uchaf yn ei hanes. Fel y dywedodd un hanesydd, 'Er bod y bobl yn edmygu Churchill ac yn curo dwylo rhoesant eu pleidlais yn ei erbyn.'

Ffynhonnell B

Cartŵn a ymddangosodd yn y *News Chronicle* y diwrnod ar ôl i Churchill ymddiswyddo ym Mai 1945.

Pam y bu i Lafur Ennill?

Roedd llawer wedi synnu gweld maint y bleidlais dros Lafur gan gynnwys rhai o gefnogwyr eu plaid. Ond, er bod Winston Churchill ei hunan yn hynod boblogaidd, nid felly ei blaid. Ychydig o bobl a allai anghofio'r dirwasgiad, y dirywiad yn yr economi, diweithdra a'r heddychiad ym Mhrydain cyn y rhyfel. Roedd llai fyth yn barod i faddau i'r Blaid Geidwadol am fethiannau'r 1930au.
Roedd llawer yn pleidleisio am y tro cyntaf ac yn credu bod Llafur yn debycach o sicrhau parhad ysbryd cymunedol y rhyfel pan oedd pawb yn cydweithio ac y byddai aberth y gorffennol yn dwyn ffrwyth. Enillodd Llafur hefyd oherwydd i'r blaid Geidwadol ymladd ymgyrch etholiadol drychinebus. Rhoesant eu prif bwyslais ar rinweddau personoliaeth Churchill a'i record dros gyfnod y rhyfel. Dyma un slogan – *'Help him finish the job'*. Fodd bynnag, roedd pobl Prydain yn awyddus i droi cefn ar y rhyfel; roeddent eisiau edrych i'r dyfodol. Gwaeth fyth oedd

darllediad etholiadol Churchill ar 4 Mehefin pan ddywedodd na ellid sefydlu unrhyw system sosialaidd heb 'heddlu gwleidyddol ... byddai'n rhaid i Lafur ddibynnu ar ryw fath o Gestapo'. Yn y papur newydd oedd yn cefnogi'r Ceidwadwyr, y *Daily Express*, y pennawd oedd, 'Gestapo ym Mhrydain os bydd Llafur yn ennill'. Roedd y cyhoedd wedi eu cythruddo oherwydd yr awgrym fod Llafur yn debyg i heddlu cudd Hitler.

Roedd Churchill wedi camddehongli dyheadau'r bobl ond nid felly Attlee. Dyma'r etholiad cyntaf ers deng mlynedd a gwyddai Attlee fod agweddau wedi newid. Roedd hefyd yn ymwybodol fod pobl yn gobeithio am fyd gwell, mwy teg ar ôl y rhyfel. Ymgyrchodd ei blaid gyda'r slogan, 'Gadewch i ni wynebu'r dyfodol gyda'n gilydd.' Addawodd Llafur swyddi, cyflogau teg, tai da, pensiynau i'r henoed, addysg am ddim, gofal meddygol a moddion am ddim. Gwnaed addewid hefyd y byddent yn adfer economi'r wlad a'i ffyniant. Roedd pobl Prydain yn barod am y 'Brydain wahanol' hon.

Ffynhonnell C

Penawdau tudalen flaen *The Star*, 26 Gorffennaf 1945.

THURSDAY, JULY 26, 1945

Latest Prices

ELECTION RESULTS

THE STAR

No. 17,811 ★ ONE PENNY

A LABOUR LANDSLIDE

Caretaker Govt. Leaders Fall Like Ninepins

TORY PARTY CHAIRMAN IS DEFEATED: MORRISON, BEVIN AND CHURCHILL IN

"STAR" REPORTER

RESULTS declared so far in the General Election show that there has been a virtual landslide in favour of Labour, with gains from the Tories registered in all parts of the country.

Heads fell rapidly among the Churchill Caretaker Government. The first to be defeated was Mr. Harold MacMillan, the Air Minister, at Stockton-on-Tees.

In quick succession there followed : Mr. Brendan Bracken, First Lord ; Sir Walter Womersley, Pensions Minister ; Mr. Hore-Belisha, Minister of National Insurance ; Mr. Geoffrey Lloyd, Minister of Information ; Mr. Amery, Secretary for India ; Mr. Duncan Sandys,

STATE OF PARTIES

STATE of parties, compiled on the results declared up to the time of going to press, is as follows :—

GOVERNMENT

Conservative	62
National	1
Simonite	5
	68

OPPOSITION

Liberal	2
Labour	188
I L P	1
Communist	1
Common Wealth	1
Independent	4
	197

In the last Parliament the state of Parties at the Dissolution was:—Government: 358 Con., 27 Simonite, 6 Nat. Lab., 4 National; total 395. Opposition: 163 Lab., 19 Lib., 3 Ind. Lab., 3 ILP, 3 Common Wealth, 2 Irish Nat. Abstentionist, 1 Communist, 18 Independent, 1 Scot Nat.; total 213. Seven seats were vacant.

GAINS & LOSSES

?

1 a) Rhestrwch resymau pam y bu i Lafur ennill etholiad 1945.
b) Eglurwch ystyr ffynhonnell B.

2 Cyfran Llafur o'r bleidlais oedd 47.8 y cant. Golygai hyn fod llai na hanner yr etholaeth wedi pleidleisio am lywodraeth Lafur. Sut y byddech yn egluro'r pennawd yn ffynhonnell C?

UNED 4

CYMRU A LLOEGR AR ÔL Y RHYFEL

Ailadeiladu ar ôl y Rhyfel a'r Llywodraeth Lafur

Ar ôl ennill yr etholiad cyffredinol roedd y llywodraeth Lafur newydd yn wynebu'r dasg o gyflawni'r addewidion a wnaed i bobl Prydain. Disgwyliai'r bobl hwythau lawer iawn oddi wrth Lafur. Roedd yna deimlad cyffredinol na ddylid gadael i'r wlad 'fethu' eto fel ar ôl 1918. Roedd tasg aruthrol yn wynebu Llafur. Roedd Prydain yn dioddef o effeithiau'r bomio dinistriol a byddai'n rhaid delio â hyn cyn y gellid gweithredu eu gwelliannau cymdeithasol ac economaidd.

Difrod y Bomio

Roedd dinasoedd a threfi mawr Prydain wedi eu bomio yn ystod y rhyfel. Roedd y difrod yn amrywio ond roedd canol rhai trefi a dinasoedd fel Abertawe a Coventry wedi eu dinistrio bron yn llwyr. Roedd miloedd o siopau, ffatrïoedd, 20 y cant o ysgolion ac yn bennaf tai wedi eu difrodi neu eu dinistrio. Byddai'n rhaid ailadeiladu'r rhain. Ond byddai angen arian, felly penderfynodd y llywodraeth ganolbwyntio ar y miloedd oedd yn ddigartref. Yn y cyfamser agorwyd 563 o wersylloedd milwrol i'r cyhoedd a'u defnyddio fel cartrefi dros dro. Yng Nghaint roedd gan y Cyngor lleol bron 1,300 o deuluoedd yn ddigartref ond dim ond 120 o dai gwag, felly penderfynwyd cynnal loteri i weld pwy â gâi'r cartefi.

Yn ystod ei blwyddyn gyntaf adeiladodd y llywodraeth Lafur 22,000 o dai a chodi 41,000 o gartrefi dros dro, **tai parod** a elwid yn '*pre-fabs*'. Tybid mai dim ond am 5 mlynedd y byddai angen y rhain. Erbyn hynny roeddent yn meddwl y byddai yna ddigon o dai parhaol ar gael.

Dadfyddino

Yn 1945 roedd dros 5 miliwn o ddynion a merched yn y lluoedd arfog – y fyddin, y llynges a'r llu awyr. Roedd y mwyafrif wedi eu gorfodi i ymrestru i wasanaethu dros gyfnod y rhyfel. Nawr, roeddent eisiau dod adref. Dechreuwyd **dadfyddino** o fewn misoedd i derfyn y rhyfel. Byddai lleihau'r niferoedd oedd yn y lluoedd arfog yn arbed arian i'r llywodraeth ond, ar y llaw arall, byddai angen gwaith a chartrefi ar y miloedd oedd yn dod adref.

Prinder a Dogni

Gyda'r rhyfel drosodd meddyliai llawer o bobl y byddai dogni'n dod i ben hefyd. Er bod y cyflenwad o'r rhan fwyaf o fwydydd, defnyddiau crai a pheiriannau wedi cynyddu, roedd prinder o rai bwydydd fel bara a thatws, petrol, glo a dillad. Roedd sefyll yn y ciw wedi dod yn rhan o fywyd bob dydd. Ni ddaeth dogni i ben ar rai eitemau hyd 1955!

Nid oedd fawr o gwyno am y prinder gan fod pobl wedi hen arfer â phrinder dros flynyddoedd y rhyfel. Gwyddai'r bobl y byddai'n rhaid aros am beth amser am y gwelliannau a addawodd y Blaid Lafur. Roeddent yn barod i aros gan eu bod yn ymddiried yn aelodau llywodraeth Clement Attlee, pobl fel Aneurin 'Nye' Bevan, y Gweinidog Iechyd a Thai, Emanuel 'Manny' Shinwell, y Gweinidog Pŵer a Glo, Ernest Bevin, Yr Ysgrifennydd Tramor, Stafford Cripps, Gweinidog Masnach, Hugh Dalton, Canghellor y Trysorlys a John Strachey, y Gweinidog Bwyd, dynion a ystyrid yn onest a gweithgar. Hyd yn oed pan oedd tywydd caled gaeaf 1947 ar ei waethaf roedd pobl yn chwerthin a dweud, 'Rŷm yn llwgu gyda Strachey ac yn rhynnu gyda Shinwell'. Er bod y Prif Weinidog, Clement Attlee, yn ddyn tawel, swil roedd yn arweinydd didwyll ac yn fawr ei barch ac fe lwyddodd i gadw'i addewidion i'r bobl.

Ffynhonnell A

(uchod) Dynion a merched yn sefyll yn y ciw i gael glo yn stordy'r Cwmni Nwy a Golosg yn Llundain yn 1946. Câi pob person 25 kilogram o lo bob wythnos.

Ffynhonnell B

(chwith) Clement Attlee (ar y dde) gyda'i Ysgrifennydd Tramor, Ernest Bevin yn 1945.

?

1. **Pam roedd gan bobl Prydain yr holl obeithion am y dyfodol yn 1945?**
2. **Lluniwch restr ac amlinellu'r problemau oedd yn wynebu'r llywodraeth Lafur yn 1945.**

UNED 4

CYMRU A LLOEGR AR ÔL Y RHYFEL

'O'r crud i'r bedd': Sefydlu'r Wladwriaeth Les

Adroddiad Beveridge

Yn 1942 cyhoeddodd William Beveridge adroddiad oedd yn nodi'r math o welliannau cymdeithasol y credai ef y dylai'r llywodraeth eu gweithredu ar ôl y rhyfel. Dangosodd fod yna '5 cawr drwg' y dylai'r llywodraeth ddelio â nhw cyn y gallai ofalu'n iawn am ei phobl, sef Tlodi, Afiechyd, Anwybodaeth, Budreddi a Diweithdra. Roedd ei adroddiad yn galw am gyfres o welliannau sylfaenol i orchfygu pob un o'r 'cewri' hyn.

Roedd y mwyafrif o'r pleidiau yn cytuno ar y math o broblemau y dylid eu hwynebu ond ni allent gytuno sut i ymdrin â nhw. Roedd yr adroddiad yn llawer rhy radical i Churchill ond cytunodd yn anfoddog i dderbyn rhannau ohono. Ei brif nod oedd ennill y rhyfel. Fodd bynnag, roedd ei

Picture Post, March 6, 1943

WHAT A MINISTRY OF SOCIAL SECURITY WOULD MEAN TO THE ORDINARY CITIZEN

What happens today to an individual who meets with misfortune: an extreme case to illustrate the maze through which Beveridge has pointed out a clear, simple way.

1 John Jones, a man of 64, finds that he has fallen out of work through no fault of his own.

2 He draws unemployment pay: at this point his case is dealt with by the Ministry of Labour.

3 After 26 weeks he is no longer entitled to the dole and is turned away to go elsewhere.

4 He has now to go to the Assistance Board. Here he applies for the unemployment help he needs.

5 The first of many investigators arrives at his home—this time from the Assistance Board.

6 He falls ill. Unable to work, he is no longer able to get help from the Assistance Board.

7 A new investigator arrives—from the Approved Society, which now deals with his case.

8 Still another investigator—from the local Public Assistance Committee, to which he has had to apply.

9 His 65th birthday present: a visit from a fourth investigator—to look into his pension claim

Wife Falls Ill

Son Steals

MEANWHILE

Child is Ill

All Mean More Investigators

A MINISTRY OF SOCIAL SECURITY WOULD COMBINE ALL THESE FUNCTIONS

John Jones when he falls out of work has plenty of trouble besides the gnawing anxiety about his family's welfare. He is passed from one set of officials to another until he feels like an official form worn out by constant stamping. How absurd that a fresh investigation has to worry him whenever he suffers a new misfortune, that there is no single set of papers about him and his family for everybody to consult! When he comes to the end of his road—an old age pension—he reaches the crowning absurdity: at this point his case actually comes under Customs and Excise! It is this state of affairs which a Ministry of Social Security would cure. John Jones would go to one local office for all his claims; there would be one set of papers about him and one investigator to help and advise. And the people working in this office would not treat him as a wrong-doer, but as a man fallen on evil times who must be lifted up again.

Ffynhonnell A

Erthygl bapur newydd a ymddangosodd yn y *Picture Post* (1943). Mae'n dangos beth oedd cynlluniau Adroddiad Beveridge.

ddirprwy yn y Cabinet, yr arweinydd Llafur, Clement Attlee, yn canmol yr adroddiad ac fe'i mabwysiadwyd fel rhan o bolisi'r Blaid Lafur. Roedd y mwyafrif o bobl Prydain yn croesawu'r adroddiad hefyd ond roedd rhai yn gwrthwynebu. Roedd llawer o Geidwadwyr yn meddwl y byddai'r diwygiadau yn rhy gostus. Teimlent y dylai pobl gyffredin fod yn gyfrifol am eu lles eu hunain. Cyhoeddodd y *Daily Telegraph*, papur newydd a bleidiai'r Torïaid, y pennawd, 'Hanner y ffordd i Moskva'. Roedd yn meddwl bod adroddiad Beveridge yn gynllun a arweiniai at gomiwnyddiaeth, yn gynllun tebyg i un Rwsia. Daeth ateb yn y *Daily Mirror*, a bleidiai Lafur, 'Gadewch lonydd i Adroddiad Beveridge'. Honnai fod yma gynllun a fyddai'n arwain at sosialaeth a ofalai am les y bobl.

Rwy o blaid addysgu pobl i beidio â bod mor erchyll, bod yn llai cyfyng (eu gorwelion), yn gallach; ac o blaid gwario llawer o arian ar addysg bellach a gwell tâl i athrawon, ond nid o blaid rhoi popeth iddynt am ddim, ni fyddant yn ei werthfawrogi p'run bynnag. Iechyd, ie. Addysg, ie. Pensiynau i'r henoed, ie, debyg ... ond nid y math o elusen (Adroddiad Beveridge) sy'n peri iddynt laesu dwylo a theimlo nad oes angen iddynt ddangos unrhyw fenter gan y bydd popeth yn cael ei ddarparu ar eu cyfer. Yn siŵr, mae'n gamgymeriad!

Ffynhonnell B

Dyfyniad o lythyr a ysgrifennwyd gan Vita Sackville-West i'w gŵr, Aelod Seneddol Ceidwadol cyfoethog yn 1942.

Diwygiadau Cymdeithasol Llafur

Cynted ag y daeth i rym aeth y llywodraeth Lafur ati i ymosod ar 'bum drwg' Beveridge. Canolbwyntiwyd ar ddarparu sicrwydd incwm, gwell iechyd, addysg, tai a gwaith i bawb. Roedd un o brif weinidogion y llywodraeth, Aneurin Bevan, yn frwd dros bwysleisio ymrwymiad Llafur i sefydlu system lwfans teulu a gwasanaeth iechyd am ddim. Ei weledigaeth oedd gwladwriaeth oedd yn gofalu am ei phobl 'o'r crud i'r bedd'.

Y FRWYDR YN ERBYN TLODI

Yn y frwydr hon nod y llywodraeth oedd darparu sicrwydd incwm. Yn 1946 cyflwynodd Attlee y cyntaf o ddiwygiadau cymdeithasol Llafur i Senedd-dŷ oedd dan ei sang – y Ddeddf Yswiriant Cymdeithasol. Roedd y Ddeddf yn darparu budd-daliadau i'r di-waith a gwragedd beichiog, pensiynau i'r rhai oedd wedi ymddeol, lwfans i'r claf, gweddwon, merched â phlant. Yn ddiweddarach yn yr un flwyddyn, darparodd y Ddeddf Anafiadau Diwydiannol iawndal i weithwyr a anafwyd yn y gwaith.

Y Gweinidog oedd yn gyfrifol am y ddeddf bwysig hon oedd James Griffiths, yr Aelod Seneddol dros Lanelli, Cymro dawnus a chyn-löwr o'r Betws ger Rhydaman. Yna, yn 1948 cyflwynodd y Ddeddf Nawdd Cymdeithasol oedd yn darparu rhwyd a ddaliai bawb – 'pobl . . . oedd heb gynhaliaeth neu a oedd angen mwy o gynhaliaeth'. Daeth terfyn ar Ddeddf y Tlodion a'r tlotai a'r Byrddau i Gynorthwyo'r Di-waith a sefydlwyd yn yr 1930au. Erbyn 1949 roedd dros filiwn o bobl, yn bennaf yr henoed, yn derbyn cymorth o dan y Ddeddf hon.

Ffynhonnell C

Ar 7 Mai 1945 cyhoeddodd y *Daily Mirror* sgwrs ddychmygol rhwng gwraig tŷ a Syr William Beveridge. Addasiad yw'r dyfyniad.

Gwraig tŷ: **Ydych chi'n meddwl y bydd y Senedd yn derbyn y cynllun?**

Beveridge: **Mae hynny'n dibynnu arnoch chi. Os byddwch chi a'ch ffrindiau yn gofalu bod y bobl fyddwch chi'n eu hethol o blaid y cynigion hyn, fe'u cewch. Os byddwch yn pleidleisio dros y gwrthwynebwyr, yr ateb yw, Na.**

Gwraig tŷ: **Wel, rwy wedi darllen am bobl sy'n meddwl bod lles cymdeithasol yn syniad da ond na all y wlad ei fforddio.**

Beveridge: **Dyw hynny ddim yn wir. Allwn ni ddim fforddio bod hebddo. Mae person iach, hapus yn cyfrannu. Mae person afiach yn tlodi'r gymuned drwy'r amser.**

Y FRWYDR YN ERBYN BUDREDDI

Y Weinyddiaeth Cynllunio Gwlad a Thref oedd yn gyfrifol am gael gwared â'r slymiau. Yn 1946 ac 1949 pasiwyd dwy Ddeddf Dai a gynigiai arian i helpu awdurdodau lleol i ailadeiladu trefi a dinasoedd. O ganlyniad, rhwng 1945 ac 1951 adeiladwyd 1.25 miliwn o dai parhaol ar hyd a lled Prydain. Gosodai'r deddfau safonau pendant i geisio cael gwared â'r slymiau difrifol oedd ym Mhrydain cyn y rhyfel. Pasiodd y llywodraeth hefyd ddwy ddeddf – Deddfau Rheoli Rhenti – yn 1946 ac 1949 gan fwriadu diogelu hawliau tenantiaid. Roedd perchnogion tai cyfoethog yn unfryd yn gwrthwynebu.

Efallai mai un o'r cynlluniau mwyaf uchelgeisiol oedd y Ddeddf Trefi Newydd, 1946 oedd yn gyfrifol am adeiladu 14 o drefi newydd, Stevenage yn un o'r rhai cyntaf. Cydnabu'r llywodraeth hefyd mor bwysig oedd ansawdd yr aer ac ymarfer iach ac yn 1949 pasiwyd Deddf Mynediad i Ardaloedd Gwledig. Anogid y cyhoedd i fwynhau bywyd y wlad, allan o'r dinasoedd a'r trefi. Roedd perchnogion tir yn gwrthwynebu'r Ddeddf hon gan eu bod yn meddwl ei bod yn gwahodd pobl i dresmasu ar eu heiddo preifat.

Y FRWYDR YN ERBYN DIWEITHDRA AC ANWYBODAETH

Roedd y Weinyddiaeth Lafur yn benderfynol na fyddai'r genedl fyth eto yn dioddef achosion diweithdra enbyd. Yn 1948 lluniwyd y Ddeddf Gyflogi a Hyfforddi. Y bwriad oedd iddi ddarparu gweithlu medrus. Rhoddid grantiau i hyfforddi'r rhai oedd yn gadael yr ysgolion ac i ailhyfforddi eraill fel y gallent wneud math gwahanol o waith. Rhoddwyd cyfle i bobl oedd yn byw mewn ardaloedd lle bu llawer o ddiweithdra, fel Cymru, gystadlu ym myd gwaith. Erbyn 1947 dim ond 5.2 y cant neu 44,000 a gofrestrwyd yn ddi-waith yng Nghymru.

R.A. BUTLER

Nid oedd y dyn fu'n gyfrifol am ddiwygio byd addysg yn aelod o lywodraeth Lafur 1945. Aelod Seneddol Ceidwadol oedd R.A. Butler a oedd yn Weinidog Addysg yn llywodraeth glymblaid Churchill yn ystod y rhyfel. Ymatebodd i Adroddiad Beveridge drwy gyflwyno Mesur Addysg 1944. Gobeithiai ddileu anwybodaeth drwy sefydlu addysg gynradd ac uwchradd am ddim a chynnig i bob plentyn 'amrywiaeth a chyfle cydradd'. Yn anffodus, ni chafodd gyfle i roi'r Mesur mewn grym oherwydd y rhyfel a phrinder arian.

Yn 1947 daeth y Mesur yn Ddeddf.

Ffynhonnell D

(uchod) Cartŵn o *Punch* (1947).

Ffynhonnell Ch

Cartŵn gan David Low (1942). Ysgrifennodd gohebydd Americanaidd: 'Syr William, yn nesaf at Mr Churchill debyg, yw'r person mwyaf poblogaidd ym Mhrydain heddiw.'

?

1 a) Ym mha ffyrdd mae'r wybodaeth yn ffynhonnell A yn awgrymu y byddai cynlluniau Beveridge yn gwella bywydau pobl gyffredin?
b) Lluniwch restr o resymau Vita Sackville-West dros wrthwynebu Adroddiad Beveridge.
c) Beth yw rhesymau'r *Daily Mirror* dros gefnogi Adroddiad Beveridge?

2 a) Rhestrwch y 'pum cawr drwg' y cyfeirir atynt yn Adroddiad Beveridge. Pam y bu i Beveridge ddefnyddio geiriau fel 'brwydr' a 'gorchfygu' y 'cewri drwg'?
b) Disgrifiwch 'frwydr' y llywodraeth Lafur yn erbyn y 'pum cawr drwg'. (Edrychwch hefyd ar yr uned nesaf.)

FFOCWS

Y Gwasanaeth Iechyd Gwladol

Tebyg mai'r Ddeddf Gwasanaeth Iechyd Gwladol 1946 yw'r fwyaf adnabyddus o holl ddiwygiadau'r llywodraeth Lafur. Ei nod oedd sefydlu gwasanaeth iechyd 'di-dâl' i bawb. Roedd hwn yn newid sylfaenol. Er bod Lloyd George a'r llywodraethau Rhyddfrydol yn 1906-14 wedi sefydlu gwasanaeth iechyd am ddim i weithwyr oedd ar yswiriant, roedd yn rhaid i'w gwragedd a'u plant dalu am ofal meddygol. Roedd yn rhaid talu am bob ymweliad meddygol, am foddion, am sbectol a gofal deintyddol. Roedd llawer yn methu fforddio talu ac o'r herwydd roedd eu hiechyd, eu dannedd a'u golwg yn dioddef. Bu rhai farw hyd yn oed.

Roedd rhai'n cefnogi a rhai yn gwrthwynebu'r Mesur ond ar 5 Gorffennaf 1948 daeth yn Ddeddf. Erbyn 1949 roedd 8.5 miliwn o bobl wedi derbyn triniaeth ddeintyddol am ddim, 5.75 miliwn wedi cael sbectol a rhyw 187 miliwn wedi derbyn presgripsiwn meddyg. Erbyn 1951 dim ond 1.5 y cant o'r boblogaeth oedd ddim yn derbyn gofal y Gwasanaeth Iechyd. Ond, roedd yn ddrud i'w gynnal, yn costio tua £355 miliwn y flwyddyn.

Y frwydr yn erbyn afiechyd

Ffynhonnell A

Dyfyniad o araith gan Aneurin Bevan, y Gweinidog Iechyd yn 1946.

Dylai gofal meddygol fod ar gael i bawb, cyfoethog a thlawd, yn ôl eu hangen meddygol nid am unrhyw reswm arall. Mae gorfod pryderu am arian yn ystod salwch yn rhwystr i wella, ac yn greulondeb heb ei angen. Mae'r cofnodion yn dangos mai, fel arfer, y fam yn y teulu sy'n dioddef fwyaf. Wrth geisio cael dau ben llinyn ynghyd mae'n diystyru ei hangen hi ei hun. Ni all unrhyw gymdeithas ei chyfrif ei hun yn wâr os yw person gwael yn gorfod dioddef am nad oes ganddo arian i dalu. Hanfod gwasanaeth iechyd boddhaol yw fod y cyfoethog a'r tlawd yn cael eu trin yn yr un modd ...

Ffynhonnell B

Dyfyniad o'r *British Medical Journal* (1946).

Os daw'r Mesur yn gyfraith ni fydd na chlaf na meddyg yn ddiogel rhag ymyrraeth rhyw reol. Bydd ysbïwyr y Gweinidog ym mhob man ...

Ffynhonnell C

Dyfyniad o adroddiad yn y *Daily Sketch*, 1946.

Mae'r Mesur yn sialens i annibyniaeth y meddyg teulu (GP). Mae'r meddygon yn ofni, am resymau teg, y byddant yn dod yn weision y llywodraeth.

Ffynhonnell Ch

(dde) Cartŵn o'r *Daily Mirror* yn 1946, yn awgrymu bod yna ychydig o wrthwynebiad.

Ffynhonnell D

(isod) Adroddiad o'r *Daily Mail* (1948).

> **Ddydd Llun fe fyddwch yn deffro mewn Prydain Newydd, gwladwriaeth fydd yn gofalu am ei phobl chwe mis cyn eu geni, yn darparu gofal a gwasanaeth am ddim i ddod â nhw i'r byd, i'w haddysgu, gofal am afiechyd, dyddiau di-waith, gwedd-dod ac ymddeoliad. Yn olaf, bydd yn helpu i dalu costau eu claddu. Hyn i gyd, gyda gofal meddygol am ddim, gofal deintyddol a moddion, cadair olwyn hefyd, os bydd angen, am 4s. 11c (25c) o'ch tâl wythnosol.**

Ffynhonnell Dd

(uchod) 'Mae'n dal i flasu'n ofnadwy'. Cartŵn o *Punch* (1948) - y Gweinidog Iechyd yn bwydo'r Gwasanaeth i'r meddygon.

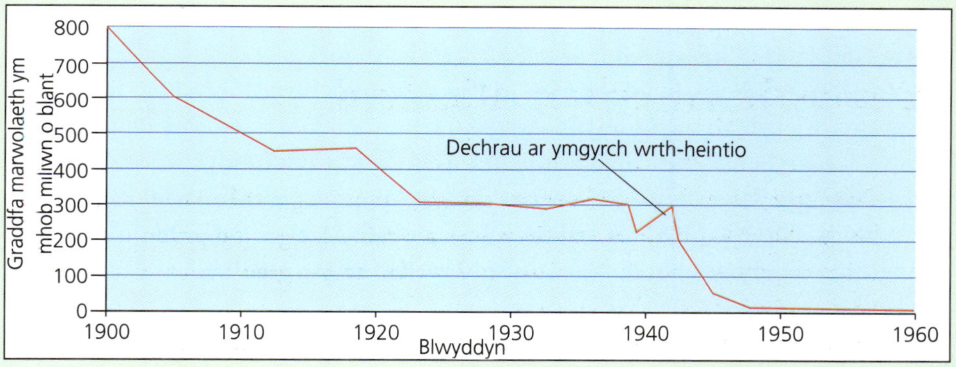

Ffynhonnell E

(chwith) Graff yn dangos y nifer o blant oedd yn marw o'r 'diptheria'.

> Roedd y Gwasanaeth Iechyd Gwladol, a grëwyd gan Aneurin Bevan, yn hynod boblogaidd yng Nghymru. Roedd yn boblogaidd ymysg meddygon Cymru oedd efallai yn ymwneud â'r gymuned leol i raddau uwch na rhai meddygon yn Lloegr. Nododd y *Lancet* (cylchgrawn swyddogol i feddygon) fod canran uwch o feddygon teulu yng Nghymru (37 y cant) nag yn Lloegr wedi cytuno i weithredu o fewn y Gwasanaeth Iechyd yn 1947 heb aros i'r Gymdeithas Feddygol Brydeinig roi sêl eu bendith.

Ffynhonnell F

(chwith) Kenneth Morgan, *Rebirth of a Nation: Wales 1880–1980* (1981).

?

1 a) Sut roedd Aneurin Bevan yn cyfiawnhau sefydlu'r Gwasanaeth Iechyd Gwladol?

b) Pam roedd cymaint o feddygon ledled y wlad yn gwrthwynebu cynllun Llafur i sefydlu'r Gwasanaeth Iechyd Gwladol?

c) Pam roedd mwy o feddygon yng Nghymru yn fodlon cefnogi'r Gwasanaeth?

ch) Pa gyhoeddiadau (ffynonellau B-Dd) oedd dros a pha rai yn erbyn y Gwasanaeth Iechyd Gwladol? Eglurwch eich dewis.

2 Yn 1948 cyfeiriai aelod o'r Blaid Doriaidd, R.A. Butler, at ddiwygiadau'r llywodraeth Lafur fel y chwyldro cymdeithasol mwyaf yn ein hanes. Beth oedd yn ei olygu?

Aneurin Bevan

Llun o Aneurin Bevan

Ganwyd Aneurin Bevan yn Nhredegar yn Sir Fynwy yn 1897. Glöwr oedd ei dad. Yn ifanc iawn dangosodd ei fod yn fachgen deallus a galluog. Roedd yn ymwybodol o'r tlodi oedd o'i amgylch ac roedd un digwyddiad yn ystod ei blentyndod nad anghofiodd mohono. Pan fu'n rhaid i un o gyd-weithwyr ei dad gael triniaeth i dorri ei goes i ffwrdd ar ôl damwain yn y pwll, fe gasglodd y gymuned leol arian i brynu coes bren iddo. Trefnodd ffrindiau a chymdogion y glöwr raffl ac roedd yr Aneurin ifanc yn un o nifer o blant lleol fu'n gwerthu'r tocynnau raffl. Gadawodd yr ysgol yn 13 oed i weithio yn y pwll. Fel roedd yn dod yn hŷn dechreuodd ymddiddori mewn gwleidyddiaeth ac ymunodd â'r Blaid Lafur.

Yn 25 oed fe'i hetholwyd yn gynghorydd lleol ar Gyngor Dosbarth Tredegar. Erbyn 1926 roedd yn llefarydd dros lowyr De Cymru yn ystod y Streic Gyffredinol. Ond o ganlyniad i'r Streic collodd ei waith yn y pwll. Bu'n rhaid iddo oddef sarhad y Prawf Modd. Collodd tua 11s (55c) o'i fudd-daliad am i'w chwaer fod yn ddigon ffodus i gael ei chyflogi fel cynorthwywraig mewn siop, ar dâl o £2 yr wythnos!

Yn 1929 fe'i hetholwyd yn A.S. Llafur dros Lynebwy. Profodd ei fod yn siaradwr gwych ac yn wleidydd dawnus. Ond roedd yn daer dros helpu'r tlawd a'r anghenus. Beirniadai'n hallt y rhai oedd wedi bradychu'r dosbarth gweithiol ym Mhrydain ac o'r herwydd ychydig iawn o gyfeillion oedd ganddo. Cwerylodd hyd yn oed ag aelodau o'i blaid ef ei hun. Ond, roedd cyfeillion a gelynion yn ei barchu. Bu farw yn 1960 yn 63 oed.

Ffynhonnell A

Yn 1951 cyhoeddodd *The Observer* bortread o'r Gweinidog Iechyd. Fe ysgrifennwyd y portread i gofnodi bod Bevan wedi ymddiswyddo am fod y llywodraeth wedi penderfynu codi tâl am bresgripsiwn. Mae'r dyfyniadau wedi eu haddasu o'r erthygl oedd yn y papur newydd.

Ganwyd Aneurin Bevan yn 1897 yn nhref lofaol Tredegar. Y gymdeithas y'i magwyd ynddi oedd maes glo De Cymru cyn ac yn ystod y Rhyfel Byd Cyntaf. Dyna'r rhan fwyaf enbydus o'r Deyrnas Unedig, ardal na theimlai fod iddi unrhyw ran yn y rhyfel yn erbyn yr Almaen ... trodd yr Aneurin ifanc ei gefn ar arferion cenhedlaeth ei dad. Teimlai ei fod yn gwybod yn well beth oedd gwir angen ei genhedlaeth ef, ac nad oedd gwladgarwch yn ymdeimlad perthnasol. Cytunai ag un rhan o syniadau ei dad, yr hyn a gynrychiolid gan Gymdeithas Cymorth Meddygol i Weithwyr Tredegar (Gwasanaeth Iechyd Gwladol ar raddfa fechan). Roedd ei dad yn un o sylfaenwyr y Gymdeithas ac ymladdodd Aneurin ei frwydr gyntaf gyda changen leol o'r Gymdeithas Feddygol Brydeinig oedd yn gwrthwynebu'r Gymdeithas leol. Yr unig syniadau a dderbyniodd oddi wrth Lloyd George oedd rhai ei Ddeddf Yswiriant Gwladol.

Yn y 30au ni bu iddo ymweld â gwledydd a fygythid neu a drechwyd gan Ffasgaeth, ond cryfhaodd ei ddylanwad yn Sir Fynwy a siaradodd yn Nhŷ'r Cyffredin ar bwnc glo. Ni chofir amdano oherwydd ei rybuddion yn erbyn Hitler, ond oherwydd ei ymosodiadau treisiol yn ystod y rhyfel ar Churchill. Ac ar ôl y rhyfel, bu'n canolbwyntio ar ... bynciau dadleuol y gymdeithas gartref, ar waethaf argyfyngau'r byd.

O ystyried ei yrfa wleidyddol, sefydlu'r Gwasanaeth Iechyd Gwladol, wrth gwrs, oedd ei ymdrech fwyaf sylweddol a llwyddiannus. Hawdd gweld sut y bu i'w fywyd cynnar ei addasu ar gyfer y dasg o ddelio â'r meddygon. Mae'n amlwg beth oedd yn ei symbylu – roedd ei brofiadau personol wedi rhoi iddo reswm da dros gredu bod ar y tlodion angen gwasanaeth meddygol di-dâl.

Yr hyn sy'n peri syndod yw ei lwyddiant gweinyddol. Nid yn unig sefydlodd y Gwasanaeth Iechyd Gwladol yn fuan, ar waethaf pob rhwystr, ond enillodd barch ei weision sifil. Dyma efallai yr un digwyddiad yn ei yrfa sy'n cyfiawnhau ei gymharu â Lloyd George.

Ffynhonnell B

(isod) Cerflun pres o Aneurin Bevan a godwyd gan Gyngor Dinesig Caerdydd yn yr 1980au.

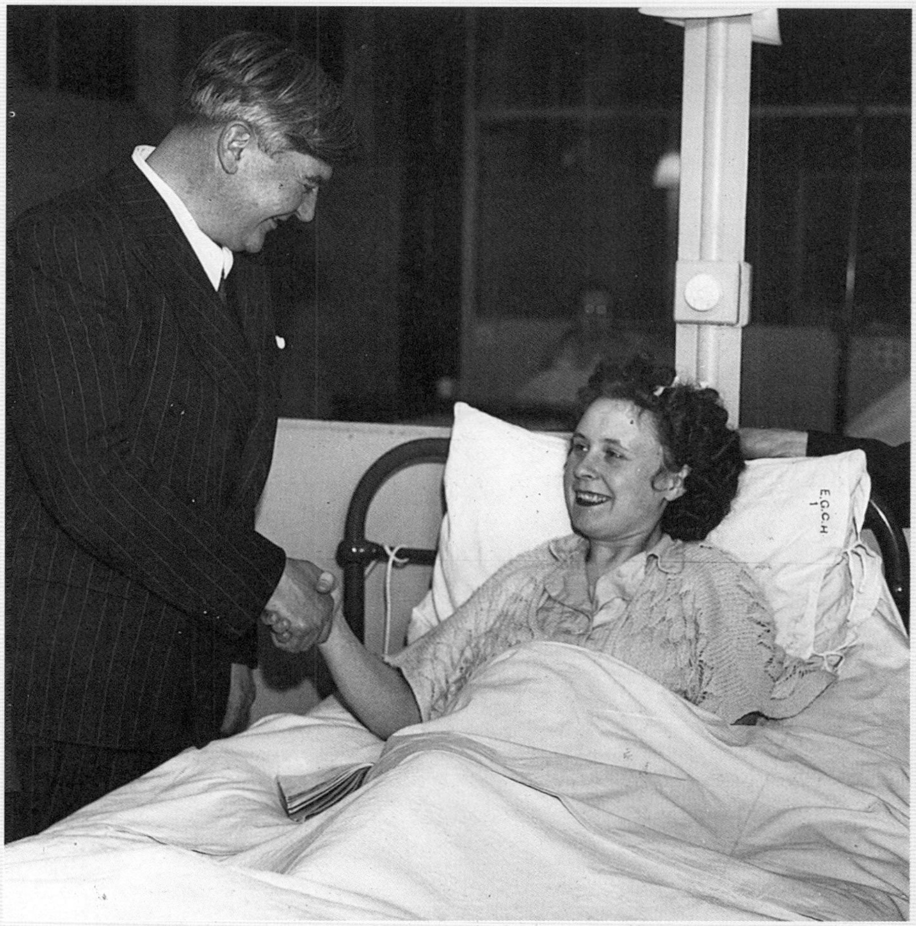

Ffynhonnell C

(chwith) Y Gweinidog Iechyd yn ymweld ag ysbyty, 5 Gorffennaf 1948.

?

1. **Pam roedd Aneurin Bevan mor frwd dros achos y tlawd a'r anghenus?**
2. **Astudiwch ffynhonnell A ac ateb y cwestiynau canlynol:**
   a) Pam y gellid bod wedi galw Bevan yn fradwr i'w wlad?
   b) Beth ydych chi'n ei ddysgu am gymeriad ac agwedd Aneurin Bevan?
   c) Yn eich barn chi, a yw'r person a ysgrifennodd yr erthygl yn wrthwynebus neu'n cydymdeimlo â Bevan? Eglurwch eich ateb.

Dehongli hanes

3. **Pa argraff o Aneurin Bevan oedd y cerflunydd yn geisio'i chyfleu?**

UNED 4

CYMRU A LLOEGR AR ÔL Y RHYFEL

Gwladoli

Gobeithiai sosialwyr y byddai gwladoli yn arwain at bobl 'hapusach', gweithwyr yn teimlo balchder 'newydd' yn eu diwydiant 'nhw eu hunain' a defnyddwyr yn y diwydiannau oedd 'yn eiddo iddyn nhw'. Câi'r elw a wneid o ddiwydiannau oedd wedi eu gwladoli ei ddefnyddio naill ai i leihau'r dreth neu i gynyddu'r gwariant ar ddarparu lles.

Ffynhonnell A

(uchod) Peter Lane, *British History: 1750 to the Present Day* (1982).

Roedd ymrwymiad Llafur i newidiadau economaidd mor bwysig â'i diwygiadau cymdeithasol. Roedd y llywodraeth eisiau cyflwyno mesurau radicalaidd i sicrhau y byddai diwydiant Prydain yn y dyfodol yn effeithiol a chystadleuol. Credai Attlee mai'r unig ffordd i'r llywodraeth gyrraedd y nod oedd drwy **wladoli** neu gymryd gofal o'r holl ddiwydiannau allweddol ym Mhrydain – glo, nwy, trydan, cludiant, gwasanaeth awyrennau, haearn a dur. Dadleuai fod angen llawer o fuddsoddiad i foderneiddio'r diwydiannau hyn.

Cefnogai'r Blaid Lafur wladoli am resymau eraill. Roedd yn credu na ddylai ychydig berchnogion a chyfranddalwyr elwa o'r diwydiannau allweddol hyn. Dylent roi gwasanaeth i bobl nid gwneud elw. Teimlai y byddai'n well gan y gweithwyr gael eu cyflogi mewn diwydiannau gwladol oherwydd byddent yn gweithio i'r genedl ac iddynt eu hunain. Byddai canllawiau cenedlaethol, wedi eu gwarantu gan y llywodraeth, yn diogelu eu hawliau.

Yn 1949 ymladdodd y Ceidwadwyr yn galed i atal y Mesur dros wladoli haearn a dur rhag cael ei dderbyn yn y Senedd. Er bod y Mesur wedi ei dderbyn yn Nhŷ'r Cyffredin fe'i daliwyd yn ôl yn Nhŷ'r Arglwyddi am bron i flwyddyn oherwydd y mwyafrif Ceidwadol.

Gellir dangos y problemau a wynebai'r llywodraeth wrth geisio gwladoli diwydiannau pwysig drwy edrych ar y diwydiant glo. Yn 1947 roedd 1,500 o lofeydd ym Mhrydain yn eiddo i dros 800 o gwmnïau a gyflogai bron 260,000 o ddynion. Roedd yn rhaid i'r llywodraeth dalu iawndal i'r cwmnïau hyn cyn meddiannu'r glofeydd. Roedd y broses yn gymhleth iawn ac yn gostus. Gyda miliynau wedi eu gwario ar iawndal gwariwyd mwy eto wrth fuddsoddi mewn technoleg newydd a pheiriannau. Rhwng 1948 ac 1952 buddsoddodd y llywodraeth bron £32 miliwn yn y pyllau glo yn Ne Cymru yn unig.

Erbyn 1950, ar waethaf y gwrthwynebiad i wladoli a phroblemau talu iawndal, roedd y llywodraeth yn rheoli tua 20 y cant o ddiwydiant Prydain.

Ffynhonnell B

Cafodd y diwydiannau hyn eu gwladoli rhwng 1946 ac 1949.

Banc Lloegr	1946
Glofeydd	1946
Cebl a radio	1947
Trydan	1947
Trafnidiaeth	1948
Glo	1949
Haearn a dur	1949

I'r glowyr yng Nghymru a'u teuluoedd roedd gwladoli yn wobr am yr holl drueni y bu iddynt ei ddioddef o ddydd Gwener Du y Streic Gyffredinol 1926 ymlaen. Ni chollwyd dim dagrau dros yr hen berchnogion preifat. O ystyried eu record – eu heffeithiolrwydd fel rheolwyr, lefel y cynnyrch, diogelwch y pwll, ac yn bennaf y berthynas â'r gweithwyr – prin oedd eu cyfeillion. Efallai nad oeddent yn haeddu yr un cyfaill. Gwrthododd y perchnogion ganiatáu i haneswyr ... weld eu cofnodion [busnes] yn Llyfrgell Genedlaethol Cymru. Bu gwladoli yn fodd i hybu gwell awyrgylch, ffyniant a chytgord o fewn diwydiant yng Nghymru.

Ffynhonnell C

(chwith) Kenneth Morgan, *Rebirth of a Nation: Wales 1880–1980* (1981).

Ffynhonnell Ch

(uchod) Llun cyfoes - Emanuel Shinwell (ar y chwith) yn agor pwll sydd newydd ei wladoli.

COAL NATIONALISATION CELEBRATIONS

PROGRAMME OF EVENTS

Empire, Tonypandy Sunday, February 23, 1947
A SACRED CONCERT
GIVEN BY
The Williamstown Gleemen
The Tonypandy Ladies' Choir
Chairman: Mr. A. P. Glanville, J.P. Commence at 8 p.m. Silver Collection

WORKMEN'S HALL, FERNDALE
Sunday, February 23rd
A SACRED CONCERT
Given by The Pendyrus Male Choir
SUPPORTED BY LOCAL ARTISTES
Chairman: Ald. Alfred Evans, J.P., Mardy
Commencing at 8 p.m. Silver Collection

At THE DRILL HALL, PENTRE Monday, February 24th, at 6 p.m.
The Official Opening of the Ministry of Fuel and Power
MINING AND FUEL EFFICIENCY EXHIBITION
By Mr. AERON G. THOMAS, *Vice-Chairman of the South Western Divisional Coal Board*
The exhibition will remain open until 8 p.m. on Monday, February 24th. It will remain open each day from 10 a.m. until 8 p.m., and will close at 8 p.m. on Friday, February 28th. ALMOST every aspect of life in the Rhondda will be covered by the activities planned for the week commencing February 23rd, and the exhibition will contain mining machinery, fuel efficiency demonstrations, coal derivatives, educational exhibits, Ministry of Food exhibits, Maesyrhaf arts and crafts, a Concordia display of miners' safety lamps, and many other items not yet listed.

WORKMEN'S HALL, TON PENTRE
SUNDAY, FEBRUARY 23rd
A SACRED CONCERT
GIVEN BY
MADAME DANFORD GEORGE'S LADIES' CHOIR
AND THE MORGANNWG GLEE PARTY
CONDUCTOR: D. LUKEY
SUPPORTED BY THE CORY WORKMEN'S BAND
Chairman: Captain D. G. Richards Commencing 8 p.m. Silver Collection.

Polikoff's Ltd., Factory Canteen
A MANNEQUIN PARADE
Tuesday, Feb. 25th, at 6 and 7.30 p.m. *Admission 6d.*

Park and Dare Hall Wednesday, February 26th
A GRAND CONCERT BY
THE PARK AND DARE BAND
Supported by Local Artistes. Commence at 7.30 p.m. Silver Collection

JUDGE'S HALL, TREALAW
Wednesday, February 26th
THE MAESYRHAF PLAYERS WILL PERFORM
"BIRD IN HAND"
By JOHN DRINKWATER
SILVER COLLECTION
Doors open at 6.30, to commence at 7 p.m.

Blaencwm Baptist Chapel, Tynewydd, Treherbert
Sunday, March 2nd, at 8 p.m.
A SACRED CONCERT
GIVEN BY THE
BLAENCWM CHORAL SOCIETY
Conductor: Mr. John Davies Accompanist: Mrs. Janet Bennett
Chairman: C. Coun. W. Llewellyn Silver Collection

CENTRAL HALL, TONYPANDY
Thursday, February 27th
A MASS MEETING
Speakers
General Sir Alfred Reade Goodwin Austin
Mr. George Thomas, M.P.
Chairman: Will John, M.P.
Music will be provided by the Williamstown Gleemen (Mme. Danford George)

TRERHONDDA CHAPEL, FERNDALE
Friday, February 28th, at 7 p.m.
A MASS MEETING
SPEAKERS
Alderman GOMER EVANS
LABOUR DIRECTOR, SOUTH WESTERN DIVISIONAL COAL BOARD
GEORGE THOMAS, M.P.
Chairman: County Councillor T. Mardy Evans
Music provided by
THE PENDYRUS MALE CHOIR

The proceeds of the foregoing activities will be devoted to Miners rehabilitation. ▪ Fuller particulars can be seen in the Souvenir Programmes. ▪ JOIN IN THE CELEBRATIONS

Ffynhonnell D

(chwith) Taflen yn hysbysebu dathliadau wedi gwladoli'r diwydiant glo (1947).

?

1 a) Beth yw ystyr y term 'gwladoli'?
b) Beth oedd y nod y gobeithiai'r llywodraeth ei gyrraedd drwy wladoli?

2 a) Pam roedd gwladoli'r glofeydd mor boblogaidd yng Nghymru?
b) Pam y bu i rai perchnogion glo wrthod gadael i haneswyr weld eu cofnodion diwydiannol?
c) Ceisiwch ddehongli'r wybodaeth yn ffynhonnell C.
A yw'n awgrymu bod yr Athro Kenneth Morgan yn meddwl bod polisi gwladoli Llafur o fantais i bobl Cymru?

UNED 4

CYMRU A LLOEGR AR ÔL Y RHYFEL

'Rhyddhewch y bobl': Trechu Llafur

Parodd buddugoliaeth etholiadol Llafur yn 1945 syndod ond parodd eu methiant yn 1951 syndod hefyd. Pam? Roedd y trai wedi dechrau yn etholiad 1950. O drwch blewyn yr enillodd Llafur yr etholiad hwnnw. Er bod eto lawer o gefnogaeth i gynlluniau Llafur i gynnal neu hyd yn oed ehangu'r Wladwriaeth Les, nid oedd y cyhoedd yn barod i dalu'r pris. O dan Lafur roedd y dreth wedi codi ac yn dal yn uchel yn 1950–51. Gwyddai'r Ceidwadwyr, waeth pa mor deilwng oedd yr achos, nad yw trethi uchel fyth yn boblogaidd.

Roedd etholwyr dosbarth canol yn enwedig yn ddig eu bod yn gorfod talu trethi uchel. Er bod y rhyfel drosodd ers tro, roedd yna ddogni. Gyda pheth chwyddiant roedd prisiau'n codi. Roedd yna ymdeimlad cyffredinol drwy Brydain fod safon byw wedi gostwng o dan Lafur.

Yn anffodus i Lafur cymysg oedd adwaith y cyhoedd i'w polisi gwladoli. Fe'i croesawyd yn Ne Cymru ac roedd yn boblogaidd yng ngogledd Lloegr ond llugoer oedd yr ymateb mewn mannau eraill. Credai llawer fod Llafur wedi mynd yn rhy bell a bod y llywodraeth yn ymyrryd gormod yn yr economi. Roedd rhai'n ofni, pe bai Llafur yn ennill etholiad arall, mai'r cam nesaf fyddai o sosialaeth i gomiwnyddiaeth. Manteisiodd y Ceidwadwyr ar yr ofn hwn a dechrau darbwyllo'r dosbarth canol i gefnu ar Lafur.

Gwaethygodd y sefyllfa pan ddechreuodd Rhyfel Korea yn 1950. Roedd yn rhaid i lywodraeth Prydain anfon byddin i ymladd dan faner y Cenhedloedd Unedig. Golygai hyn ailarfogi a achosodd drethi uwch eto. Roedd y rhyfel yn amhoblogaidd.

Ffynhonnell A

Canlyniadau'r etholiad ym Mhrydain (1945–51).

	Ceidwadwyr	Llafur	Rhyddfrydwyr
1945	10 miliwn (39.8%) 213 sedd	12 miliwn (47.8%) 393 sedd	2.3 miliwn (9%) 12 sedd
1950	12.5 miliwn (43.3%) 298 sedd	13.3 miliwn (46.5%) 315 sedd	2.6 miliwn (9.1%) 9 sedd
1951	13.7 miliwn (48%) 321 sedd	13.9 miliwn (48.8%) 295 sedd	0.7 miliwn (2.5%) 6 sedd

Ar ôl chwe blynedd yn y tresi roedd y llywodraeth Lafur wedi hen flino. Roedd rhai o'i haelodau mwyaf talentog wedi marw (fel Bevin) neu wedi ymddeol (fel Cripps). Roedd eraill, fel Bevan, wedi ymddeol am eu bod yn anhapus gyda rhai o bolisïau'r llywodraeth. Gan obeithio uno ei blaid galwodd Attlee am etholiad. Gyda'r slogan 'Rhyddhewch y bobl', o ofal sosialaeth, bu'r Ceidwadwyr yn fuddugol yn 1951. I bob golwg roedd breuddwyd Llafur wedi dod i ben.

Ffynhonnell B

Posteri a ddefnyddiwyd gan Lafur yn yr etholiadau, 1950–5.

?

1 Astudiwch y tabl canlyniadau (ffynhonnell A).
   a) Newidiwch yr ystadegau i ffurfio graff bar.
   b) A barnu oddi wrth yr ystadegau, a oedd Llafur yn fwy neu'n llai poblogaidd ers 1945?

2 a) Rhestrwch achosion methiant Llafur yn etholiad 1951.
   b) Dewiswch yr achosion oedd yn bennaf gyfrifol am eu methiant. Eglurwch eich dewis.

3 Astudiwch bosteri etholiadol Llafur yn ffynhonnell B.
   a) Gyda phob un rhestrwch beth mae Llafur yn honni ei bod wedi ei wneud dros bobl Prydain ers 1945.

AROLWG

Ystyriwch y cwestiwn allweddol hwn. Ym mha fodd ac i ba raddau y bu i bolisïau economaidd a chymdeithasol y llywodraeth Lafur newid Cymru a Lloegr yn y cyfnod 1945–51?

Geirfa

anghydffurfiol – gair i ddisgrifio rhywun neu rywbeth nad yw'n cydymffurfio â phawb arall. Yma yn cyfeirio at y bobl oedd yn gwrthod cydymffurfio ag arferion Eglwys Loegr

baróc – pensaernïaeth addurnol yn perthyn i'r ail ganrif ar bymtheg a'r ddeunawfed ganrif

Blitz – cyrchoedd awyr yr Ail Ryfel Byd pan fomiwyd y dinasoedd a'r trefi

Blitzkrieg – gair Almaeneg am ryfel sydyn a'r symud yn gyflym

bradwr – yma'n cyfeirio at berson sy'n torri streic drwy fynd i'r gwaith. Gall hefyd gyfeirio at berson sy'n bradychu ei wlad.

budrelwa – gwneud elw mawr drwy ddulliau anghyfreithlon

clymblaid – cynghrair dros dro rhwng dwy neu fwy o bleidiau gwleidyddol

comiwnyddiaeth – system wleidyddol adain chwith wedi ei seilio ar gred fod popeth yn eiddo i'r wladwriaeth ac nad oes gan unrhyw un eiddo personol

cyd-ddiogelwch – cynghrair o wledydd sy'n awyddus i'w diogelu eu hunain rhag bygythiad gelyn

cyfalaf – cyfoeth sydd wedi ei grynhoi er mwyn cynhyrchu mwy o gyfoeth

cyfalafiaeth – system economaidd sy'n galluogi person i gasglu cyfoeth neu wneud elw

dadfilwroli – dynodi man lle nad oes hawl anfon byddin neu filwyr iddo

dadfyddino – lleihau'r nifer sydd mewn llu arfog

democratiaeth – system wleidyddol sy'n rhoi'r hawl i bobl ddewis pleidleisio yn ôl eu dymuniad

diffyg maeth – prinder bwyd llesol

diffyndollaeth – polisi llywodraethau sy'n golygu eu bod yn diogelu masnach neu bris nwyddau

dominiwn – gwlad sy'n ei llywodraethu ei hunan ond yn aros o fewn yr Ymerodraeth Brydeinig

dychanol – llun neu ddarn ysgrifenedig sy'n gwawdio, neu wneud hwyl am ben

etholaeth, -au – yr ardal mae aelod seneddol yn ei chynrychioli yn Nhŷ'r Cyffredin

ffasgaeth – system wleidyddol adain dde eithafol yn cefnogi cenedlaetholdeb ac yn wrth-ddemocrataidd e.e. yr Almaen o dan y Natsïaid a'r Eidal o dan Mussolini

gorfodaeth – Yma'n cyfeirio at gyfraith sy'n gorfodi pobl i ymuno â'r lluoedd arfog yn ystod cyfnod o ryfel

gwladoli – llywodraeth yn cymryd meddiant o rywbeth neu yn ei brynu (diwydiant neu fusnes)

gwladwriaeth les – system sydd wedi ei sefydlu gan y llywodraeth i ofalu am les pobl sydd mewn angen e.e. pobl wael neu ddi-waith

heddychiad – polisi o geisio cymodi rhwng y rhai sydd yn rhyfela neu'n bygwth rhyfela

Kaiser – y gair Almaeneg am ymherodr

Lib-Labs – Aelodau Seneddol a etholwyd i gynrychioli'r dosbarth gweithiol mewn partneriaeth â'r Blaid Ryddfrydol

llochesu – yma, rhoi cartref i noddedigion yn ystod yr Ail Ryfel Byd

mainc gefn – Aelod Seneddol nad oes ganddo swydd neu gyfrifoldeb arbennig yn y llywodraeth

noddedigion – y bobl a'r plant oedd yn dianc rhag y bomio i ardaloedd mwy gwledig yn ystod yr Ail Ryfel Byd

prawf modd – ymholiad swyddogol i weld beth yw angen person cyn caniatáu iddo dderbyn cymorth ariannol o goffrau'r wlad

propaganda – gwybodaeth sy'n cael ei lledaenu gan lywodraethau er mwyn dylanwadu ar farn y cyhoedd

radicaliaeth – syniadau sy'n annog newid llwyr

rhyddfreinio – rhoi'r bleidlais i berson

sancsiynau – gosod cosb ar wlad neu wledydd sy'n torri cyfreithiau rhyngwladol neu gytundebau

sosialaeth – system wleidyddol sydd wedi ei seilio ar y gred fod pobl yn gyfartal ac y dylai cyfoeth gael ei rannu rhwng pawb yn ôl yr angen

tai parod – tai a godwyd drwy ddefnyddio defnydd adeiladu oedd wedi ei baratoi ymlaen llaw; *'prefabricated'*, felly *'pre-fabs'* ar lafar gwlad

unben – pennaeth llywodraeth gwlad sy'n cadw'r awdurdod i gyd yn ei ddwylo ef ei hun

unbennaeth – teyrnasiad unben

ymddiorseddu – ymwrthod â'r orsedd neu â swydd bwysig

ymgilio – cilio neu adael man arbennig. Yma defnyddir i gyfeirio at y noddedigion oedd yn dianc rhag y bomio